Grundlagen Wissen
Zivilrecht 2

Schuldrecht
Vertragliche und gesetzliche Schuldverhältnisse

2008

Dr. Christoph Pechstein
Rechtsanwalt und Repetitor

ALPMANN UND SCHMIDT Juristische Lehrgänge Verlagsges. mbH & Co. KG
48149 Münster, Annette-Allee 35, 48001 Postfach 1169, Telefon (0251) 98109-33
AS-Online: www.alpmann-schmidt.de

Dr. Pechstein, Christoph

Rechtsanwalt und Repetitor

Grundlagen Wissen
Zivilrecht 2
Schuldrecht
Vertragliche und gesetzliche Schuldverhältnisse

3. Auflage 2008

ISBN: 978-3-89476-998-7

Verlag Alpmann und Schmidt Juristische Lehrgänge
Verlagsgesellschaft mbH & Co. KG, Münster

Lernen mit den „Grundlagen Zivilrecht 2"

Mit diesem Skript knüpfen wir an das erfolgreiche Konzept der Grundlagen Zivilrecht 1 an. Das Skript setzt keine Kenntnisse des Schuldrechts voraus. Wir empfehlen aber die vorherige Lektüre der Grundlagen Zivilrecht 1, die Ihnen einen ersten Überblick über die generelle Systematik des BGB und die Grundstrukturen der Methodik der Rechtsanwendung verschaffen.

Jura ist eine Verständniswissenschaft und eine Anwendungskunst. **Verständnisvermittlung** ist das primäre Ziel dieses Skripts. Dabei beachten wir auch hier unseren **Grundsatz: Lernen sollte man immer vom Allgemeinen zum Besonderen.** Die meisten Lehrbücher des Schuldrechts sind aber so aufgebaut, dass sie nicht zunächst einen Gesamtüberblick geben und erst dann Schritt für Schritt die Einzelprobleme darstellen; vielmehr wird ein Teilproblem angesprochen und anschließend bis in alle Feinheiten dargestellt. Gerade am Anfang des Studiums ist es aber wichtig, sich einen systematischen Gesamtüberblick zu verschaffen. Erst dann ist es sinnvoll, in die Details zu gehen. Rechtskenntnisse sind nur dann anwendungssicher, wenn man weiß, wie man sie einzuordnen hat. Der gute Jurist ist **nicht der Auswendiglerner, sondern der Systematiker.**

Daher legen wir bewusst den Schwerpunkt auf die **Vermittlung der Systematik** der einzelnen Rechtsinstitute des Schuldrechts. Wir haben dabei den **Aufbau** dieses Skripts und die **Darstellung** der grundlegenden Probleme im Bereich des Schuldrechts **gezielt daran orientiert, wie diese typischerweise in den Klausuren des kleinen Scheins oder der Zwischenprüfung abgefragt** werden. Hierdurch wird erreicht, dass Sie **nicht nur die erforderlichen Grundkenntnisse im Schuldrecht erwerben**, sondern **zugleich auch** von vornherein lernen, **die Auswirkungen eines Problems auf die Fallprüfung** zu erkennen, d.h. **wo** Ihnen ein Problem **in der Klausur begegnen** kann und **wie** Sie das Problem **in der Klausursituation einzuordnen** haben. Anhand zahlreicher **Aufbau- und Prüfungsschemata** wird zudem der **Klausuraufbau** verdeutlicht.

Auf umfangreiche Zitate hingegen haben wir deshalb bewusst verzichtet. Fundstellen und vertiefende Ausführungen finden Sie im Skript unter der Anmerkung „Wenn Sie mehr wissen wollen". Dort verweisen wir i.d.R. auf die einschlägigen Ausführungen in unserer großen AS-Skriptenreihe, in der Sie auch – z.B. für Hausarbeiten – weiterführende Hinweise auf Rechtsprechung und Literatur finden.

Am Ende dieses Skripts finden Sie eine **Zusammenstellung wichtiger Entscheidungen zu den in diesem Skript behandelten Themenkreisen**, die Sie **kostenlos** in unserer Urteilsdatenbank unter **www.alpmann-schmidt.de** im Originaltext **abrufen** können!

Wir wünschen Ihnen viel Erfolg bei Ihrer Arbeit mit Ihren Grundlagen Zivilrecht 2.

RA Dr. C. Pechstein

INHALTSVERZEICHNIS

I

II

1. Teil: Ihr Handwerkszeug im Schuldrecht

Das vorliegende Skript soll Ihnen einen ersten Überblick über die Systematik der Schuldverhältnisse verschaffen. Wir gehen dabei – wie in unseren Grundlagen Zivilrecht 1 – nach der Methode „vom Allgemeinen zum Besonderen" vor und beschäftigen uns zunächst allgemein mit dem Schuldverhältnis.

⊃ **Hinweis:** §§ ohne Gesetzesangabe sind solche des BGB!

1. Abschnitt: Das Schuldverhältnis

Schuldverhältnis

Als **Schuldverhältnis** wird eine Rechtsbeziehung zwischen zwei oder mehreren Personen bezeichnet, durch die die eine (der Gläubiger) berechtigt ist, von der anderen (dem Schuldner) eine Leistung zu fordern, vgl. § 241 Abs. 1.

Das Recht der Schuldverhältnisse (Schuldrecht) ist im 2. Buch des BGB geregelt und lässt sich in zwei große Abschnitte gliedern:

▶ In den §§ 241–432 sind die Regelungen vor die Klammer gezogen, die für alle Schuldverhältnisse gelten (Allgemeiner Teil des Schuldrechts).

▶ Die §§ 433–853 enthalten Vorschriften über die einzelnen Schuldverhältnisse (Besonderer Teil des Schuldrechts).

1. Zustandekommen

Zustandekommen

Schuldverhältnisse entstehen entweder **durch Rechtsgeschäft** oder **kraft Gesetzes**. Daneben können auch aus bestimmten geschäftlichen Kontakten **sog. „rechtsgeschäftsähnliche Schuldverhältnisse"** entstehen. Diese sind an sich als gesetzliche Schuldverhältnisse einzuordnen; sie sind jedoch den vertraglichen Schuldverhältnissen weitgehend gleichgestellt. Somit ergibt sich folgende Einteilung:

▶ **Rechtsgeschäftliche** Schuldverhältnisse entstehen nach **§ 311 Abs. 1** (lesen!) im Regelfall durch Vertrag (z.B. Kaufvertrag, §§ 433 ff., oder Werkvertrag, §§ 631 ff.), also aufgrund des übereinstimmenden Willens der Parteien (Privatautonomie!), und ausnahmsweise durch einseitiges Rechtsgeschäft (z.B. Auslobung, § 657).

Rechtsgeschäftliche Schuldverhältnisse

▶ Die **rechtsgeschäftsähnlichen** Schuldverhältnisse kommen nach den Voraussetzungen des **§ 311 Abs. 2** (lesen!) bereits durch die Aufnahme von Vertragsverhandlungen, die Anbahnung eines Vertrags oder ähnliche geschäftliche Kontakte zustande und können nach **§ 311 Abs. 3** (lesen!) auch zu Dritten bestehen, mit denen der Vertrag gar nicht geschlossen werden soll.

Rechtsgeschäftsähnliche Schuldverhältnisse

1

Gesetzliche Schuldverhältnisse

▶ **Gesetzliche** Schuldverhältnisse entstehen unabhängig vom Willen der Parteien aufgrund einer gesetzlichen Anordnung (z.B. Geschäftsführung ohne Auftrag, §§ 677 ff., ungerechtfertigte Bereicherung, §§ 812 ff., unerlaubte Handlung, §§ 823 ff.). Ein Vertrag ist also gerade nicht erforderlich.

➲ **Merken Sie sich**, dass die gesetzlichen Schuldverhältnisse nicht deswegen so genannt werden, weil sie im Gesetz stehen. Auch die einzelnen Verträge sind schließlich gesetzlich geregelt. Die Vorschriften über Verträge (z.B. die §§ 433 ff.) kommen jedoch nur zur Anwendung, wenn die Parteien dies so vereinbart haben, während gesetzliche Schuldverhältnisse allein durch die Verwirklichung des gesetzlichen Tatbestandes begründet werden.

Einteilung der Schuldverhältnisse

Übersicht: Einteilung der Schuldverhältnisse

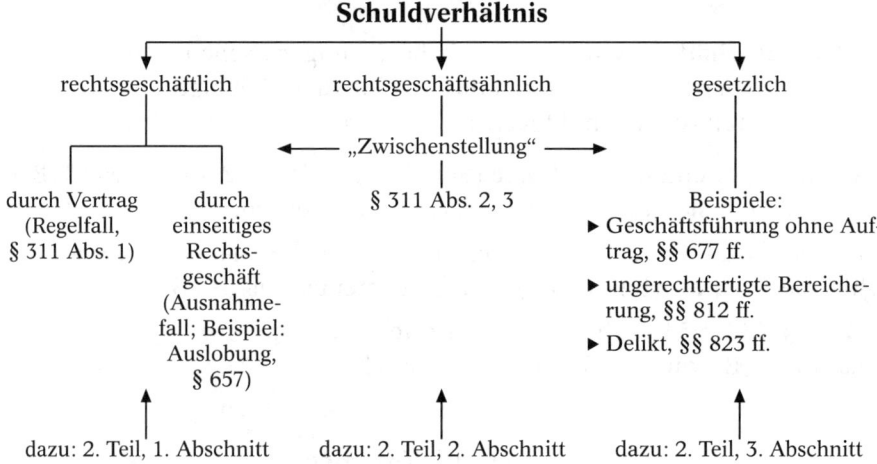

Pflichten aus dem rechtsgeschäftlichen Schuldverhältnis

2. Pflichten aus dem rechtsgeschäftlichen Schuldverhältnis

➲ **Hinweis:** Die folgenden Ausführungen beschränken sich zunächst auf das rechtsgeschäftliche Schuldverhältnis, da in diesem Bereich regelmäßig der Schwerpunkt beim kleinen Schein und bei der Zwischenprüfung liegt. Insoweit Besonderheiten bei den rechtsgeschäftsähnlichen bzw. gesetzlichen Schuldverhältnissen bestehen, werden diese im Zusammenhang mit der Darstellung dieser Schuldverhältnisse (2. Teil, 2. und 3. Abschnitt) behandelt. Im Übrigen wird nachfolgend bei den rechtsgeschäftlichen Schuldverhältnissen allein auf den Vertrag abgestellt werden, da die durch einseitige Rechtsgeschäfte begründeten Schuldverhältnisse (z.B. die Auslobung gem. § 657) in den Prüfungen praktisch keine Rolle spielen.

Leistungspflichten und Nebenpflichten

Bei den sich aus einem rechtsgeschäftlichen Schuldverhältnis ergebenden Pflichten ist zwischen **Leistungspflichten (§ 241 Abs. 1)** und (leistungsunabhängigen) **Nebenpflichten (§ 241 Abs. 2)** zu unterscheiden.

2.1 Die Unterscheidung zwischen Leistungspflichten (§ 241 Abs. 1) und Nebenpflichten (§ 241 Abs. 2)

2.1.1 Leistungspflichten (§ 241 Abs. 1)

Nach § 241 Abs. 1 ist der Gläubiger kraft des Schuldverhältnisses berechtigt, von dem Schuldner eine Leistung zu fordern. Der Gläubiger ist die forderungsberechtigte, der Schuldner die verpflichtete Person. § 241 Abs. 1 könnte man auch dergestalt umformulieren, dass der Gläubiger gegenüber dem Schuldner kraft des Schuldverhältnisses einen **(Primär-)Anspruch** hat. Der Begriff des Anspruchs ist in § 194 Abs. 1 gesetzlich definiert (Legaldefinition). Ein Anspruch ist demnach das Recht, von einem anderen ein Tun oder Unterlassen zu verlangen.

Leistungspflichten, § 241 Abs. 1

Anspruch

Beispiele:

▶ Nach § 433 Abs. 1 S. 1 hat der Käufer gegenüber dem Verkäufer einen Anspruch auf Übergabe und Übereignung der Kaufsache (der Käufer ist in diesem Fall Gläubiger, der Verkäufer Schuldner).

▶ Nach § 433 Abs. 2 hat der Verkäufer gegenüber dem Käufer einen Anspruch auf Zahlung des vereinbarten Kaufpreises und auf Abnahme der Kaufsache (in diesem Fall ist der Verkäufer Gläubiger und der Käufer Schuldner).

Bei diesen **sog. primären Leistungspflichten** ist zu unterscheiden zwischen:

Primäre Leistungspflichten

▶ **Hauptleistungspflichten:** Das sind diejenigen Pflichten, um derentwegen der Vertrag geschlossen wurde. Beim gegenseitigen Vertrag stehen diese Pflichten in einem Gegenseitigkeitsverhältnis (sog. Synallagma).

Hauptleistungspflichten

Beispiele: Beim Kaufvertrag die Pflicht des Verkäufers, den Kaufgegenstand zu übergeben und zu übereignen; auf der anderen Seite die Pflicht des Käufers, den Kaufpreis zu bezahlen.

▶ **Nebenleistungspflichten:** Diese Pflichten dienen der Vorbereitung, Durchführung und Sicherung der Hauptleistung; sie sind also auf die Hauptleistung bezogen und ergänzen diese. Beachte: Diese Nebenleistungspflichten können vom Gläubiger eingeklagt werden!

Nebenleistungspflichten

Beispiel: Beim Verkauf von Standardsoftware ist der Verkäufer verpflichtet, (zusätzlich zur eigentlichen Kaufsache) ein Benutzerhandbuch mitzuliefern.

Die Unterscheidung zwischen Haupt- und Nebenleistungspflichten ist allerdings nunmehr für das Leistungsstörungsrecht praktisch bedeutungslos geworden, da insoweit grds. jede Pflichtverletzung ausreicht.

⮑ **Beachten Sie** für die Klausurarbeit, dass § 241 Abs. 1 – anders als z.B. § 433 Abs. 1 S. 1 oder § 433 Abs. 2 oder § 823 Abs. 1 – keine Anspruchsgrundlage ist. § 241 Abs. 1 ist allgemein gehalten und sagt, dass der Gläubiger von dem Schuldner eine Leistung fordern kann. Welche Leistung das ist, muss sich jedoch aus einer anderen Norm (z.B. § 433 Abs. 1 S. 1 oder § 433 Abs. 2) ergeben. In der Klausur spielt § 241 Abs. 1 daher keine Rolle!

§ 241 Abs. 1 ist keine Anspruchsgrundlage

Nebenpflichten

2.1.2 Nebenpflichten (§ 241 Abs. 2)

Neben diesen Leistungspflichten, die das Wesen des Schuldverhältnisses ausmachen, bestehen Pflichten nach **§ 241 Abs. 2 (Nebenpflichten)**. Der Schuldner hat hiernach auf die Rechte, Rechtsgüter und Interessen des Gläubigers Rücksicht zu nehmen.

Pflichten i.S.d. § 241 Abs. 2 sind z.B.:

Schutzpflichten

▶ **Schutzpflichten:** Die Parteien müssen sich so verhalten, dass Leben, Körper, Gesundheit, Eigentum etc. des anderen nicht verletzt werden.

> **Beispiel:** B hat den Malermeister U beauftragt, seine Hausfassade zu streichen (Werkvertrag nach § 631). U lässt den Farbeimer fallen. Er verletzt dadurch den B und beschädigt dessen Kleidung. Das Fallenlassen des Farbeimers ist eine Pflichtverletzung i.S.d. § 241 Abs. 2.

Aufklärungs-/Offenbarungs-/Hinweispflichten

▶ **Aufklärungs-/Offenbarungs-/Hinweispflichten:** Im Einzelfall kann für eine Partei die Pflicht bestehen, den anderen Teil unaufgefordert über entscheidungserhebliche Umstände zu informieren.

> **Beispiel:** Der Verkäufer eines Gebrauchtwagens muss den Käufer darauf hinweisen, dass das Fahrzeug ein Unfallwagen ist, es sei denn, dass durch den Unfall nur ein Bagatellschaden entstanden ist.

Leistungstreuepflichten

▶ **Leistungstreuepflichten:** Die Vertragsparteien müssen alles unterlassen, was den Vertragszweck oder den Leistungserfolg gefährdet oder beeinträchtigt.

> **Beispiel:** Die Bank trifft eine Verschwiegenheitspflicht gegenüber Dritten hinsichtlich der Bankgeschäfte ihrer Kunden.

Erfüllung der Nebenpflichten i.S.d. § 241 Abs. 2 nicht einklagbar

➲ **Beachte:** Die Erfüllung der leistungsunabhängigen Nebenpflichten i.S.d. § 241 Abs. 2 kann – anders als die der Nebenleistungspflichten – nicht selbstständig eingeklagt werden. Ihre Verletzung führt jedoch zu Sekundärrechten (siehe dazu unten: 2. Teil, 1. Abschnitt, 4.; 2. Abschnitt!).

➲ Aufgabe 1

Spediteur S transportiert den neuen Schrank des Kunden K in dessen Wohnung. Als S sich danach auf den im Wohnzimmer stehenden Glastisch setzt, um sich auszuruhen, bricht dieser zusammen, da er erkennbar nicht für ein solches Gewicht geeignet ist. Aufgrund welcher Schuldverhältnisse kann K von S Schadensersatz verlangen?

Lösung:

(I) Zwischen S und K besteht zunächst ein **Vertrag**, der auch das Aufstellen des Schranks in der Wohnung des K beinhaltet. Danach trifft den S als Nebenpflicht i.S.d. § 241 Abs. 2 die Pflicht, sich so zu verhalten, dass Körper, Leben, Eigentum und sonstige Rechtsgüter des K, mit denen er bei der Abwicklung des Vertrags in Berührung kommt, unversehrt (integer) bleiben. Die Beschädigung des Glastisches (Eigentumsverletzung) ist somit eine Vertragspflichtverletzung. Schadensersatz kann K von S somit aufgrund des vertraglichen Schuldverhältnisses verlangen (§ 280 Abs. 1).

(II) Daneben hat S auch den Tatbestand des § 823 Abs. 1 erfüllt. Wer vorsätzlich oder fahrlässig das Eigentum eines anderen rechtswidrig verletzt, ist ihm – **kraft Gesetzes** – zum Ersatz des daraus entstehenden Schadens verpflichtet. Hierbei handelt es sich um ein gesetzliches Schuldverhältnis. Es entsteht allein dadurch, dass S den Tatbestand des § 823 Abs. 1 erfüllt hat und ist völlig unabhängig davon, ob S mit K einen Vertrag abgeschlossen hat. Dass zwischen S und K zufällig auch noch ein vertragliches Schuldverhältnis besteht, hat auf den gesetzlichen Anspruch aus § 823 Abs. 1 grundsätzlich keinen Einfluss.

(III) Im vorliegenden Fall besteht zwischen den Ansprüchen aus Vertrag (§ 280 Abs. 1) und § 823 Abs. 1 Anspruchsgrundlagenkonkurrenz, d.h. der dem K entstandene Schaden kann aufgrund von zwei Anspruchsgrundlagen gefordert werden. Allerdings erhält K seinen Schaden im Ergebnis nur einmal ersetzt.

– – –

2.2 Die Unterscheidung zwischen primären und sekundären Pflichten

Unterscheidung zwischen primären und sekundären Pflichten

Werden die **primären Leistungspflichten nach § 241 Abs. 1** verletzt, dann entstehen **sekundäre Leistungspflichten** und damit Sekundäransprüche aus **Unmöglichkeit, Verzögerung oder Schlechtleistung**.

➲ Vgl. dazu 2. Teil, 1. Abschnitt, 1.–3.!

Auch die Verletzung der **Nebenpflichten nach § 241 Abs. 2** führt zu **sekundären Pflichten** aus **Nebenpflichtverletzung**, nämlich: Schadensersatz statt der Leistung gem. §§ 280 Abs. 1, Abs. 3, 282; Ersatz sonstiger Schäden gem. § 280 Abs. 1; gesetzliches Rücktrittsrecht gem. § 324!

➲ Vgl. dazu 2. Teil, 1. Abschnitt, 4.; 2. Abschnitt!

5

Einteilung der Pflichten aus dem rechtsgeschäftlichen Schuldverhältnis

Übersicht: Einteilung der Pflichten aus dem rechtsgeschäftlichen Schuldverhältnis

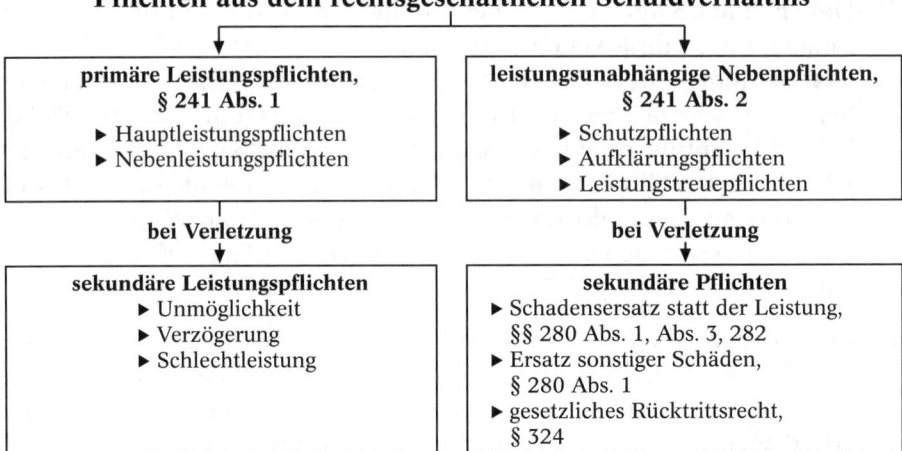

Pflichten aus dem rechtsgeschäftlichen Schuldverhältnis

primäre Leistungspflichten, § 241 Abs. 1	leistungsunabhängige Nebenpflichten, § 241 Abs. 2
▸ Hauptleistungspflichten ▸ Nebenleistungspflichten	▸ Schutzpflichten ▸ Aufklärungspflichten ▸ Leistungstreuepflichten

bei Verletzung — **bei Verletzung**

sekundäre Leistungspflichten	sekundäre Pflichten
▸ Unmöglichkeit ▸ Verzögerung ▸ Schlechtleistung	▸ Schadensersatz statt der Leistung, §§ 280 Abs. 1, Abs. 3, 282 ▸ Ersatz sonstiger Schäden, § 280 Abs. 1 ▸ gesetzliches Rücktrittsrecht, § 324

➲ Wenn Sie mehr wissen wollen:
AS-Skript SchuldR AT 1, 16. Aufl. 2006, S. 1 ff., 29 ff.!

Obliegenheiten

3. Obliegenheiten

3.1 Der Begriff der Obliegenheit

Begriff der Obliegenheit

Von den Pflichten strikt zu trennen sind die **sog. Obliegenheiten**. Als solche werden Gebote bezeichnet, deren Erfüllung lediglich im eigenen Interesse liegt, da bei ihrer Verletzung ein Rechtsverlust oder Rechtsnachteile drohen. Beachte: Es besteht also weder ein (primärer) Anspruch auf Erfüllung der Obliegenheit noch besteht bei deren Verletzung ein (sekundärer) Schadensersatzanspruch!

Klausurrelevante Beispiele für Obliegenheiten

3.2 Klausurrelevante Beispiele für Obliegenheiten

3.2.1 Die Schadensabwendungs- und -minderungsobliegenheit nach § 254 Abs. 2 S. 1

Schadensabwendungs- und -minderungsobliegenheit, § 254 Abs. 2 S. 1

§ 254 Abs. 2 S. 1 (lesen!) stellt für den Geschädigten das Gebot auf, den Schädiger auf die Gefahr eines ungewöhnlich hohen Schadens aufmerksam zu machen, den Schaden abzuwenden und ihn zu mindern. Bei Verletzung dieser Gebote ist sein Schadensersatzanspruch im Umfang seines Mitverschuldens zu kürzen. Es besteht zwar keine Pflicht des Geschädigten, vor dem Schaden zu warnen, ihn abzuwenden oder zu mindern, sodass der Verstoß hiergegen keine Schadensersatzpflicht des Geschädigten begründet. Er erleidet jedoch den Rechtsnachteil der Kürzung seines eigenen Anspruchs.

Beispiel: Schädiger S hat den G mit einem Schlag ins Gesicht verletzt. G hat eine blutende Wunde davongetragen. G hat daher gegen S einen Anspruch aus § 823 Abs. 1. Es trifft den G jedoch die Obliegenheit, die Wunde zu versorgen, sich gegebenenfalls in ärztliche Behandlung zu begeben und nicht etwa durch eine unsachgemäße Behandlung einen größeren Schaden zu verursachen. Andernfalls tritt für G der Rechtsnachteil ein, dass sein Anspruch aus § 823 Abs. 1 gemäß § 254 Abs. 2 S. 1 gekürzt wird.

3.2.2 Der Gläubigerverzug (§§ 293–304)

Gemäß **§§ 293 ff.** besteht die Obliegenheit des Gläubigers, die ihm ordnungsgemäß angebotene Leistung des Schuldners anzunehmen. Verstößt der Gläubiger hiergegen, treffen ihn die Rechtsnachteile des sog. Gläubigerverzugs.

Betrachtet man den Regelungskomplex der §§ 293 ff. lässt sich folgende Zweiteilung erkennen:

▶ In den §§ 293–299 sind die Voraussetzungen des Gläubigerverzugs geregelt.

▶ Die Rechtsfolgen des Gläubigerverzugs ergeben sich aus den §§ 300–304.

3.2.2.1 Die Voraussetzungen des Gläubigerverzugs (§§ 293–299)

Der Gläubigerverzug hat 4 Voraussetzungen, die Sie dem Gesetz entnehmen können: Aus § 293 ergeben sich die ersten 3 Prüfpunkte („die ihm angebotene" – „Leistung" – „nicht annimmt"). Dem § 297 ist die 4. Voraussetzung zu entnehmen. Sie können schließlich in einem 5. Punkt festhalten, dass ein Verschulden nicht vorausgesetzt wird.

⊃ Aufgabe 2

Stellen Sie anhand der Lektüre der Normen der §§ 293–299 ein Aufbauschema für die Prüfung der Voraussetzungen des Gläubigerverzugs zusammen!

Lösung:

(I) Unter Heranziehung der Regelungen der §§ 293 ff. ergibt sich folgendes **Aufbauschema für die Prüfung der Voraussetzungen des Gläubigerverzugs**:

(1) erfüllbarer Anspruch
(2) ordnungsgemäßes Angebot
(3) Nichtannahme durch den Gläubiger
(4) Schuldner zur Leistung bereit und imstande
(5) (kein Verschulden des Gläubigers erforderlich)

Gläubigerverzug, §§ 293–304

Voraussetzungen des Gläubigerverzugs, §§ 293–299

Aufbauschema zu den Voraussetzungen des Gläubigerverzugs

Erläuterung des Aufbau-
schemas

(II) Erläuterung des Aufbauschemas:

(1) Der Anspruch muss zumindest erfüllbar sein. Erfüllbarkeit bedeutet, dass der Schuldner leisten kann, aber noch nicht zwingend leisten muss. Der Anspruch muss also – anders als beim Schuldnerverzug nach § 286 – **noch nicht fällig** sein.

(2) Die §§ 294–296 behandeln das Angebot. Grundsätzlich ist nach § 294 ein tatsächliches Angebot erforderlich. Der Schuldner muss alle ihm obliegenden Leistungshandlungen so weit erbracht haben, dass es allein am Gläubiger liegt, die Erfüllung herbeizuführen. Der Gläubiger braucht also nur noch „zuzugreifen". Ausnahmsweise reicht ein wörtliches Angebot **(§ 295)**. Das Angebot kann auch nach **§ 296** entbehrlich sein.

(3) Der Gläubiger muss die angebotene Leistung nicht angenommen haben oder bei Entbehrlichkeit des Angebots nach § 296 die Mitwirkungshandlung unterlassen haben.

Beachte: Nach § 298 kommt der Gläubiger einer Zug um Zug zu erbringenden Leistung trotz Annahmebereitschaft in Verzug, wenn er die verlangte Gegenleistung nicht anbietet.

Beachte weiterhin: Nach § 299 lässt bei unbestimmter Leistungszeit eine vorübergehende Annahmeverhinderung den Gläubigerverzug nicht eintreten.

(4) Nach § 297 darf der Gläubiger „zur Zeit des Angebots" (heben Sie sich diesen maßgebenden Zeitpunkt in Ihrem Gesetz hervor!) nicht außerstande sein, die Leistung zu bewirken. Es darf kein Fall der Unmöglichkeit vorliegen.

(5) **Beachte:** Der Gläubigerverzug setzt – anders als der Schuldnerverzug – kein Verschulden voraus, da es sich hierbei um eine Obliegenheitsverletzung (und nicht um eine „Pflichtverletzung"!) des Gläubigers handelt! Halten Sie sich diesen oftmals prüfungsrelevanten Gesichtspunkt stets vor Augen!

– – –

Rechtsfolgen des Gläubi-
gerverzugs, §§ 300–304,
326 Abs. 2 S. 1, 2. Alt.

3.2.2.2 Die Rechtsfolgen des Gläubigerverzugs (§§ 300–304; 326 Abs. 2 S. 1, 2. Alt.)

Die wichtigsten Rechtsfolgen des Gläubigerverzugs sind in den §§ 300–304 und § 326 Abs. 2 S. 1, 2. Alt. geregelt (lesen!).

⊃ Aufgabe 3

Benennen Sie anhand der Lektüre der §§ 300–304 und des § 326 Abs. 2 S. 1, 2. Alt. die wichtigsten klausurrelevanten Regelungen für die Rechtsfolgen des Gläubigerverzugs und erklären Sie deren Regelungsgehalt!

Lösung:

Die **wichtigsten klausurrelevanten Regelungen für die Rechtsfolgen des Gläubigerverzugs** sind:

Haftungsprivilegierung
für den Schuldner, § 300
Abs. 1

▶ **§ 300 Abs. 1** regelt eine **Haftungsprivilegierung für den Schuldner** während des Gläubigerverzugs, da dieser während des Gläubigerverzugs nur Vorsatz und grobe Fahrlässigkeit zu vertreten hat.

8

Hinweis: § 300 Abs. 1 stellt somit eine Ausnahme vom Grundsatz des § 276 Abs. 1 dar, nach dem der Schuldner grds. für Vorsatz und **jede** Fahrlässigkeit haftet. § 300 Abs. 1 ist bei § 276 Abs. 1 unter den Passus „ ... eine mildere Haftung ... bestimmt" einzuordnen.

▶ **§ 300 Abs. 2** regelt den **Übergang der Leistungsgefahr** bei Gattungsschulden. Dies bedeutet, dass, wenn die angebotene Gattungssache während des Gläubigerverzugs durch Zufall oder leichte bzw. mittlere Fahrlässigkeit untergeht oder verschlechtert wird, der Schuldner insoweit von seiner Leistungspflicht gem. § 275 frei wird.

Übergang der Leistungsgefahr, § 300 Abs. 2

▶ **§ 326 Abs. 2** regelt den **Übergang der Gegenleistungsgefahr (Preisgefahr)**. Hierdurch wird die Frage geklärt, ob der Schuldner trotz des Untergangs der von ihm geschuldeten Sache während des Gläubigerverzugs den Anspruch auf die Gegenleistung behält.

Übergang der Gegenleistungsgefahr, § 326 Abs. 2

▶ **§ 304** ist die einzige Anspruchsgrundlage innerhalb des Regelungskomplexes der §§ 293–304! Geregelt ist ein Anspruch auf Ersatz der Mehraufwendungen.

Ersatz von Mehraufwendungen, § 304

Hinweis: § 304 ist kein Schadensersatzanspruch, sondern ein Aufwendungsersatzanspruch (unterscheide: Schaden ist ein unfreiwilliges Vermögensopfer – Aufwendung ist ein freiwilliges Vermögensopfer!).

– – –

↪ **Hinweis:** Auf § 300 Abs. 2 sowie § 326 Abs. 2 werden wir bei der Darstellung der Unmöglichkeit genauer eingehen (vgl. 2. Teil, 1. Abschnitt, 1.!).

Übersicht zum Gläubigerverzug

Übersicht: Der Gläubigerverzug, §§ 293 ff.

I. Erfüllbarer Anspruch

Setzt lediglich voraus, dass der Schuldner schon erfüllen darf. Die Leistung muss noch nicht fällig sein.

II. Ordnungsgemäßes Angebot

§ 294	§ 295	§ 296
grundsätzlich **tatsächliche „Anleistung"**	**wörtlich**	**entbehrlich**

III. Schuldner zur Leistung bereit und imstande, § 297

IV. Nichtannahme durch Gläubiger

Beachte: Nicht lediglich vorübergehende Annahmeverhinderung, § 299 (Beispiel: Schuldner trifft Gläubiger bei unangemeldetem Leistungsversuch nicht an).

(V. Kein Vertretenmüssen des Gläubigers erforderlich!)

Rechtsfolgen

§ 300 Abs. 1	§ 300 Abs. 2	§ 326 Abs. 2 S. 1, 2. Alt.
Verminderter Verschuldensmaßstab (relevant inbes. bei späterer Unmöglichkeit)	**Übergang der Leistungsgefahr bei Gattungsschulden** (kaum relevant, da die Leistungsgefahr meist bereits gem. § 243 Abs. 2 durch Konkretisierung übergeht)	**Übergang der Gegenleistungs-(Preis-)gefahr**

Daneben: §§ 301–304, 615, 642 BGB und § 373 HGB

Pflichtverletzungen

2. Abschnitt: Pflichtverletzungen

Eine Pflichtverletzung liegt vor, wenn der Schuldner hinter dem geschuldeten Pflichtenprogramm des § 241 zurückbleibt. Anders gesagt: Pflichtverletzung ist jedes Abweichen des Ist-Zustandes vom geschuldeten Soll-Zustand. Weder Rechtswidrigkeit noch Verschulden sind hierfür Voraussetzung. Unter diesen Oberbegriff der Pflichtverletzung fallen folgende vier Arten:

▸ die (vollständige oder teilweise) **Verzögerung der Leistung**

▸ die (vollständige oder teilweise) **Unmöglichkeit**

▸ die **Schlechtleistung**

▸ die **Verletzung von** (vertraglichen oder vorvertraglichen, § 311 Abs. 2) **Nebenpflichten**

10

Übersicht: Einteilung der Arten der Pflichtverletzung

Einteilung der Arten der Pflichtverletzung

Pflichtverletzung

Verzögerung	Unmöglichkeit	Schlecht-leistung	Nebenpflicht-verletzung
▶ teilweise ▶ vollständig	▶ teilweise ▶ vollständig		▶ vertraglich ▶ vorvertraglich, (§ 311 Abs. 2)

bezogen auf Leistungspflichten i.S.d. § 241 Abs. 1

bezogen auf Nebenpflichten i.S.d. § 241 Abs. 2

⮑ Genau diese vier Arten der Pflichtverletzung werden wir im **2. Teil, 1. und 2. Abschnitt**, genauer besprechen.

⮑ Betrachten wir jedoch zunächst im folgenden **3. Abschnitt** in einem systematischen Überblick die beiden zentralen – besonders prüfungsrelevanten – Gläubigerrechte bei einer Pflichtverletzung: **Rücktritt und Schadensersatz**.

3. Abschnitt: Die wichtigsten Gläubigerrechte bei einer Pflichtverletzung

Die wichtigsten Gläubigerrechte bei einer Pflichtverletzung

Eine Pflichtverletzung kann vor allem folgende beiden Sekundärrechte des Gläubigers auslösen, nämlich den **Rücktritt** vom Vertrag und das Verlangen nach **Schadensersatz**. Während der Rücktritt verschuldensunabhängig ist, setzt ein Schadensersatzanspruch des Gläubigers ein Verschulden des Schuldners voraus.

Rücktritt und Schadensersatz

⮑ **Hinweis:** Merken Sie sich von Anfang an diesen Automatismus: Liegt eine Pflichtverletzung vor, so kommen für den Gläubiger Rücktritt und Verlangen nach Schadensersatz in Betracht.
An dieser Stelle sehen Sie, wie wichtig es ist, zwischen Pflichten und Obliegenheiten zu unterscheiden. Da der Gläubigerverzug keine Pflichtverletzung darstellt, kommen als Rechtsfolge weder ein Rücktrittsrecht noch Schadensersatzansprüche des Schuldners in Betracht, sondern lediglich die den Gläubiger treffenden Rechtsnachteile der §§ 300–304, 326 Abs. 2 S. 1, 2. Alt. (vgl. nochmals oben: 1. Teil, 1. Abschnitt, 3.2.2.2!).

1. Schadensersatz

Schadensersatz

1.1 Der Grundtatbestand des § 280 Abs. 1

§ 280 Abs. 1 als der Grundtatbestand für den Schadensersatzanspruch bei Vorliegen einer Pflichtverletzung knüpft an den Begriff der „Pflichtverlet-

Grundtatbestand des § 280 Abs. 1

zung" an. In der amtlichen Überschrift heißt es: „Schadensersatz wegen Pflichtverletzung".

⇒ **Aufgabe 4**

Lesen Sie § 280 Abs. 1!

(I) Ordnen Sie § 280 Abs. 1 normtechnisch ein!

(II) Können Sie sich die negative Formulierung „Dies gilt nicht ..." in § 280 Abs. 1 S. 2 erklären?

(III) Entwickeln Sie aus dem Gesetz ein Aufbauschema für die Prüfung des § 280 Abs. 1! Erläutern Sie dieses kurz!

(IV) Was hat der Schuldner „zu vertreten"?

Lösung:

§ 280 Abs. 1 ist eine Anspruchsgrundlage

(I) Aus der Rechtsfolgenanordnung des § 280 Abs. 1 („so kann der Gläubiger Ersatz des hierdurch entstehenden Schadens verlangen") geht hervor: § 280 Abs. 1 ist eine Anspruchsgrundlage (ein Schadensersatzanspruch, ein Sekundäranspruch)!

Vertretenmüssen des Schuldners wird vermutet, § 280 Abs. 1 S. 2

(II) Das Vertretenmüssen ist keine positive Anspruchsvoraussetzung, die der Gläubiger als Anspruchsteller beweisen muss. Das Vertretenmüssen wird vielmehr gesetzlich vermutet, d.h. der Schuldner muss darlegen und ggf. beweisen, dass ihn kein Verschulden trifft. Er muss sich exkulpieren. Auf ihn wird die Beweislast verlagert. **§ 280 Abs. 1 ist eine Haftung für vermutetes Verschulden!**

Aufbauschema zu § 280 Abs. 1

(III) Es ergibt sich folgendes
Aufbauschema für die Prüfung des § 280 Abs. 1:

(1) Schuldverhältnis
(2) Pflichtverletzung
(3) Vertretenmüssen des Schuldners

Erläuterung des Aufbauschemas:

Erläuterung Aufbauschema

(1) § 280 Abs. 1 gilt zunächst für **rechtsgeschäftliche** Schuldverhältnisse, d.h. ist anwendbar auf alle Verträge, gleich, ob es sich um einseitige oder gegenseitige, entgeltliche oder unentgeltliche handelt. Wie der Regelung des § 311 Abs. 2 und 3 zu entnehmen ist, findet § 280 Abs. 1 jedoch auch bei **rechtsgeschäftsähnlichen** Schuldverhältnissen (z.B. durch Aufnahme von Vertragsverhandlungen oder Vertragsanbahnung) Anwendung. Schließlich erfasst § 280 Abs. 1 auch **gesetzliche** Schuldverhältnisse (z.B. Geschäftsführung ohne Auftrag, §§ 677 ff.).

Schuldverhältnis

12

(2) Als mögliche Pflichtverletzung kommt jede der 4 Arten einer Pflichtverletzung in Betracht: die **Verzögerung**, die **Unmöglichkeit**, die **Schlechtleistung** oder die **Verletzung von Nebenpflichten**.

Pflichtverletzung

(3) Wie sich aus der Gesetzesfassung des § 280 Abs. 1 S. 2 („Dies gilt nicht, wenn der Schuldner ... nicht zu vertreten hat.") ergibt, wird das Verschulden des Schuldners **gesetzlich vermutet**. Das heißt für den Schuldner, dass er beweisen muss, dass er die Pflichtverletzung nicht zu vertreten hat.

Vertretenmüssen des Schuldners

➲ **Beachte:** Enthält der Sachverhalt keine Angaben dafür, dass sich der Schuldner entlastet hat, ist somit vom Verschulden des Schuldners auszugehen. **Das Schweigen des Sachverhalts geht insoweit also zulasten des beweispflichtigen Schuldners!**

(IV) Was der Schuldner zu vertreten hat, ist in **§§ 276–278** geregelt. Notieren Sie sich diese Normen über „zu vertreten" in § 280 Abs. 1!

Regelung des Vertretenmüssens des Schuldners in §§ 276–278

Nach **§ 276 Abs. 1 S. 1** hat der Schuldner grundsätzlich Vorsatz und Fahrlässigkeit zu vertreten.

Beachte: Nach § 276 Abs. 1 S. 1 wird grds. bereits für einfache Fahrlässigkeit, welche in § 276 Abs. 2 legaldefiniert ist (Kommentierung „Abs. 2" über „Fahrlässigkeit" in Abs.1!), gehaftet. Insoweit ist kein individueller, sondern ein objektiv-abstrakter Maßstab zugrunde zu legen!

In bestimmten Fällen sieht das Gesetz jedoch eine Privilegierung für den Schuldner dergestalt vor, dass der Schuldner nicht für jede Fahrlässigkeit haften soll, sondern nur für die eigenübliche Sorgfalt einzustehen hat.

Beispiel: § 690 für den unentgeltlichen Verwahrer

In diesem Fall gilt abweichend von § 276 kein objektiver, sondern ein subjektiver Maßstab. Der Regelung des **§ 277** ist für diese Fälle jedoch zu entnehmen, dass der Schuldner für grobe Fahrlässigkeit jedenfalls einstehen muss.

Besonders bedeutsam und daher prüfungsrelevant ist die Regelung des **§ 278**, wonach das Verschulden des gesetzlichen Vertreters und des Erfüllungsgehilfen dem Verschulden des Schuldners gleichsteht!

Zurechnung des Verschuldens des Erfüllungsgehilfen, § 278

Dazu folgendes Beispiel: Werkunternehmer U schließt mit B einen Werkvertrag (§ 631) über Malerarbeiten in der Wohnung des B. U lässt seinen Gesellen G die Arbeiten ausführen. Dieser macht ein Brandloch in den Wohnzimmerteppich des B, als er aus Unachtsamkeit in einer Arbeitspause die glühende Zigarette fallen lässt.

G könnte **Erfüllungsgehilfe** des U nach § 278 sein. Erfüllungsgehilfe ist, wer mit Wissen und Wollen des Schuldners in dessen Pflichtenkreis tätig wird *(diese Definition müssen Sie beherrschen!)*. U ist aufgrund des *(vertraglichen Schuldverhältnisses)* Werkvertrags Schuldner des B, hieraus resultiert zum einen die Leistungspflicht (§ 241 Abs. 1), das Werk mangelfrei zu erstellen, § 633 Abs. 1. Zum anderen besteht aber auch die Nebenpflicht nach § 241 Abs. 2, sich so zu verhalten, dass das Eigentum des B, mit dem er bei Abwicklung des Werkvertrags in Berührung kommt, nicht verletzt wird. Anstatt selbst die Malerarbeiten auszuführen, hat jedoch der U den G eingeschaltet. G ist also hinsichtlich der vorgenannten Pflichten Erfüllungsgehilfe des U. Somit muss sich U gemäß § 278 das Verschulden des G nach § 276 Abs. 1 S. 1, Abs. 2 wie eigenes Verschulden zurechnen lassen. U haftet daher nach § 280 Abs. 1.

⊃ **Wichtig:**

▸ § 278 ist eine Zurechnungsnorm, keine Anspruchsgrundlage!

▸ § 278 setzt ein bestehendes Schuldverhältnis voraus (vgl. Wortlaut: „Der Schuldner ...").

Sie können daher z.B. im Rahmen der Prüfung des **§ 823 Abs. 1 keinesfalls § 278** beim Prüfungspunkt Verschulden in Ansatz bringen. Wenn die Voraussetzungen des § 823 Abs. 1 vorliegen, dann wird ein Schuldverhältnis erst begründet. § 278 kann aber nicht zur Begründung dieses Schuldverhältnisses eingesetzt werden.

– – –

Schadensersatz „neben der Leistung" und „statt der Leistung"

1.2 Schadensersatz „neben der Leistung" und „statt der Leistung"

Für das Auffinden der richtigen Anspruchsgrundlage für den Schadensersatz wegen einer Pflichtverletzung ist stets zunächst die Frage zu klären, ob der Gläubiger „Schadensersatz neben der Leistung" oder „Schadensersatz statt der Leistung" begehrt.

Lesen Sie § 280 Abs. 1 und §§ 280 Abs. 1, Abs. 2, 286 einerseits und die §§ 280 Abs. 1, Abs. 3, 281, 282, 283 andererseits!

In § 280 Abs. 3 ist bestimmt, dass „Schadensersatz statt der Leistung" nur unter den zusätzlichen Voraussetzungen der §§ 281–283 verlangt werden kann. **„Schadensersatz statt der Leistung"** bedeutet, dass der Schadensersatz **an die Stelle der Leistung** treten soll. Dagegen kann im Fall des **„Schadensersatzes neben der Leistung"** dieser **neben der Leistung** (und nicht nur anstelle!) verlangt werden. Für den Schadensersatz neben der Leistung ist grundsätzlich § 280 Abs. 1 alleine maßgebend, in dem speziellen Fall der Geltendmachung des sog. Verzögerungsschadens sind noch zusätzlich über § 280 Abs. 2 die Voraussetzungen des § 286 (d.h. des Schuldnerverzugs!) zu prüfen.

Es ist also wie folgt zu unterscheiden:

SE „neben der Leistung"

Allgemein: § 280 Abs. 1

Speziell: Verzögerungsschaden, §§ 280 Abs. 1, Abs. 2, 286

1.2.1 Schadensersatz „neben der Leistung"

▸ Begehrt der Gläubiger Schadensersatz neben der Leistung, so ist grundsätzlich nur **§ 280 Abs. 1** zu prüfen.

▸ In dem Fall, dass der Gläubiger als Schadensersatz neben der Leistung den **sog. Verzögerungsschaden** (= der Schaden, der durch die Verspätung der Leistung eingetreten ist) geltend macht (der Gläubiger aber dennoch weiterhin die Leistung des Schuldners begehrt!), ist zusätzlich über **§ 280 Abs. 2 der § 286** zu prüfen.

Wichtig: Die Normenkette lautet zwar §§ 280 Abs. 1, Abs. 2, 286. Die Anspruchsgrundlage ist jedoch einzig und alleine § 280 Abs. 1!

14

1.2.2 Schadensersatz „statt der Leistung"

Beim Schadensersatz statt der Leistung tritt der Schadensersatz nicht neben, sondern an die Stelle der Leistung. Schadensersatz statt der Leistung ist der Schaden, der sich **aus dem endgültigen Ausbleiben der Leistung** ergibt. Er umfasst somit **alle Schäden, die vermieden worden wären, wenn der Schuldner im spätest möglichen Zeitpunkt noch (nach)erfüllt** hätte.

Anspruchsgrundlage ist § 280 Abs. 1. Allerdings sind über § 280 Abs. 3 zusätzlich die Voraussetzungen der §§ 281, 282 oder 283 zu berücksichtigen. Auf welche der genannten Normen zusätzlich abzustellen ist, hängt von der Art der im Fall einschlägigen Pflichtverletzung ab.

➲ *Beachten Sie, dass § 311 a Abs. 2 S. 1 für den besonderen Fall der anfänglichen Unmöglichkeit eine eigenständige Anspruchsgrundlage für den Schadensersatz statt der Leistung regelt, sodass insoweit nicht auf § 280 Abs. 1 abzustellen ist! Vermerken Sie sich daher § 311 a Abs. 2 neben § 280 Abs. 1!*

▶ **Verzögerung: §§ 280 Abs. 1, Abs. 3, 281 Abs. 1 S. 1, 1. Alt. („Leistung nicht ... erbringt"):**

Die Verzögerung ist ein Fall der Nichtleistung. Als zusätzliche Voraussetzung hat der Gläubiger dem Schuldner grundsätzlich (Ausnahme: Entbehrlichkeit der Fristsetzung nach § 281 Abs. 2!) eine angemessene Frist zur Leistung zu setzen. Erst nach Ablauf dieser Frist kann der Gläubiger Schadensersatz statt der Leistung verlangen. Diese Fristsetzung ist ein wesentliches Strukturmerkmal des Schuldrechts. Damit soll der **Vorrang des Erfüllungsanspruchs** gesichert werden, das **Recht zum zweiten Andienen**: Erst soll erfüllt werden, und nur ausnahmsweise soll an die Stelle des Erfüllungsanspruchs ein Schadensersatzanspruch treten. Dieses Recht zum zweiten Andienen ist Ausfluss des Grundsatzes, dass Verträge einzuhalten sind (pacta sunt servanda).

▶ **Unmöglichkeit:**
Die Unmöglichkeit ist ebenfalls ein Fall der Nichtleistung. Allerdings ist §§ 280 Abs. 1, Abs. 3, 281 Abs. 1 S. 1, 1. Alt. nicht einschlägig.

Im Fall der **nachträglichen Unmöglichkeit** sind für den Schadensersatz statt der Leistung die **§§ 280 Abs. 1, Abs. 3, 283** maßgebend. Die Fristsetzung zur Leistung ist hier stets entbehrlich (Grund: Da die Leistung unmöglich ist, wäre eine solche Fristsetzung sinnlose Förmelei!).

Wichtig: Anspruchsgrundlage ist hier § 280 Abs. 1.

Für die **anfängliche Unmöglichkeit** regelt § 311 a Abs. 2 als lex specialis den Schadensersatz statt der Leistung.

Wichtig: Anspruchsgrundlage ist nicht § 280 Abs. 1, sondern allein § 311 a Abs. 2 S. 1!

▶ **Schlechtleistung: §§ 280 Abs. 1, Abs. 3, 281 Abs. 1 S. 1, 2. Alt. („Leistung ... nicht wie geschuldet erbringt"):**

▶ Auch hier soll die grundsätzlich erforderliche (Ausnahme: Entbehrlichkeit der Fristsetzung nach § 281 Abs. 2 bzw. § 440 und § 636 im Kauf- und Werkrecht!) Fristsetzung (zur Nacherfüllung der Leistung) den Vorrang des Erfüllungsanspruchs sichern (Recht zum zweiten Andienen).

Wichtig: Voraussetzung für die Anwendung des § 281 Abs. 1 S. 1, 2. Alt. ist somit, dass die Nacherfüllung möglich ist!

▶ **Nebenpflichtverletzung** i.S.d. § 241 Abs. 2: **§§ 280 Abs. 1, Abs. 3, 282:** Ein Schadensersatzanspruch kommt nur in Betracht, wenn dem Gläubiger wegen der Nebenpflichtverletzung eine Leistung des Schuldners nicht mehr zugemutet werden kann.

Einteilung der Schadensersatzansprüche des allgemeinen Leistungsstörungsrechts

Übersicht: Einteilung der Schadensersatzansprüche des allgemeinen Leistungsstörungsrechts

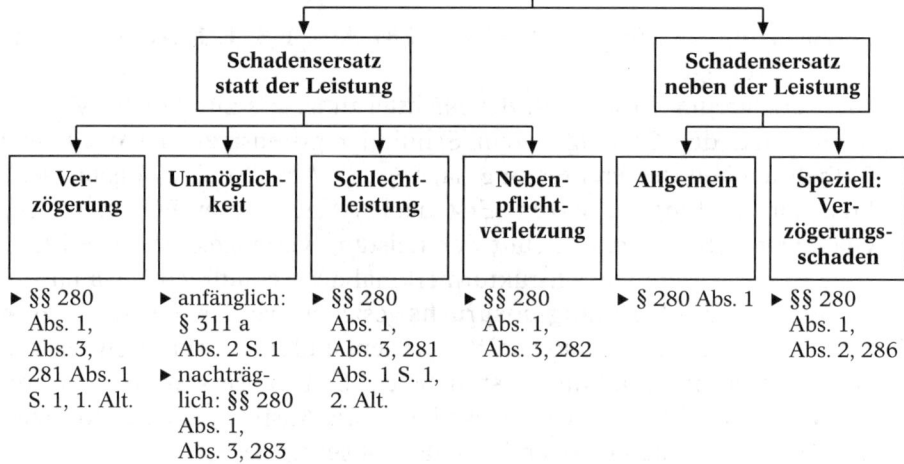

⟳ **Hinweis:** Im **Kaufrecht** wird für den Fall der **Schlechtleistung** (Lieferung einer mangelhaften Sache) auf die Regelung der §§ 280, 281, 283 und § 311 a verwiesen, vgl. **§ 437 Nr. 3!** Gleiches gilt für den Parallelfall (Herstellung eines mangelhaften Werks) im **Werkvertragsrecht**, vgl. **§ 634 Nr. 4!** Dies wird ausführlich im **2. Teil, 1. Abschnitt, 3.3.4 bzw. 3.5** dargestellt werden.

2. Rücktritt

Rücktritt

Gesetzliches Rücktrittsrecht

2.1 Gesetzliches Rücktrittsrecht bei Pflichtverletzung des Schuldners

Des Weiteren kommt bei einer Pflichtverletzung des Schuldners ein Rücktrittsrecht des Gläubigers in Betracht. Zu beachten ist nämlich, dass in dem Fall, in dem bei einem gegenseitigen Vertrag eine Pflichtverletzung (in einer der oben bezeichneten 4 Arten!) durch den Schuldner vorliegt, auch ein **gesetzliches Rücktrittsrecht** besteht. Die **gesetzlichen Rücktrittsgründe** bei einer Pflichtverletzung sind **in den §§ 323 Abs. 1, 1. Alt., 323 Abs. 1, 2. Alt., 324 und 326 Abs. 5 geregelt.**

⊃ **Hinweis:** Im **Kaufrecht** wird für den Fall der **Schlechtleistung** (Lieferung einer mangelhaften Sache) auf die Regelung der §§ 323 und 326 Abs. 5 verwiesen, vgl. **§ 437 Nr. 2**! Gleiches gilt für den Parallelfall (Herstellung eines mangelhaften Werks) im **Werkvertragsrecht**, vgl. **§ 634 Nr. 3**! Dies wird ausführlich im **2. Teil, 1. Abschnitt, 3.3.3** bzw. **3.5** dargestellt werden.

2.2 Aufbauschema für die Prüfung der Voraussetzungen und Rechtsfolgen des Rücktritts

Aufbauschema zu den Voraussetzungen und Rechtsfolgen des Rücktritts

(I) Voraussetzungen:

(1) Rücktrittsgrund:

⇨ Wie aus § 346 Abs. 1 hervorgeht, kann ein Rücktrittsgrund vertraglich vereinbart werden oder kraft Gesetzes bestehen.

(2) Rücktrittserklärung:

⇨ Nach § 349 ist der Rücktritt zu erklären (der Rücktritt ist ein Gestaltungsrecht!).

(3) Kein Ausschluss / kein Erlöschen / keine Unwirksamkeit

⇨ Ausschluss z.B. gem. § 323 Abs. 5 S. 2, Abs. 6 / Erlöschen z.B. gem. § 350 / Unwirksamkeit z.B. gem. § 352 oder § 218 Abs. 1

(II) Rechtsfolgen:

(1) Befreiungswirkung:

Noch bestehende Erfüllungsansprüche erlöschen mit Wirkung ex-nunc.
⇨ **Beachte:** § 346 Abs. 1 ist dann rechtsvernichtende Einwendung.

(2) Rückgewährpflicht:

Es besteht nach § 346 Abs. 1 ein Anspruch auf Rückgewähr der ausgetauschten Leistungen.
⇨ **Beachte:** § 346 Abs. 1 ist dann Anspruchsgrundlage.

⊃ Wenn Sie mehr zum „Rücktritt vom Vertrag" wissen wollen:
AS-Skript SchuldR AT 2, 17. Aufl. 2007, S. 56 ff.!

2.3 Die Parallele zwischen dem gesetzlichen Rücktrittsrecht und dem Schadensersatz statt der Leistung bei Vorliegen einer Pflichtverletzung

Parallele zwischen gesetzlichem Rücktrittsrecht und Schadensersatz statt der Leistung

Zu beachten ist, dass die Regelung der gesetzlichen Rücktrittsgründe der §§ 323 ff. nahezu parallel zu der Regelung des Schadensersatzes statt der Leistung in den §§ 281 ff. aufgebaut ist!

⊃ **Aufgabe 5**

Lesen Sie § 323 Abs. 1, 1. Alt. – § 323 Abs. 1, 2. Alt. – § 324 – § 326 Abs. 5! Ordnen Sie diese Normen den vier Arten der Pflichtverletzung zu und geben Sie die Parallelnorm für den Schadensersatz statt der Leistung an!

17

Lösung:

▶ **Verzögerung: § 323 Abs. 1, 1. Alt.** („Leistung nicht ... erbringt"; Parallelnorm für den Schadensersatz statt der Leistung: § 281 Abs. 1 S. 1, 1. Alt.)

▶ **Unmöglichkeit: § 326 Abs. 5** (für anfängliche und nachträgliche Unmöglichkeit! Parallelnormen für den Schadensersatz statt der Leistung: § 283 und § 311 a Abs. 2)

▶ **Schlechtleistung: § 323 Abs. 1, 2. Alt.** („Leistung ... nicht wie geschuldet erbringt"; Parallelnorm für den Schadensersatz statt der Leistung: § 281 Abs. 1 S. 1, 2. Alt.)

▶ **Nebenpflichtverletzung: § 324** (Parallelnorm für den Schadensersatz statt der Leistung: § 282)

– – –

Übersicht zum Schadensersatz statt der Leistung und Rücktritt

Übersicht: Die wichtigsten Gläubigerrechte: Schadensersatz statt der Leistung und Rücktritt

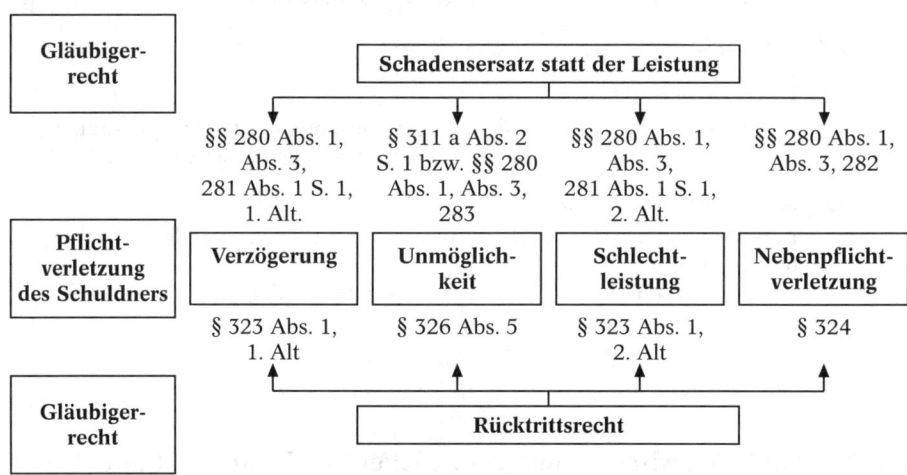

➲ **Wichtig:** Rücktritt und Schadensersatz schließen sich nicht aus (**§ 325**). Der Gläubiger kann Schadensersatz **und** Rücktritt begehren (es besteht also kein Alternativ-, sondern ein Kumulativverhältnis!).

Grundstruktur einer Schuldrechtsklausur

4. Abschnitt: Grundstruktur einer Schuldrechtsklausur – Worauf Sie achten müssen!

Anspruchsklausur

Der **wohl häufigste Klausurtyp bei einer Schuldrechtsklausur** ist der der **Anspruchsklausur**, bei der **Ansprüche eines Gläubigers gegenüber seinem Schuldner** zu überprüfen sind.

Bei der Bearbeitung einer solchen Klausur sind folgende **drei Arbeitsschritte** einzuhalten:

⮞ **Hinweis:** Die **allgemein bei der Klausurbearbeitung anzuwendende Technik**, d.h. Vorgehensweise vom Sachverhalt zur Lösung, haben wir bereits ausführlich in **Grundlagen Zivilrecht 1, 2. Teil** dargestellt!

⮞ Wenn Sie mehr wissen wollen:
Vgl. dort, 5. Aufl. 2008, S. 18 ff.!

1. Schritt: Erfassen der Aufgabe

Bei diesem Arbeitsschritt ist zum einen **der Sachverhalt gedanklich genau zu erfassen**, was bei komplexeren und komplizierteren Sachverhalten durch Anfertigen einer Skizze erleichtert wird.

Zum anderen ist hierbei die **Fallfrage zu konkretisieren**. Die Ausgangsfrage, die Sie sich insoweit bei einer Anspruchsklausur stellen müssen, lautet: **Wer will was von wem woraus?**

Das bedeutet, dass Sie klären müssen:

▶ Wer ist der **Anspruchsteller**, d.h. der Gläubiger („Wer")?

▶ Welches **Anspruchsziel** („Was") wird verfolgt?

▶ Wer ist der **Anspruchsgegner**, d.h. der Schuldner („von Wem")?

▶ Auf welche **Anspruchsgrundlage** („Woraus") wird das Anspruchsziel gestützt?

2. Schritt: Erstellen der Gliederung

Bei diesem Arbeitsschritt sind zunächst die in Betracht kommenden **Anspruchsgrundlagen zu suchen**, danach sind diese zu ordnen, d.h. **deren Prüfungsreihenfolge ist festzulegen**, und schließlich sind die **einzelnen Anspruchsgrundlagen zu prüfen**.

▶ *Wie finde ich die richtige Anspruchsgrundlage auf?*

Beim Auffinden der Anspruchsgrundlage müssen Sie immer vom Gläubigerbegehren ausgehen: Was will der Gläubiger? Will er Erfüllung oder Schadensersatz etc.? Sie müssen dann eine Norm suchen, deren Rechtsfolge genau diesem Begehren Rechnung trägt.

⮞ **Merke:** Erst wenn geklärt ist, was das **Anspruchsbegehren** ist, kann (im Anschluss) ermittelt werden, wie dieses Begehren **begründet** werden kann!

▶ *Welche Reihenfolge ist bei der Prüfung der Anspruchsgrundlagen einzuhalten?*

In dem Fall, dass für ein Anspruchsbegehren mehrere Anspruchsgrundlagen in Betracht kommen, richtet sich die Reihenfolge der Prüfung nach folgendem dreistufigem

Drei Arbeitsschritte

1. Schritt: Erfassen der Aufgabe

2. Schritt: Erstellen der Gliederung

Auffinden der richtigen Anspruchsgrundlage

Reihenfolge bei der Prüfung der Anspruchsgrundlagen

Aufbauschema zur Prüfungsreihenfolge von Anspruchsgrundlagen

Aufbauschema:

(I) rechtsgeschäftliche Ansprüche

(II) rechtsgeschäftsähnliche Ansprüche

(III) gesetzliche Ansprüche

➲ **Hinweis:** Die **Begründung dieser Prüfungsreihenfolge** haben wir bereits ausführlich in **Grundlagen Zivilrecht 1, 2. Teil** dargestellt!

➲ Wenn Sie mehr wissen wollen:
Vgl. dort, 5. Aufl. 2008, S. 28 f.!

Bei der **Darstellung des Grundwissens im 2. Teil dieses Skripts** werden wir deshalb **entsprechend diesem Dreierschritt** vorgehen, damit Sie sich von vornherein diese grundlegende Reihenfolge für die Prüfung aneignen!

Übersicht zur Prüfungsreihenfolge von Anspruchsgrundlagen

Übersicht: Die Reihenfolge bei der Prüfung von Anspruchsgrundlagen

(I) Rechtsgeschäftliche Ansprüche:

(1) Primäransprüche

(2) Sekundäransprüche

    (a) wegen Pflichtverletzung
      ▶ Unmöglichkeit
      ▶ Verzögerung/Verzug
      ▶ Schlechtleistung
      ▶ Verletzung einer Nebenpflicht (§ 241 Abs. 2)

    (b) sonstige Störung des Schuldverhältnisses: § 313 (WGG)

(II) Rechtsgeschäftsähnliche Ansprüche:

(1) §§ 280 Abs. 1, 311 Abs. 2, Abs. 3 (c.i.c.)

(2) GoA (§§ 677 ff.)

(III) Gesetzliche Ansprüche:

(1) E-B-V (§§ 985 ff.)

(2) Delikt (§§ 823 ff.)

(3) Ungerechtfertigte Bereicherung (§§ 812 ff.)

➲ **Hinweis:** Im Fall der echten berechtigten GoA kommt gem. §§ 677, 683 ein gesetzliches Schuldverhältnis zustande, das allerdings dem Auftragsrecht nachgebildet ist. Aus diesem Grunde werden die §§ 677 ff. bei der Prüfung unter „Rechtsgeschäftsähnliche Ansprüche" eingeordnet!

Prüfung der einzelnen Anspruchsgrundlagen

▶ *Wie ist bei der Prüfung der einzelnen Anspruchsgrundlagen vorzugehen? Wie wird in solchen Klausuren eine Vernetzung zu Problemen aus dem BGB AT erreicht?*

Bei der Überprüfung eines Anspruchs gehen Sie stets (zumindest gedanklich!) nach folgendem **Aufbauschema** vor:

Aufbauschema zur Überprüfung eines Anspruchs

(I)   Anspruch entstanden

(II) Anspruch erloschen

(III) Anspruch durchsetzbar

Übersicht: Aufbauschema für die Anspruchsprüfung

Übersicht zur Prüfungsreihenfolge bei der Anspruchsprüfung

(I) Anspruch ist entstanden

(1) Anspruchsvoraussetzungen
(2) Kein Vorliegen von rechtshindernden Einwendungen
(3) Rechtsfolgen

(II) Anspruch ist nicht erloschen

Rechtsvernichtende Einwendungen
(1) Voraussetzungen
(2) Kein Ausschluss

(III) Anspruch ist durchsetzbar

(1) Rechtshemmende Einreden
   (a) Einrede erhoben
   (b) Voraussetzungen
   (c) Kein Ausschluss
(2) Kein Eingreifen von § 242

➲ **Hinweis:** Die einzelnen **Prüfungspunkte dieses Aufbauschemas** haben wir in **Grundlagen Zivilrecht 1, 2. Teil** näher dargestellt!

➲ Wenn Sie mehr wissen wollen:
Vgl. dort, 5. Aufl. 2008, S. 30 ff.!

Beachten Sie, dass der Ersteller der Klausur immer dann, wenn er auch vertragliche Ansprüche abprüft, die Möglichkeit hat, Probleme beim Zustandekommen des Vertrags einzubauen und damit **im Rahmen einer Schuldrechtsklausur eine Vernetzung mit Problemen aus dem BGB Allgemeiner Teil zu erreichen**! Wir haben Ihnen die insoweit **klausurrelevanten Kernbereiche** in **Grundlagen Zivilrecht 1** vorgestellt (z.B. Willensmängel, Stellvertretung, Minderjährigenrecht).

Vernetzung mit Problemen aus dem BGB AT

➲ Wenn Sie mehr wissen wollen:
Vgl. dort, 5. Aufl. 2008, S. 53 ff.!

3. Schritt: Erstellen der Niederschrift

3. Schritt: Erstellen der Niederschrift

In diesem letzten Schritt werden die in den beiden vorherigen Arbeitsschritten erzielten Ergebnisse nunmehr niedergeschrieben, wobei **der Aufbau und die Struktur der Niederschrift dem Aufbau und der Struktur der Gliederung zu folgen** haben.

Zur Formulierung, d.h. zum Stil und zur Sprache der Klausur sowie zur Präsentation, also insbesondere zur Schwerpunktsetzung und Darstellung von

Meinungsstreitigkeiten, vgl. die ausführlichen Hinweise in **Grundlagen Zivilrecht 1, 5. Aufl. 2008, S. 36 ff.!**

Üben wir nunmehr alle bisherigen Ergebnisse anhand eines kleinen Falls ein:

➲ Aufgabe 6

M mietet bei V einen gebrauchten Audi TT. Am 10.6. ist er zur Rückgabe verpflichtet. An diesem Tag verursacht M fahrlässig einen Unfall. Der Wagen wird dabei völlig zerstört. V verlangt von M Schadensersatz! Zu Recht? Welche gedanklichen Schritte sind unter Berücksichtigung des bisher Erarbeiteten für den Lösungsweg zu durchlaufen?

Lösung:

Welche Schuldverhältnisse bestehen? (Vgl. dazu 1. Abschnitt!)

M und V haben einen Mietvertrag abgeschlossen (§§ 535, 145 ff.). Es besteht somit ein vertragliches Schuldverhältnis. Daneben ist ein gesetzliches Schuldverhältnis nach § 823 Abs. 1 gegeben, denn das Eigentum des V wurde durch M zerstört.

Welche vertragliche Pflicht hat M verletzt? (Vgl. dazu 2. Abschnitt!)

M hat die Pflicht zur Rückgabe der Mietsache nach § 546 Abs. 1 verletzt. Die Rückgabe ist ihm wegen der Zerstörung des Audi TT unmöglich (§ 275 Abs. 1). M hat somit seine Pflicht zur Leistung (Rückgabe der Mietsache) verletzt wegen des nachträglichen Leistungshindernisses bzgl. deren Erfüllung nach § 275 Abs. 1 (Verletzung einer Leistungspflicht i.S.d. § 241 Abs. 1 durch nachträgliche Unmöglichkeit).

Welche Frage müssen Sie sich bei einem Schadensersatzanspruch wegen einer Pflichtverletzung immer stellen? (Vgl. dazu 3. Abschnitt!)

Die Anspruchsgrundlage richtet sich nach dem Begehren des Gläubigers V. Es ist zu fragen, ob V Schadensersatz neben oder statt der Leistung verlangt.

Ermitteln Sie die Anspruchsgrundlage! (Vgl. dazu 4. Abschnitt!)

Bzgl. der vertraglichen Anspruchsgrundlage: Der Schadensersatz soll an die Stelle der Rückgabe treten. Also begehrt V Schadensersatz statt der Leistung. Die Pflichtverletzung wird durch die nachträgliche Unmöglichkeit der Rückgabeverpflichtung begründet. Normenkette ist also §§ 280 Abs. 1, Abs. 3, 283. Anspruchsgrundlage ist dabei allein § 280 Abs. 1!

Daneben ist auch ein gesetzlicher Schadensersatzanspruch aus § 823 Abs. 1 einschlägig, da M rechtswidrig und schuldhaft das Eigentum des V am Audi TT verletzt hat.

Ergebnis: Es ergibt sich ein Anspruch des V gegen M aus §§ 280 Abs. 1, Abs. 3, 283 und § 823 Abs. 1.

– – –

Welche Schuldverhältnisse?

Welche Pflichtverletzung?

Schadensersatz „neben" oder „statt" der Leistung?

Ermittlung der Anspruchsgrundlage

2. Teil: Grundwissen im Schuldrecht

Wir gehen nunmehr bei der Darstellung der grundlegenden klausurrelevanten Probleme des Schuldrechts **gemäß der im 1. Abschnitt des 1. Teils erarbeiteten Unterscheidung – (I) rechtsgeschäftliche, (II) rechtsgeschäftsähnliche, (III) gesetzliche Ansprüche –** vor und erarbeiten uns hierbei das Grundwissen in diesen klausurwichtigen Themenbereichen. **Beachten Sie nochmals,** dass **dieser Aufbau zugleich der grundlegenden Prüfungsfolge bei der Prüfung von Ansprüchen entspricht – vgl. Übersicht S. 20 –,** weshalb Sie sich diese Abfolge unbedingt aneignen müssen!

1. Abschnitt: Rechtsgeschäftliche Schuldverhältnisse

Rechtsgeschäftliche Schuldverhältnisse

Innerhalb unseres ersten Abschnitts „Rechtsgeschäftliche Schuldverhältnisse" knüpfen wir an die vier Arten der Pflichtverletzung an. Beginnen wir mit der Unmöglichkeit.

1. Die Unmöglichkeit

Unmöglichkeit

Unmöglichkeit liegt vor, wenn der geschuldete Leistungserfolg nicht erbracht werden kann (dauerhaftes Leistungshindernis).

1.1 Einleitung

In einer **typischen Unmöglichkeitsklausur** stellen sich **drei Fragen**:

Drei Fragen einer typischen Unmöglichkeitsklausur

▶ Hat der Gläubiger noch einen Anspruch auf die Leistung bzw. welche Auswirkung hat die Unmöglichkeit auf die Leistungspflicht des Schuldners?

▶ Hat der Schuldner noch einen Anspruch auf die Gegenleistung?

▶ Hat der Gläubiger Ersatzansprüche?

Die ersten beiden Fragen betreffen die jeweiligen Erfüllungsansprüche (Primäransprüche). Die dritte Frage hebt auf Sekundäransprüche des Gläubigers ab.

Beschäftigen wir uns mit diesen drei Fragen zunächst im Überblick anhand eines **Beispiels**:

➲ Aufgabe 7

V verkauft an K seinen gebrauchten VW Golf. Nach Vertragsschluss, aber noch vor Übergabe des VW Golf wird das Fahrzeug völlig zerstört. Wie ist die Rechtslage? Lesen Sie dazu § 275 Abs. 1; §§ 275 Abs. 4, 326 Abs. 1 S. 1 sowie §§ 275 Abs. 4, 280 Abs. 1, Abs. 3, 283!

Lösung:

Erfüllungsanspruch des Gläubigers

(I) K könnte gegen V einen **Anspruch auf Übergabe und Übereignung** des VW Golf **nach § 433 Abs. 1 S. 1** haben.
Nach genauerer Prüfung kommt man zu dem Ergebnis: Der Anspruch ist nach **§ 275 Abs. 1 erloschen**.

Erfüllungsanspruch des Schuldners

(II) V könnte gegen K einen **Anspruch auf Kaufpreiszahlung nach § 433 Abs. 2** haben.
Nach genauerer Prüfung kommt man zu dem Ergebnis: Der Anspruch ist nach **§§ 326 Abs. 1 S. 1, 275 Abs. 4 erloschen**.

Sekundäranspruch des Gläubigers

(III) K könnte gegen V einen Schadensersatzanspruch nach **§§ 280 Abs. 1, Abs. 3, 283, 275 Abs. 4** haben.
Nach genauerer Prüfung kommt man zu dem Ergebnis: Dieser Anspruch **besteht**.

– – –

Mit diesem Beispiel haben Sie bereits die wichtigsten Normen des Unmöglichkeitsrechts, die die vorbezeichneten typischen Probleme einer Unmöglichkeitsklausur regeln, im Überblick kennen gelernt.

Betrachten wir jedoch im Folgenden diese grundlegenden Normen des Unmöglichkeitsrechts anhand zweier weiterer Aufgaben noch etwas genauer!

➲ **Hinweis:** Rufen Sie sich hierbei den „juristischen Werkzeugkasten" in Erinnerung, den wir Ihnen in unseren Grundlagen Zivilrecht 1, 5. Aufl. 2008 (S. 11 ff.), vorgestellt haben!

➲ Aufgabe 8

Analysieren Sie:

(I) § 275 mit seinen vier Absätzen

(II) § 326 Abs. 1 S. 1, 1. Halbs.

(III) § 280 Abs. 1 und das Verhältnis dieser Norm zu § 283 und zu § 311 a Abs. 2 S. 1!

Um welche Normtypen handelt es sich (Anspruchsgrundlage, Gegennorm [Einwendung oder Einrede] oder Verweisungsnorm)?

➲ **Hinweis:** Beachten Sie, dass eine solche Aufgabenstellung von grundsätzlicher Bedeutung ist! Hiermit können Sie überprüfen, ob Sie eine für den Juristen zwingend erforderliche Begabung aufweisen – nämlich die **Fähigkeit zum analytischen Denken!** Trainieren Sie diese Fähigkeit durch stetige Übung mit dem Gesetz!

Lösung:

(I) § 275

    ▶ Die **Absätze 1 bis 3** befassen sich mit dem Schicksal des Primäranspruchs des Gläubigers:

        Absatz 1 spricht davon, dass die Leistung ausgeschlossen ist. Es handelt sich also um eine **Einwendung** (von Amts wegen zu beachten!). Wirkung: Der Schuldner wird kraft Gesetzes von seiner Leistungspflicht frei, der **Anspruch auf die Leistung** ist also **entweder nicht entstanden** (bei anfänglicher Unmöglichkeit) **oder erloschen** (bei nachträglicher Unmöglichkeit)!

        Die **Absätze 2 und 3** heben darauf ab, dass der Schuldner die Leistung verweigern kann. Es handelt sich um Leistungsverweigerungsrechte, also um **Einreden** (der Schuldner muss sich darauf berufen, wenn die Einrede zu seinen Gunsten berücksichtigt werden soll! Merke: Wer eine Einrede hat, muss „reden"!). Wirkung: Grundsätzlich bewirkt das Erheben einer Einrede, dass der Anspruch auf die Leistung **nicht durchsetzbar** ist. Nach h.M. führt die Geltendmachung der Einreden aus § 275 Abs. 2 bzw. Abs. 3 jedoch zum **Erlöschen** des Erfüllungsanspruchs (sog. „rechtsvernichtende Einrede")

    ▶ **Abs. 4** ist eine Verweisungsnorm (genauer: eine Rechtsgrundverweisung) für die Rechte des Gläubigers (vgl. unsere Aufgabe 7). Die Normen, auf die verwiesen wird, würden ohne diese Verweisung ebenso geprüft werden (in Tatbestand und Rechtsfolge). Der Gesetzgeber möchte mit der Verweisung lediglich die Rechtsanwendung erleichtern. In der Klausur ist bei der Prüfung der Rechte des Gläubigers § 275 Abs. 4 mitzuzitieren!

(II) **§ 326 Abs. 1 S. 1, 1. Halbs.** ist eine Einwendung gegenüber dem Anspruch des Schuldners der unmöglich gewordenen Leistung auf die Gegenleistung. Diese Regelung führt also dazu, dass der Anspruch auf die Gegenleistung nicht (mehr) besteht!

(III) **§ 280 Abs. 1** ist eine Anspruchsgrundlage, ein Sekundäranspruch.

    § 283 regelt für den Fall der nachträglichen Unmöglichkeit die zusätzlichen Voraussetzungen, die vorliegen müssen, wenn der Gläubiger Schadensersatz statt der Leistung verlangt (vgl. § 280 Abs. 3!). Anspruchsgrundlage ist in diesem Fall jedoch – auch wenn die Normenkette §§ 280 Abs. 1, Abs. 3, 283 lautet! – einzig und allein der § 280 Abs. 1!

Margin notes:

Die Regelung des § 275

Einwendung des § 275 Abs. 1

(rechtsvernichtende) Einreden des § 275 Abs. 2 und Abs. 3

Verweisungsnorm des § 275 Abs. 4

Die Regelung des § 326 Abs. 1 S. 1, 1. Halbs.

Anspruchsgrundlage des § 280 Abs. 1

§ 311 a Abs. 2 S. 1 ist gegenüber dem Anspruch aus § 280 Abs. 1 eine Spezialregelung, regelt also für den Fall der anfänglichen Unmöglichkeit für den Schadensersatz statt der Leistung eine eigene Anspruchsgrundlage.

– – –

**Begriffe des „Schuldners"
und des „Gläubigers" in
§ 275 und § 326**

Bevor wir uns den Fallgruppen der Unmöglichkeit zuwenden, wollen wir noch ein **terminologisches Problem** klären. Die Regelungen der §§ 275 und 326 sprechen von einem „Schuldner" und einem „Gläubiger". Bei einem **Austauschvertrag**, wie z.B. einem Kaufvertrag, sind jedoch **beide** Vertragspartner **jeweils Gläubiger und Schuldner**. So ist z.B. der Käufer Gläubiger hinsichtlich der Kaufsache und Schuldner hinsichtlich des Kaufpreises.

➲ Aufgabe 9

Wen meinen § 275 bzw. § 326 mit „Schuldner" und „Gläubiger"? Wer ist in der Aufgabe 7 „Schuldner" und „Gläubiger" i.S.d. § 275? Wie ist bei der Klärung dieser Frage vorzugehen?

➲ **Hinweis:** In diesem Bereich besteht eine **typische Fehlerquelle** in der Klausur. Sie können die Regeln des Unmöglichkeitsrechts überhaupt nur dann richtig anwenden, wenn Sie sich zwingen, diese grundlegende Frage vorweg zu klären!

Lösung:

**Ausgangspunkt: Die un-
möglich gewordene Leis-
tung**

Bei der Beantwortung dieser Frage ist **stets von der unmöglich gewordenen Leistung auszugehen**! Es ist zu fragen: Wer ist Schuldner bzw. Gläubiger dieser unmöglich gewordenen Leistung? So ist in unserem Eingangsbeispiel V Schuldner der unmöglich gewordenen Leistung (Übergabe und Übereignung des VW Golf), also Schuldner i.S.d. § 275 bzw. § 326. K ist Gläubiger i.S.d. § 326.

– – –

1.2 Fallgruppen der Unmöglichkeit

Übersicht: Fallgruppen der Unmöglichkeit

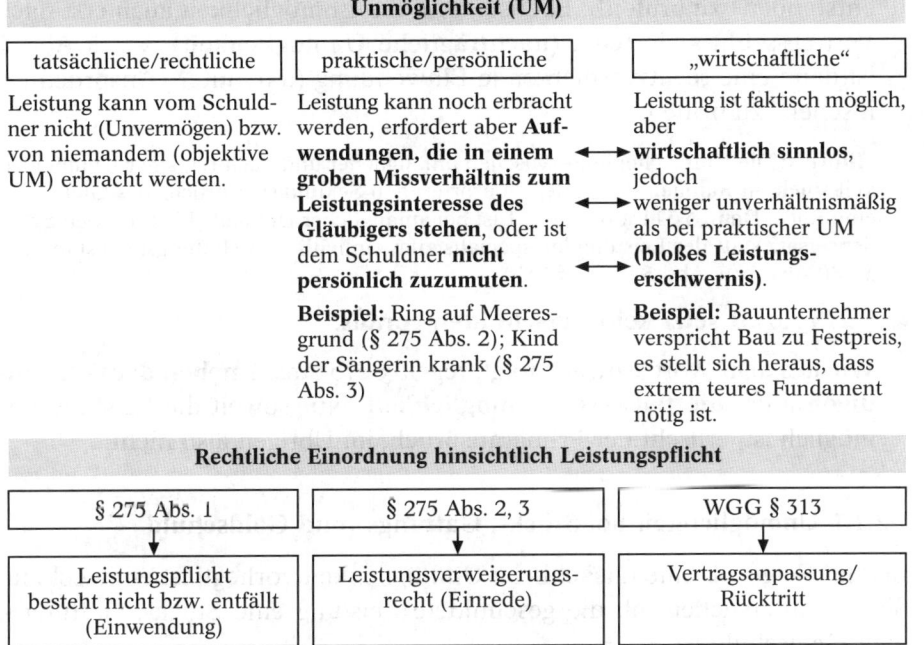

Unmöglichkeit (UM)		
tatsächliche/rechtliche	praktische/persönliche	„wirtschaftliche"
Leistung kann vom Schuldner nicht (Unvermögen) bzw. von niemandem (objektive UM) erbracht werden.	Leistung kann noch erbracht werden, erfordert aber **Aufwendungen, die in einem groben Missverhältnis zum Leistungsinteresse des Gläubigers stehen**, oder ist dem Schuldner **nicht persönlich zuzumuten**. **Beispiel:** Ring auf Meeresgrund (§ 275 Abs. 2); Kind der Sängerin krank (§ 275 Abs. 3)	Leistung ist faktisch möglich, aber ◄► **wirtschaftlich sinnlos,** jedoch ◄► weniger unverhältnismäßig als bei praktischer UM **(bloßes Leistungserschwernis).** **Beispiel:** Bauunternehmer verspricht Bau zu Festpreis, es stellt sich heraus, dass extrem teures Fundament nötig ist.

Rechtliche Einordnung hinsichtlich Leistungspflicht		
§ 275 Abs. 1	§ 275 Abs. 2, 3	WGG § 313
Leistungspflicht besteht nicht bzw. entfällt (Einwendung)	Leistungsverweigerungsrecht (Einrede)	Vertragsanpassung/ Rücktritt

1.2.1 Tatsächliche bzw. rechtliche Unmöglichkeit (§ 275 Abs. 1)

§ 275 Abs. 1 regelt die **tatsächliche (= „physische" oder „naturgesetzliche") bzw. rechtliche Unmöglichkeit**, bei der entweder aus tatsächlichen oder rechtlichen Gründen die Erbringung der Leistung, d.h. die Herbeiführung des Leistungserfolgs, nicht möglich ist. Diese Regelung trägt der Maxime Rechnung, dass nicht eingefordert werden kann, was tatsächlich oder rechtlich nicht möglich ist. Der römisch-rechtliche Grundsatz hierzu lautet: „impossibilium nulla obligatio est".

Beispiel für *tatsächliche* Unmöglichkeit: Bei dem Kauf eines gebrauchten DVD-Players (Stückkauf) wird dieser vor Übergabe und Übereignung vollständig zerstört.

Beispiel für *rechtliche* Unmöglichkeit: Verpflichtung eines ausländischen Arbeitnehmers zur Dienstleistung bei Fehlen der Arbeitserlaubnis.

▶ Aus der Formulierung „für den Schuldner oder für jedermann" folgt: Es wird **sowohl die subjektive als auch die objektive Unmöglichkeit** erfasst.

Subjektive Unmöglichkeit (= Unvermögen) bedeutet: Nur der Schuldner kann nicht leisten, wohl aber ein Dritter. *Objektive Unmöglichkeit* heißt: Niemand ist in der Lage, die Leistung zu erbringen.

Anfängliche und nachträgliche Unmöglichkeit

▶ Aus dem Wort „unmöglich ist" ergibt sich: Die Leistung kann bereits vor Vertragsschluss unmöglich sein **(anfängliche Unmöglichkeit)**. § 275 Abs. 1 ist dann eine rechtshindernde Einwendung (d.h. unter „Anspruch entstanden" zu prüfen!). Ebenso kann die Unmöglichkeit auch erst nach Vertragsschluss eintreten **(nachträgliche Unmöglichkeit)**. § 275 Abs. 1 ist dann eine rechtsvernichtende Einwendung (d.h. unter „Anspruch erloschen" zu prüfen!).

Hinweis: Die Unterscheidung zwischen anfänglicher und nachträglicher Unmöglichkeit spielt im Rahmen des später zu erörternden Sekundäranspruchs des Gläubigers eine Rolle. Denn § 311 a Abs. 2 S. 1 ist bei anfänglicher Unmöglichkeit für den Schadensersatz statt der Leistung lex specialis zum einheitlichen Haftungstatbestand des § 280 Abs. 1 (u. Abs. 3 i.V.m. § 283).

Verschuldete und unverschuldete Unmöglichkeit

▶ § 275 Abs. 1 **setzt kein Verschulden voraus**.

Vollständige und teilweise Unmöglichkeit

▶ Wie aus dem Wort „soweit" folgt, regelt § 275 Abs. 1 **neben der vollständigen auch die teilweise Unmöglichkeit**. Nur soweit die Leistung unmöglich ist, erlischt der Primäranspruch, im Übrigen also nicht!

Unmöglichkeit bei Stück-, Gattungs- und Geldschuld

1.2.1.1 Unmöglichkeit bei Stück-, Gattungs- und Geldschuld

Bei der Frage, ob eine tatsächliche Unmöglichkeit vorliegt, ist es zweckmäßig, zu untersuchen, ob die geschuldete Leistung eine Stück-, Gattungs-, oder Geldschuld ist.

Stückschuld

A) Stückschuld

Bei einer Stückschuld (Speziesschuld) ist die geschuldete Sache individualisiert, so wie in unserem Ausgangsbeispiel der Aufgabe 7: Geschuldet war der genau bezeichnete gebrauchte VW Golf des V. Wenn diese geschuldete Sache untergeht, ist die Herbeiführung des Leistungserfolgs (Übergabe und Übereignung des VW Golf, § 433 Abs. 1 S. 1) tatsächlich unmöglich, § 275 Abs. 1.

Schwieriger und daher klausurrelevanter ist die Frage, wann bei einer Gattungsschuld Unmöglichkeit eintritt.

Gattungsschuld

B) Gattungsschuld

Bei einer Gattungsschuld trifft den Schuldner die Pflicht, (irgend-)eine Sache (mittlerer Art und Güte) aus der Gattung zu liefern. Lesen Sie hierzu § 243 Abs. 1!

Es heißt dort: „Wer eine nur der Gattung nach *bestimmte* Sache schuldet, ...". Heben Sie sich das Wort „bestimmte" hervor und vergegenwärtigen Sie sich: Es liegt in der Hand der Parteien, ob eine Gattungsschuld (oder eine Stückschuld) vereinbart wird (Privatautonomie!).

28

In Klausuren bereitet oftmals die **Abgrenzung zwischen Stück- und Gattungsschuld** Schwierigkeiten, wenn **Gegenstand des Vertrags eine vertretbare Sache i.S.d. § 91** (lesen!) ist.

Abgrenzung zwischen Stück- und Gattungsschuld bei vertretbaren Sachen, § 91

➲ Aufgabe 10

Der Käufer K geht in ein Geschäft für Gartengeräte und Gartenzubehör, sucht sich aus einem Regal, in welchem eine Vielzahl von nicht unterscheidbaren Gartenzwergen steht, einen davon aus, geht mit ihm zur Kasse und bezahlt ihn. Liegt in diesem Fall eine Stückschuld oder eine Gattungsschuld vor?

Lösung:

Bei der Beantwortung der Frage, ob eine Gattungsschuld oder eine Stückschuld über eine vertretbare Sache vorliegt, müssen Sie sich folgenden insoweit bestehenden Unterschied vor Augen halten: Für die Frage des Vorliegens einer Gattungsschuld (oder Stückschuld) ist die Parteivereinbarung entscheidend. Hingegen bestimmt sich die Frage, ob eine vertretbare Sache nach § 91 (oder eine nicht vertretbare Sache) vorliegt, rein objektiv.

Wenn der Kunde in einem Warenhaus einen bestimmten Gegenstand aussucht (wie hier der K den Gartenzwerg), diesen zur Kasse trägt und bezahlt, liegt ein Stückkauf (über eine vertretbare Sache i.S.d. § 91) vor. Denn der Kunde will diesen konkreten Gegenstand übergeben und übereignet bekommen.

– – –

I) Objektive Unmöglichkeit bei der Gattungsschuld

Objektive Unmöglichkeit bei der Gattungsschuld

Da der Schuldner bei der Gattungsschuld irgendeine Sache mittlerer Art und Güte (§ 243 Abs. 1) zu leisten hat, kommt eine **objektive Unmöglichkeit bei Gattungsschulden** und damit eine Anwendung von § 275 Abs. 1 nur in Betracht, wenn – ausnahmsweise – **eine der folgenden Fallgruppen** gegeben ist, d.h. wenn

▸ bei einer unbeschränkten Gattungsschuld die **gesamte Gattung untergeht**, d.h. auf dem Markt nicht mehr verfügbar ist;

▸ die Parteien vereinbart haben, dass die geschuldete Leistung nur aus einem bestimmten Teil der Gattung zu erbringen ist (**beschränkte Gattungsschuld oder Vorratsschuld**) und dieser Teil der Gattung untergeht;

▸ sich gemäß **§ 243 Abs. 2** das Schuldverhältnis auf einen bestimmten Gegenstand konkretisiert hat und dieser Gegenstand untergeht;

▸ die Leistungsgefahr nach **§ 300 Abs. 2** auf den Gläubiger übergegangen ist.

> ⊃ **Hinweis:** Bei einer Gattungsschuld trägt grds. der Schuldner die **sog. Leistungsgefahr**, d.h. das Risiko, nochmals leisten zu müssen, selbst wenn die Sache, mit der er erfüllen wollte, zufällig untergegangen ist! In den vorstehend genannten Fallgruppen **geht jedoch diese Leistungsgefahr auf den Gläubiger über**, d.h. durch den Untergang der Sache wird der Schuldner von seiner Leistungspflicht nach § 275 Abs. 1 frei!

Subjektive Unmöglichkeit bei der Gattungsschuld

II) Subjektive Unmöglichkeit bei der Gattungsschuld

Hingegen wird sich die Frage, ob **subjektive Unmöglichkeit (= Unvermögen) bei einer Gattungsschuld** vorliegt, regelmäßig nicht nach § 275 Abs. 1, sondern nach der Vorschrift des **§ 275 Abs. 2** (praktische Unmöglichkeit) beurteilen. Denn aus dem Umstand, dass der Gattungsschuldner nach § 243 Abs. 1 eine Sache mittlerer Art und Güte leisten muss, folgt, dass wenn die Leistung aus der Gattung an sich noch möglich ist, der Gattungsschuldner nur kein Stück aus der Gattung mehr in seinem Vorrat hat, er grds. versuchen muss, die Sache auf dem Markt zu beschaffen. **Da ihn also grds. eine Verschaffungspflicht trifft, scheidet insoweit § 275 Abs. 1 im Regelfall aus.** Wenn jedoch **der für die Beschaffung einer Sache aus der Gattung erforderliche Aufwand des Schuldners in einem groben Missverhältnis zum Leistungsinteresse des Gläubigers** steht, liegt ein Fall der **praktischen Unmöglichkeit** vor und er kann die **Einrede aus § 275 Abs. 2 S. 1** erheben!

Allerdings ist im Rahmen der Verhältnismäßigkeitsprüfung nach § 275 Abs. 2 S. 1 gem. S. 2 der Vorschrift auch das Vertretenmüssen i.S.d. § 276 zu berücksichtigen. Hat der Schuldner in diesem Rahmen das Beschaffungsrisiko übernommen (vgl. § 276 Abs. 1 S. 1), wirkt sich dies im Rahmen der vorzunehmenden Abwägung nachteilhaft aus. Die Einrede aus § 275 Abs. 2 kommt also im Regelfall bei der Gattungsschuld nur in Betracht, wenn das Beschaffungshindernis außerhalb des übernommenen Beschaffungsrisikos liegt.

> ⊃ **Hinweis:** Zur praktischen Unmöglichkeit nach § 275 Abs. 2 vgl. näher unten: 1.2.2!

Klausurrelevante Fallgruppen der Unmöglichkeit bei der Gattungsschuld

III) Klausurrelevante Fallgruppen der Unmöglichkeit bei der Gattungsschuld

Von besonderer Klausurrelevanz bei der Überprüfung einer Unmöglichkeit bei der Gattungsschuld sind **die Fallgruppen der Konkretisierung nach § 243 Abs. 2 und des Übergangs der Leistungsgefahr nach § 300 Abs. 2**. Im Folgenden wollen wir daher auf diese genauer eingehen:

Konkretisierung nach § 243 Abs. 2

▶ *Konkretisierung nach § 243 Abs. 2*

Sehen wir uns § 243 Abs. 2 an: Die Norm ist unterteilt in eine Tatbestands- („Hat der Schuldner ...") und eine Rechtsfolgenregelung („so beschränkt sich ...").

Rechtsfolge des § 243 Abs. 2

Zur Rechtsfolge: Das Schuldverhältnis beschränkt sich nach § 243 Abs. 2 „auf diese Sache". **Das bedeutet: Aus der Gattungsschuld wird eine Stückschuld.** Es tritt eine Konkretisierung ein. Oder anders gesagt: Die Leistungsgefahr geht vom Schuldner auf den Gläubiger über. Der Schuldner ist beim Untergang der konkretisierten Leistung nicht mehr zu einer Ersatzbeschaffung verpflichtet. Vielmehr ist § 275 Abs. 1 (tatsächliche Unmöglichkeit) einschlägig.

Zu den Tatbestandsvoraussetzungen: Der Schuldner muss „das zur Leistung einer solchen Sache seinerseits Erforderliche" getan haben. Mit einer „solchen Sache" ist eine Sache i.S.d. § 243 Abs.1 gemeint, also eine Sache mittlerer Art und Güte (d.h. keine mangelbehaftete!). Aus der Formulierung „Hat ... getan ..." geht hervor, dass auf die **Leistungshandlung** des Schuldners abzustellen ist. **Die Anforderungen an diese Leistungshandlung hängen von der Art der Schuld ab.** Für die Frage, ob der Schuldner „das seinerseits Erforderliche getan hat", ist also zwischen **Hol-, Bring- und Schickschuld** zu unterscheiden:

⊃ **Hinweis:** Um diese drei Begriffe definieren zu können, ist zunächst zu klären, was man unter einem Leistungs- bzw. einem Erfolgsort versteht: Der **Leistungsort (= Erfüllungsort)** ist der Ort, an dem der Schuldner die *Leistungshandlung* vorzunehmen hat. Der **Erfolgsort** ist der Ort, an dem der *Leistungserfolg* eintreten soll.

Bei der **Holschuld** holt der Gläubiger die geschuldete Leistung ab. Leistungs- und Erfolgsort liegen beim Schuldner. Der Schuldner hat „das seinerseits Erforderliche" i.S.d. § 243 Abs. 2 getan, wenn er eine Sache mittlerer Art und Güte ausgesondert und den Gläubiger zum Abholen aufgefordert bzw. seine Leistungsbereitschaft mitgeteilt hat (h.M.).

Umgekehrt verhält es sich bei der **Bringschuld.** Der Schuldner bringt dem Gläubiger die geschuldete Leistung. Leistungs- und Erfolgsort liegen beim Gläubiger. Zur Konkretisierung nach § 243 Abs. 2 kommt es, wenn der Schuldner die Sache aussondert und dem Gläubiger an dessen Wohnsitz tatsächlich anbietet (h.M.).

Bei der **Schickschuld** ist der Leistungsort beim Schuldner und der Erfolgsort beim Gläubiger. Konkretisierung nach § 243 Abs. 2 tritt ein, wenn der Schuldner die Sache aussondert und an die Transportperson übergibt.

Übersicht: Die Arten der Schuld u. die Konkretisierung nach § 243 Abs. 2

Holschuld	Bringschuld	Schickschuld
Leistungs- und Erfolgsort liegen beim **Schuldner**.	Leistungs- und Erfolgsort liegen beim **Gläubiger**.	Leistungsort liegt beim Schuldner, Erfolgsort liegt beim Gläubiger.
Voraussetzungen für Konkretisierung, § 243 Abs. 2		
Aussonderung der Ware und Aufforderung zur Abholung.	**Aussonderung der Ware und Leistungsangebot beim Gläubiger.**	**Aussonderung und Absenden der Ware.**
Rechtsfolge		
Durch Konkretisierung geht gem. § 243 Abs. 2 die Leistungsgefahr über, d.h. der Schuldner muss im Falle des § 275 Abs. 1 nicht erneut leisten.		

⊃ Wenn Sie mehr wissen wollen:
Vgl. zur Konkretisierung der Gattungsschuld näher: AS-Skript SchuldR AT 1, 16. Aufl. 2006, S. 65 ff.!

Randbemerkungen:
Tatbestandsvoraussetzungen des § 243 Abs. 2

Vornahme der Leistungshandlung maßgebend

Holschuld

Bringschuld

Schickschuld

Übersicht zu den Arten der Schuld und der Konkretisierung nach § 243 Abs. 2

31

Übergang der Leistungs-
gefahr nach § 300 Abs. 2

▶ *Übergang der Leistungsgefahr nach § 300 Abs. 2*

Ist eine Konkretisierung nach § 243 Abs. 2 nicht eingetreten, so ist anschließend § 300 Abs. 2 zu prüfen. Für die Prüfung der Leistungsbefreiung des Schuldners gem. § 275 Abs. 1 bei der Gattungsschuld nach Übergang der Leistungsgefahr gem. § 300 Abs. 2 gilt folgendes **Aufbauschema:**

Aufbauschema zur Be-
freiung von der Leis-
tungspflicht gem. § 275
Abs. 1 nach Übergang der
Leistungsgefahr gem.
§ 300 Abs. 2

(I) Gläubigerverzug nach §§ 293 ff.

⇨ **Hinweis:** *zum Gläubigerverzug vgl. nochmals: 1. Teil, 1. Abschnitt, 3.2.2!*

(II) Aussonderung der Sache durch den Schuldner

⇨ **Hinweis:** *Die Aussonderung ist für § 300 Abs. 2 auch dann erforderlich, wenn diese für den Annahmeverzug (wie bei §§ 295, 296!) nicht erforderlich ist!*

(III) Kein Verschulden des Schuldners hinsichtlich der Unmöglichkeit

⇨ **Hinweis:** *Das Vertretenmüssen des Schuldners während des Gläubigerverzugs bestimmt sich nach § 300 Abs. 1, d.h. der Schuldner haftet nur für Vorsatz und grobe Fahrlässigkeit!*

Bei einem Annahmeverzug **ist jedoch in der Regel bereits § 243 Abs. 2 einschlägig, der gegenüber der Regelung des § 300 Abs. 2 vorrangig** ist. § 300 Abs. 2 hat daher lediglich einen geringen Anwendungsbereich – der jedoch klausurrelevant ist!

⊃ Aufgabe 11

§ 300 Abs. 2 spricht von einem Gefahrübergang. Welche Gefahr ist damit gemeint? Auf wen geht die Gefahr über?

Lösung:

§ 300 Abs. 2 regelt – ebenso wie § 243 Abs. 2 – den Übergang der Leistungsgefahr. Die Leistungsgefahr trägt bei der Gattungsschuld, bei der sich aus § 243 Abs. 1 eine Beschaffungspflicht des Schuldners ergibt, grds. der Schuldner. § 300 Abs. 2 bewirkt einen Übergang dieser Leistungsgefahr auf den Gläubiger (als ein Rechtsnachteil, der den Gläubiger aufgrund des Gläubigerverzugs trifft! Beachte: Der Gläubigerverzug stellt eine Obliegenheitsverletzung dar, vgl. nochmals 1. Teil, 1. Abschnitt, 3.2.2).

⊃ **Hinweis:** Die Leistungsgefahr kann nur hinsichtlich einer bestimmten Sache auf den Gläubiger übergehen. Deswegen kann § 300 Abs. 2 nur eingreifen, wenn die Sache ausgesondert wurde, vgl. das vorstehende Aufbauschema!

– – –

§ 243 Abs. 2 ist gegenüber
§ 300 Abs. 2 vorrangig

§ 300 Abs. 2 regelt also den Übergang der Leistungsgefahr **nur für die Fälle, in denen dieser Übergang nicht bereits durch § 243 Abs. 2 herbeigeführt** wurde. Somit verbleiben für die direkte Anwendung des § 300 Abs. 2 lediglich **zwei Fallkonstellationen:**

1. Fallgruppe: § 243 Abs. 2 wurde vertraglich abbedungen.

2. Fallgruppe: Der Gläubiger einer Bring- bzw. Schickschuld ist nach § 295 bzw. § 296 in Annahmeverzug geraten.

Zwei Fallgruppen für die direkte Anwendung des § 300 Abs. 2

⊃ Aufgabe 12

K hat bei V einen Klavierflügel der Marke XY (Gattungsschuld) bestellt. Es liegt eine Bringschuld vor. Noch vor der von V dem K telefonisch angekündigten Lieferung des bereits ausgesonderten Klaviers teilt K dem V mit, dass er keinesfalls zur Annahme bereit ist. V liefert daher nicht. Am nächsten Tag schlägt ein Blitz im Lager des V ein; der Flügel verbrennt. K verlangt nun doch die Lieferung. Zu Recht?

Lösung:

(I)   Der Anspruch des K gegen V nach § 433 Abs. 1 S. 1 auf Übergabe und Übereignung eines Klaviers ist mit dem Abschluss des Kaufvertrags zwischen K und V **entstanden**.

Anspruch entstanden

(II) Der Anspruch könnte jedoch **nach § 275 Abs. 1 erloschen** sein, denn das ausgesonderte Klavier ist nach Vertragsschluss verbrannt. Es könnte eine nachträgliche objektive Unmöglichkeit gegeben sein. Allerdings schuldet V nur irgendein Klavier der Marke XY, es liegt nur eine Gattungsschuld vor. Den V trifft daher grds. eine Beschaffungspflicht, er trägt die Leistungsgefahr, § 275 Abs. 1 ist grds. nicht anwendbar.

Erlöschen nach § 275 Abs. 1

(III) Die Leistungspflicht könnte sich jedoch auf das untergegangene Klavier nach **§ 243 Abs. 2** konkretisiert haben, mit der Folge, dass der V doch durch den Untergang dieses Klaviers nach § 275 Abs. 1 von seiner Leistungspflicht frei geworden und daher der Anspruch aus § 433 Abs. 1 S. 1 erloschen ist.

Konkretisierung nach § 243 Abs. 2

V müsste hierfür das zur Leistung seinerseits Erforderliche getan haben. Welche Leistungshandlung hierfür erforderlich ist, hängt von der Art der Schuld ab (Hol-/Bring-/Schickschuld). Zwischen V und K wurde eine Bringschuld vereinbart. Bei einer Bringschuld ist der Leistungsort ebenso wie der Erfolgsort beim Gläubiger. Eine Konkretisierung i.S.d. § 243 Abs. 2 tritt dann ein, wenn der Schuldner die Sache aussondert und dem Gläubiger an dessen Wohnsitz tatsächlich anbietet. Zu einem tatsächlichen Angebot kam es jedoch nicht. Eine Konkretisierung nach § 243 Abs. 2 liegt also nicht vor.

(IV) Fraglich ist aber, ob die Leistungsgefahr nach **§ 300 Abs. 2** auf K übergegangen ist, mit der Folge, dass der V doch durch den Untergang dieses Klaviers nach § 275 Abs. 1 von seiner Leistungspflicht frei geworden und daher der Anspruch aus § 433 Abs. 1 S. 1 erloschen ist.

Übergang der Leistungsgefahr nach § 300 Abs. 2

(1) V hat das Klavier ausgesondert.

(2) K müsste sich im Zeitpunkt des Untergangs im Annahmeverzug nach §§ 293 ff. befunden haben. Der Anspruch des K gegen V nach § 433 Abs. 1 S. 1 ist erfüllbar. Ein wörtliches Angebot des V nach

§ 295 liegt vor. K hat erklärt, dass er zur Annahme der Leistung nicht bereit sei und hat diese auch nicht angenommen. Die Annahmeverhinderung war nicht nur vorübergehend i.S.d. § 299. Die Leistung war zur Zeit des Angebots noch möglich (§ 297). K befindet sich daher im Annahmeverzug.

(3) Da die Unmöglichkeit, d.h. der Untergang des Klaviers, durch den Blitzeinschlag im Lager des V verursacht wurde, also durch Zufall eingetreten ist, hat der V den Untergang auch nicht zu vertreten.

(4) Die Leistungsgefahr ist somit nach § 300 Abs. 2 auf K übergegangen. Mit dem Untergang des ausgesonderten Klaviers liegt auch tatsächliche Unmöglichkeit i.S.d. § 275 Abs. 1 vor.

Ergebnis: Der Anspruch des K auf Übergabe und Übereignung des Flügels ist somit erloschen.

– – –

Geldschuld

C) Geldschuld (§ 300 Abs. 2 analog)

Das äußerst klausurrelevante Problem der Anwendbarkeit von § 243 Abs. 2 und § 300 Abs. 2 auf die Geldschuld wollen wir anhand der folgenden Aufgabe besprechen.

➲ Hinweis: Mit „Geldschuld" meinen wir den Regelfall der **Geldsummenschuld**, bei der Vermögensmacht in Höhe des Nennbetrags geschuldet wird. **Anders** verhält es sich bei der **Geldherausgabeschuld** (wie sie z.B. bei dem Anspruch aus § 812 gegeben ist!), bei der konkrete Münzen bzw. Scheine geschuldet werden (= Stückschuld).

➲ Wenn Sie mehr wissen wollen:
Vgl. Lorenz/Riehm, Lehrbuch zum neuen Schuldrecht, Rdnr. 315 ff.

➲ Aufgabe 13

Käufer K bietet dem Verkäufer V in Annahmeverzug begründender Art und Weise einen 50-€-Schein als Kaufpreiszahlung an, welchen der V jedoch nicht annimmt. Dem K wird sodann der Schein ohne sein Verschulden gestohlen. Kann der V nunmehr noch Kaufpreiszahlung verlangen?

Lösung:

Der Anspruch des V gegen K auf Kaufpreiszahlung nach **§ 433 Abs. 2** ist mit Abschluss des Kaufvertrags zwischen K und V **entstanden**, könnte aber aufgrund des diebstahlsbedingten Verlustes **nach § 275 Abs. 1 erloschen** sein.

Geldschuld ist keine Gattungsschuld

(I) Fraglich ist, **ob Geldschulden Gattungsschulden sind** und somit – ebenso wie dort – grds. eine Beschaffungspflicht für den Schuldner besteht. Bei einer Geldschuld hat der Schuldner dem Gläubiger jedoch keine Sache *(beachte: die Gattungsschuld ist ebenso wie die Stückschuld ein Unterfall der Sachschuld!)*, sondern Vermögensmacht in der Höhe des Nennbetrags zu verschaffen. Es handelt sich um eine **sog. Wertverschaffungsschuld und damit nicht um eine Gattungsschuld.**

(II) Zu beachten ist jedoch, dass Geld stets existieren wird. Der **Geldschuldner hat** daher insoweit (auch wenn keine Gattungsschuld vorliegt!) **für seine finanzielle Leistungsfähigkeit unbeschränkt einzustehen**. Dies ist ein Grundsatz, der unserer Rechtsordnung immanent ist („Geld hat man zu haben"). Dieser Grundsatz zeigt sich gerade an der Existenz des Zwangsvollstreckungsrechts. Demnach müsste K andere 50 € an V leisten.

„Geld hat man zu haben"

(III) Fraglich ist jedoch, ob eine **Konkretisierung auf die gestohlenen 50 €** eingetreten ist.

(1) Geldschulden sind – wie dargelegt – keine Gattungsschulden. **§ 243 Abs. 2** ist daher **nicht direkt** anwendbar.

(2) **Fraglich** ist aber, ob **diese Vorschrift analog** in Anwendung zu bringen ist. Eine Analogie setzt eine planwidrige Regelungslücke sowie die Vergleichbarkeit des geregelten mit dem nicht geregelten Fall voraus. An der Regelungslücke fehlt es jedoch wegen **§ 270 Abs. 1**, wonach der Schuldner die Leistungsgefahr bis zu dem Augenblick trägt, in dem der Gläubiger das Geld in Empfang nimmt.

Übergang der Leistungsgefahr auf den Gläubiger bei der Geldschuld nach § 270 Abs. 1

(IV) Allerdings ist **für die Wertverschaffungsschuld wie die Geldschuld beim Gläubigerverzug der Rechtsnachteil des Übergangs der Leistungsgefahr auf den Gläubiger (der Geldschuld) ebenso wie bei der Gattungsschuld** anzusetzen. **§ 300 Abs. 2** ist also **analog** anzuwenden! Die Leistungsgefahr ist somit auf V übergegangen, d.h. der K wird mit dem Diebstahl des 50-€-Scheins von seiner Leistungspflicht frei.

§ 300 Abs. 2 ist bei der Geldschuld analog anzuwenden

Ergebnis: Der Anspruch des V auf Kaufpreiszahlung nach § 433 Abs. 2 ist gemäß § 275 Abs. 1 erloschen.

⤳ Ergänzender Hinweis: Eine **praktische Unmöglichkeit** i.S.d. § 275 Abs. 2 S. 1 scheidet hier aus, denn zum einen wurde diese **Einrede** von K nicht erhoben, zum anderen ist zwischen dem von K zu betreibenden Aufwand und dem Leistungsinteresse des V jedenfalls **kein „grobes" Missverhältnis i.S.d. § 275 Abs. 2 S. 1** gegeben. Vgl. Näheres zur praktischen Unmöglichkeit sogleich: 2. Teil, 1. Abschnitt, 1.2.2.

– – –

1.2.1.2 Unmöglichkeit bei Überschreiten der Leistungszeit (absolutes Fixgeschäft)

⤳ **Aufgabe 14**

Welcher Unterschied besteht zwischen der Unmöglichkeit und der Verzögerung der Leistung? In welchem Verhältnis stehen diese beiden Arten der Leistungsstörung?

Lösung:

Unmöglichkeit stellt ein dauerhaftes, Verzögerung hingegen ein vorüberge-hendes Leistungshindernis dar.

Unmöglichkeit und Verzögerung schließen sich demnach – bezogen auf die-selbe Leistungspflicht und denselben Zeitpunkt – gegenseitig aus.

Ob das Leistungshindernis dauerhaft oder nur vorübergehend ist, hängt da-von ab, ob die Erbringung der Leistung **nachholbar** ist.

– – –

Grundsätzlich tritt also **mit Überschreiten der vereinbarten Leistungszeit Verzögerung** (bzw. unter den Voraussetzungen des § 286 auch Verzug!) und nicht Unmöglichkeit ein.

Anders verhält es sich jedoch, wenn aufgrund der Zeitüberschreitung die **Leistung nicht mehr nachgeholt** werden kann. Dies ist der Fall, wenn die Einhaltung der Leistungszeit so wesentlich ist, dass die verspätete Leistung keine Erfüllung mehr darstellt **(absolutes Fixgeschäft)**.

Beispiele:

▶ K kauft bei V im Dezember einen Weihnachtsbaum. Im Januar des nächsten Jahres möchte V erfüllen. Die Leistung ist dem V nicht mehr möglich. Weihnachten ist vorbei. Es kann im Januar des nächsten Jahres kein Weihnachtsbaum mehr, sondern allenfalls ein Tannenbaum geliefert werden.

▶ B bestellt bei U für 15.00 Uhr ein Taxi, um ihn zum Flughafen zu bringen, damit er sei-nen Flug nach Spanien (Abflug: 15.45 Uhr) erreicht. U erscheint um 15.50 Uhr. U kann B nicht mehr rechtzeitig zum Flughafen fahren und damit die geschuldete Leistung nicht mehr erbringen. Die Einhaltung der Leistungszeit (15.00 Uhr) war hier für den B so wesentlich, dass die verspätete Leistung für ihn keine Erfüllung mehr darstellt, sie ist durch die Zeitüberschreitung für B sinnlos geworden.

Das absolute Fixgeschäft ist nicht ausdrücklich geregelt. Es ist vielmehr ein **Fall der tatsächlichen Unmöglichkeit nach § 275 Abs. 1 gegeben!**

⮑ **Hinweis:** Geregelt ist hingegen das **relative Fixgeschäft** (§ 323 Abs. 2 Nr. 2 BGB bzw. § 376 HGB). Ein relatives Fixgeschäft liegt vor, wenn im Rahmen eines gegenseitigen Ver-trags eine Fristvereinbarung getroffen wird, aus der hervorgeht, dass das Geschäft mit Einhaltung der Frist steht und fällt. **Anders als beim absoluten Fixgeschäft ist die Leis-tung** hier durchaus **noch möglich und nachholbar.** Indiz für das Vorliegen eines solchen relativen Fixgeschäfts ist die Verwendung von Klauseln wie „fix, genau, präzise, prompt, spätestens bis ...".
Die Besonderheit bei dem relativen Fixgeschäft nach dem BGB ist, dass der Gläubiger die Möglichkeit hat, **ohne** die – bei einer Verzögerung für den Rücktritt nach § 323 Abs. 1, 1. Alt an sich erforderliche – **Fristsetzung vom Vertrag zurückzutreten,** vgl. § 323 **Abs. 2 Nr. 2!**

Beispiel: K, der schon seit längerer Zeit beabsichtigt hatte, sich für seine regelmäßig statt-findenden Feiern am Wochenende Porzellangedecke anzuschaffen, kauft nunmehr Ende Mai anlässlich seines 50. Geburtstags am 11.06. bei V 50 solcher Gedecke. Die Lieferung wird spätestens bis zum 10.06. vereinbart. Da V nicht rechtzeitig liefern kann, mietet K für den 11.06. Ersatzgedecke bei X.

Marginalien:

Grundsatz: Überschrei-ten der Leistungszeit führt zu Verzögerung

Ausnahme: Unmöglich-keit durch Überschreiten der Leistungszeit beim absoluten Fixgeschäft

Abgrenzung zum relati-ven Fixgeschäft

Die Leistung (Übergabe und Übereignung der 50 Gedecke) würde nach dem 10.06. durchaus noch Sinn machen, sie ist also nachholbar, da K auch künftig (nach dem 10.06.!) Feiern abhalten und hierbei die Gedecke einsetzen wollte. Es liegt somit kein absolutes (dort ist die Leistung nicht nachholbar!), sondern ein relatives Fixgeschäft vor! K hat bei diesem relativen Fixgeschäft die Möglichkeit, ohne Fristsetzung vom Vertrag zurückzutreten (§ 323 Abs. 2 Nr. 2).

Merken Sie sich also: Das **Überschreiten der Leistungszeit** führt

▶ beim **absoluten Fixgeschäft zur Unmöglichkeit,**

▶ beim **relativen Fixgeschäft zur bloßen Verzögerung**!

⊃ **Hinweis: Unmöglichkeit durch Zeitablauf** tritt **neben** dem Fall des Überschreitens der vereinbarten Leistungszeit beim **absoluten Fixgeschäft** auch ein, wenn bei **zeitgebundenen Dauerschuldverhältnissen** (z.B. Mietvertrag, Arbeitsvertrag) der jeweils für die Leistung bestimmte Zeitraum verstrichen ist.

1.2.2 Praktische Unmöglichkeit (§ 275 Abs. 2)

§ 275 Abs. 2 erfasst die **sog. „praktische Unmöglichkeit" (= „faktische Unmöglichkeit")**. Diese liegt dann vor, wenn die Erbringung der Leistung zwar tatsächlich möglich ist (§ 275 Abs. 1 daher also nicht einschlägig ist!), allerdings mit ganz erheblichen Aufwendungen und Anstrengungen verbunden ist, die kein vernünftiger Gläubiger vom Schuldner ernsthaft erwarten kann. Erforderlich ist insoweit, dass ein **grobes Missverhältnis zwischen Aufwand und Gläubigerinteresse** besteht!

Musterbeispiele sind der „Ring am Meeresgrund" und die „Münzsammlung unter dem Fundament eines Hochhauses": Der nach dem Kaufvertrag geschuldete Ring liegt auf dem Meeresboden bzw. die geschuldete Münzsammlung befindet sich unter dem Fundament eines Hochhauses. Eine Bergung ist in beiden Fällen zwar theoretisch möglich. Zwischen Bergungsaufwand und Käuferinteresse besteht jedoch ein grobes Missverhältnis. Der Verkäufer kann daher die Einrede aus § 275 Abs. 2 erheben.

Die Voraussetzung des „groben Missverhältnisses" i.S.d. § 275 Abs. 2 dient dem Grundsatz „pacta sunt servanda" (= Verträge müssen eingehalten werden!), weshalb dieser Begriff eng auszulegen ist und nur in Ausnahmefällen eingreifen wird! Beachten Sie hierzu § 275 Abs. 2 S. 2: Die Frage, ob der Schuldner das Leistungshindernis zu vertreten hat, ist in die Abwägung mit einzubeziehen! Hat der Schuldner das Leistungshindernis zu vertreten (§ 276), wirkt sich dieser Umstand im Rahmen der Verhältnismäßigkeitsprüfung nach § 275 Abs. 2 S. 1 zu seinen Lasten aus.

Von wesentlicher Bedeutung ist, dass sich der Gesetzgeber bei der Regelung der praktischen (faktischen) Unmöglichkeit dafür entschieden hat, diese **als Einrede** für den Schuldner der Leistung auszugestalten. Anders als bei § 275 Abs. 1 entfällt der Primäranspruch daher nicht automatisch (ipso iure), vielmehr muss sich der Schuldner auf die Einrede des § 275 Abs. 2 berufen (damit er von der Leistungspflicht frei wird!).

Praktische Unmöglichkeit, § 275 Abs. 2

§ 275 Abs. 2 ist als Einrede ausgestaltet

➲ Aufgabe 15

Können Sie sich vorstellen, warum sich der Gesetzgeber für die Einredelösung bei § 275 Abs. 2 und 3 entschieden hat?

Lösung:

Der Grund hierfür ist, dass der Schuldner ein Wahlrecht haben soll: Er kann erfüllen oder die Leistung nach § 275 Abs. 2 verweigern. Der Gesetzgeber trägt damit dem Grundsatz der Privatautonomie Rechnung.

– – –

Persönliche Unmöglichkeit, § 275 Abs. 3

1.2.3 Persönliche Unmöglichkeit (§ 275 Abs. 3)

„Persönliche Unmöglichkeit" i.S.d. § 275 Abs. 3 liegt vor, wenn die Leistung, die der Schuldner persönlich zu erbringen hat, zwar theoretisch möglich ist, ihm aber die Leistungserbringung unter Abwägung des Hindernisses mit dem Leistungsinteresse des Gläubigers nicht zumutbar ist.

Musterbeispiel ist der „Fall der Opernsängerin":

Eine Sängerin will nicht auftreten, weil ihr Kind lebensgefährlich erkrankt ist.

Die Leistung ist der Sängerin nicht nach § 275 Abs.1 unmöglich. Auch steht der Aufwand, aufzutreten, in keinem groben Missverhältnis zum Gläubigerinteresse. Allerdings sind die persönlichen Interessen der Sängerin vorrangig gegenüber dem Gläubigerinteresse. Sie kann die Einrede aus § 275 Abs. 3 erheben und damit die Leistung verweigern.

Ein weiteres Beispiel für § 275 Abs. 3: Ein Arbeitnehmer nimmt während der Arbeitszeit einen notwendigen Arztbesuch vor.

➲ Aufgabe 16

Welche Gemeinsamkeit besteht zwischen § 275 Abs. 2 und Abs. 3 und worin liegt der wesentliche Unterschied beider Regelungen?

Lösung:

Gemeinsamkeit zwischen § 275 Abs. 2 und Abs. 3

(I) **Gemeinsamkeit:**
Sowohl der Fall der praktischen (§ 275 Abs. 2) als auch der persönlichen (§ 275 Abs. 3) Unmöglichkeit ist **als Einrede ausgestaltet**. In beiden Fällen muss sich also der Schuldner hierauf berufen, um von seiner Leistungspflicht frei zu werden.

Unterschied zwischen § 275 Abs. 2 und Abs. 3

(II) **Unterschied:**
Bei **§ 275 Abs. 2 S. 1** werden **persönliche Interessen des Schuldners nicht berücksichtigt**. Es erfolgt lediglich eine Abwägung des erforderlichen Aufwands mit dem Leistungsinteresse des Gläubigers.

Anders ist dies bei **§ 275 Abs. 3**: Hier kommt es auf die Zumutbarkeit der Leistungserbringung **für die Person** des Schuldners an.

Der Grund für diesen Unterschied liegt in Folgendem: § 275 **Abs. 3** betrifft den **Fall der Erfüllung höchstpersönlicher Leistungspflichten** (insbesondere also Arbeits- und Dienstvertrag, aber auch Werk- oder Geschäftsbesorgungsvertrag). Deshalb sollen auch persönliche Umstände, die eine Unzumutbarkeit der Leistungserbringung hervorrufen, Berücksichtigung finden.

– – –

⊃ Aufgabe 17

Welcher grundlegende Unterschied besteht zwischen dem Fall des § 275 Abs. 1 einerseits und den Fällen des § 275 Abs. 2 und 3 andererseits?

Lösung:

(I) Im Fall der **tatsächlichen bzw. rechtlichen Unmöglichkeit des § 275 Abs. 1** besteht die Leistungspflicht entweder **kraft Gesetzes von vornherein nicht** (im Fall der anfänglichen Unmöglichkeit) oder **entfällt später kraft Gesetzes** (im Fall der nachträglichen Unmöglichkeit). Das bedeutet, dass der Anspruch des Gläubigers auf die Leistung entweder **nicht entstanden** oder **erloschen** ist! Der Schuldner wird von der Leistungspflicht bereits kraft Gesetzes frei, d.h. er muss das Leistungshindernis hierfür nicht erst geltend machen.

(II) Im Fall der **praktischen (§ 275 Abs. 2) oder persönlichen (§ 275 Abs. 3) Unmöglichkeit** muss sich hingegen der Schuldner auf das Leistungshindernis **berufen**, damit er von der Leistungspflicht frei wird. Die Besonderheit bei der Regelung der § 275 Abs. 2 und 3 besteht nach h.M. jedoch darin, dass diese Normen **trotz der Ausgestaltung als Einrede** zum **Erlöschen** des Erfüllungsanspruchs führen, dort somit unter „Anspruch **erloschen**" zu prüfen sind!

⊃ **Hinweis:** Zum grundlegenden **Aufbauschema für die Prüfung eines Anspruchs** im Zivilrecht vgl. nochmals die **Übersicht** auf S. 20!

– – –

Unterschied zwischen § 275 Abs. 1 einerseits und Abs. 2 bzw. Abs. 3 andererseits bei der Prüfung des Leistungsanspruchs

1.2.4 Abgrenzung zu wirtschaftlicher Unmöglichkeit (§ 313)

Nach h.M. wird hingegen der Fall der sog. **„wirtschaftlichen Unmöglichkeit"** von der Regelung des **§ 275 Abs. 2 bzw. 3 nicht** erfasst. Bei der wirtschaftlichen Unmöglichkeit ist für den Schuldner aufgrund nachträglicher Umstände (z.B. Kriegsereignisse) die Leistungserbringung derart erschwert, dass ihm die Erfüllung nach Treu und Glauben nicht mehr zugemutet werden kann. Die wirtschaftliche Unmöglichkeit wird über **§ 313** (lesen!), d.h. die Grundsätze über die **Störung der Geschäftsgrundlage** gelöst. Anders als bei der Einrede nach § 275 Abs. 2 ist die Rechtsfolge bei § 313 Abs. 1 grds. die Vertragsanpassung.

Abgrenzung zu wirtschaftlicher Unmöglichkeit (§ 313)

39

Problematisch ist die Abgrenzung dieser Fallgruppe zu den in § 275 geregelten Fällen der praktischen (Abs. 2) Unmöglichkeit. Bei der insoweit erforderlichen Abgrenzung zwischen § 275 Abs. 2 und § 313 ist entscheidend darauf abzustellen, dass beide Normen einen **unterschiedlichen Bezugspunkt für die Verhältnismäßigkeitsprüfung** vorsehen: Während § 275 Abs. 2 ein grobes Missverhältnis zwischen dem **Leistungsinteresse des Gläubigers** und den zur Leistung erforderlichen Anstrengungen des Schuldners voraussetzt, ist es nach § 313 ausreichend, dass das Festhalten am unveränderten Vertrag **dem Schuldner** nicht zugemutet werden kann. Während also bei § 275 Abs. 2 die Interessen des Schuldners unberücksichtigt bleiben und allein auf das Leistungsinteresse des Gläubigers abzustellen ist, bleibt bei § 313 das Leistungsinteresse des Gläubigers unberücksichtigt, und es ist auf die Interessen des Schuldners abzustellen!

➲ Wenn Sie mehr wissen wollen:
Vgl. zur „wirtschaftlichen Unmöglichkeit" AS-Skript SchuldR AT 1, 16. Aufl. 2006, S. 80 ff.; HK-BGB/Schulze § 275 Rdnr. 20.

Nachdem Sie jetzt mit den **Fallgruppen der Unmöglichkeit** vertraut sind, wollen wir die **Auswirkungen in der Fallprüfung** besprechen.

1.3 Auswirkungen in der Fallprüfung

Auswirkungen in der Fallprüfung

Können Sie sich noch an die 3 Fragen der typischen Unmöglichkeitsklausur erinnern, die wir Ihnen zu Beginn vorgestellt haben? Genau diese 3 Fragen haben wir jetzt zu beantworten. Wir werden uns bei der Einordnung dieser typischen Klausurprobleme an dem grundlegenden Aufbauschema – (I) Anspruch entstanden, (II) Anspruch erloschen, (III) Anspruch durchsetzbar – orientieren.

1.3.1 Auswirkungen auf die Leistungspflicht des Schuldners

Auswirkungen auf die Leistungspflicht des Schuldners

Ist **§ 275 Abs. 1** (tatsächliche bzw. rechtliche Unmöglichkeit) einschlägig, so ist für die Einordnung wie folgt zu unterscheiden:

▶ Bei anfänglicher Unmöglichkeit entsteht der Anspruch des Gläubigers erst gar nicht. § 275 Abs. 1 ist dann unter „Anspruch entstanden" als rechtshindernde Einwendung einzuordnen.

▶ Bei nachträglicher Unmöglichkeit ist der Anspruch des Gläubigers entstanden, sofern keine anderen Wirksamkeitshindernisse (z.B. §§ 105 Abs. 1, 108 Abs. 1, 125, 134, 138 etc.) entgegenstehen. § 275 Abs. 1 ist in diesem Fall unter „Anspruch erloschen" als rechtsvernichtende Einwendung in Ansatz zu bringen.

Liegt kein Fall des § 275 Abs. 1 vor, so ist an **§ 275 Abs. 2 bzw. 3** (praktische bzw. persönliche Unmöglichkeit) zu denken. Diese Leistungsverweigerungsrechte sind unter „Anspruch erloschen" zu prüfen. Jedoch muss die

Einrede vonseiten des Schuldners erhoben werden, da sie nicht von Amts wegen berücksichtigt wird (dies ist der wesentliche Unterschied zur Einwendung!).

Es ergibt sich also folgendes **Schema**:

> **(I)** § 275 **Abs. 1** ist im Falle der **anfänglichen** (tatsächlichen bzw. rechtlichen) Unmöglichkeit unter „Anspruch **entstanden**" zu prüfen.
>
> **(II)** § 275 **Abs. 1** ist im Falle der **nachträglichen** (tatsächlichen bzw. rechtlichen) Unmöglichkeit unter „Anspruch **erloschen**" zu prüfen.
>
> **(III)** § 275 **Abs. 2 bzw. 3** ist unter „Anspruch **erloschen**" zu prüfen, muss aber geltend gemacht werden.

⊃ **Hinweis:** Vgl. hierzu bereits **Aufgabe 17**!

1.3.2 Auswirkungen auf die Gegenleistungspflicht des Gläubigers beim gegenseitigen Vertrag

1.3.2.1 Automatisches Erlöschen kraft Gesetzes

A) Der Grundsatz des § 326 Abs. 1 S. 1, 1. Halbs.

Die Vorschrift des § 275 Abs. 4 verweist für die Rechte des Gläubigers auch auf die Regelung des § 326.

§ 326 Abs. 1 S. 1, 1. Halbs. regelt das **Schicksal der Gegenleistung**, wenn der Schuldner nach § 275 Abs. 1–3 von der Leistungspflicht befreit ist: Der Anspruch auf die Gegenleistung entfällt kraft Gesetzes. § 326 Abs. 1 S. 1, 1. Halbs. regelt somit die **sog. Gegenleistungsgefahr (= Preisgefahr)**, d.h. das Risiko einer Partei, die von ihr geschuldete Gegenleistung erbringen zu müssen, obwohl sie die Leistung der anderen Partei nicht erhält.

Der Grundsatz des § 326 Abs. 1 lautet: **Ohne Leistung keine Gegenleistung!** Der Schuldner (der unmöglich gewordenen Leistung) trägt somit grds. die Gegenleistungsgefahr (Preisgefahr).

Die **Voraussetzungen des § 326 Abs. 1 S. 1** sind:

> **(I)** Es besteht ein **gegenseitiger Vertrag**.
>
> **(II)** Die Leistung des Gläubigers steht im **Gegenseitigkeitsverhältnis (Synallagma) zu einer Leistung, von der der Schuldner nach § 275 Abs. 1–3 befreit** ist.

Beachten Sie:

▸ § 326 Abs. 1 S. 1 ist verschuldensunabhängig!

▸ Der Gegenleistungsanspruch erlischt nur, „**soweit**" der Schuldner von der Leistungspflicht nach § 275 frei geworden ist (d.h. bei nur teilweiser

Marginalien:

Schema zur Auswirkung des § 275 Abs. 1–3 bei der Prüfung des Anspruchs auf die Leistung

Auswirkungen auf die Gegenleistungspflicht des Gläubigers beim gegenseitigen Vertrag

Grundsatz des § 326 Abs. 1 S. 1, 1. Halbs.: Erlöschen kraft Gesetzes

Voraussetzungen des § 326 Abs. 1 S. 1

Unmöglichkeit auf Schuldnerseite wird der Gläubiger auch nur teilweise von der Gegenleistung frei!)!

Nehmen wir zur Verdeutlichung folgendes **Beispiel**:

K und V schließen einen Kaufvertrag über einen bestimmten gebrauchten Discman. Nach Vertragsschluss, aber vor Übereignung, fällt dem V der Discman infolge Unachtsamkeit vom Tisch, wobei das Gerät völlig zerstört wird.

Der Anspruch des K auf Übergabe und Übereignung der Kaufsache nach § 433 Abs. 1 S. 1 ist aufgrund nachträglicher objektiver Unmöglichkeit nach § 275 Abs. 1 ausgeschlossen. Dann erlischt der im Gegenseitigkeitsverhältnis stehende Anspruch des V auf Zahlung des Kaufpreises nach § 433 Abs. 2 grds. kraft Gesetzes nach § 326 Abs. 1 S. 1, 1. Halbs.

⊃ Aufgabe 18

Ordnen Sie § 326 Abs. 1 S. 1, 1. Halbs. in unser Grundschema – (I) Anspruch entstanden – (II) Anspruch erloschen – (III) Anspruch durchsetzbar – ein!

Lösung:

Einordnung des § 326 Abs. 1 S. 1, 1. Halbs. bei der Prüfung des Anspruchs auf die Gegenleistung

§ 326 Abs. 1 S. 1, 1. Halbs. ist im Hinblick auf den Anspruch des Schuldners der unmöglichen Leistung auf die Gegenleistung wie folgt einzuordnen:

(I) Im Falle der **anfänglichen tatsächlichen bzw. rechtlichen** Unmöglichkeit **(§ 275 Abs. 1)** der Leistung ist die Norm als **rechtshindernde Einwendung** unter „Anspruch **entstanden**",

(II) im Falle der **nachträglichen tatsächlichen bzw. rechtlichen** Unmöglichkeit **(§ 275 Abs. 1)** als rechtsvernichtende Einwendung unter „Anspruch **erloschen**",

(III) im Falle der **praktischen (§ 275 Abs. 2) bzw. der persönlichen (§ 275 Abs. 3) Unmöglichkeit als rechtsvernichtende Einwendung** unter „Anspruch **erloschen**" zu prüfen.

– – –

Klausurtaktische Hinweise

⊃ **Klausurtaktische Hinweise:**

▶ In Klausuren wird oft die Anwendung des § 275 (Ausschluss bzw. Erlöschen der Leistungspflicht) mit der des § 326 (Ausschluss bzw. Erlöschen der Gegenleistungspflicht) durcheinander gebracht!

▶ Das kann Ihnen nicht passieren, wenn Sie sich folgende Vorgehensweise aneignen: Sie haben eine Anspruchsgrundlage (je nach Aufgabenstellung entweder bzgl. der unmöglich gewordenen Leistung oder der Gegenleistung) gefunden, bei der Sie wegen der Unmöglichkeit der Leistung eine Gegennorm (§ 275 oder § 326) ansetzen wollen. Stellen Sie sich die Frage: Welche Leistung ist unmöglich? Ist genau die Leistung un-

42

möglich, auf die sich die Anspruchsgrundlage bezieht, dann ist § 275 als Gegennorm in Ansatz zu bringen. Ist hingegen die andere Leistung unmöglich, dann ist § 326 Abs. 1 S. 1, 1. Halbs. die richtige Gegennorm!

▶ In der Klausur ist im Regelfall damit zu rechnen, dass im Rahmen der bei § 326 Abs. 1 inzident vorzunehmenden Prüfung des § 275 Probleme zum Vorliegen der Unmöglichkeit eingebaut werden (vgl. dazu oben insbesondere die Darstellung der § 243 Abs. 2 und § 300 Abs. 2 bei Gattungs- und Geldschuld!) und von Ihnen daher in diesem Zusammenhang erörtert werden müssen!

Von wesentlicher Bedeutung ist jedoch, dass es **zum Grundsatz des § 326 Abs. 1 S. 1** eine ganze Reihe von – **äußerst klausurrelevanten – Ausnahmen** gibt. Die wichtigsten klausurrelevanten Fälle wollen wir im Folgenden behandeln.

B) Ausnahmen zu § 326 Abs. 1 S. 1

Der Anspruch des Schuldners (der unmöglich gewordenen Leistung) auf die Gegenleistung **bleibt ausnahmsweise bestehen**, wenn die **Gegenleistungsgefahr (Preisgefahr) auf den Gläubiger (der unmöglich gewordenen Leistung) übergegangen** ist. Dies bedeutet, dass der Gläubiger seine Gegenleistung erbringen muss, obwohl der Schuldner von seiner Leistungspflicht frei geworden ist. Ein solcher **Übergang der Gegenleistungsgefahr** ergibt sich aus:

▶ § 326 Abs. 2 u. 3

▶ §§ 446, 447 (Kaufrecht)

▶ §§ 644, 645 (Werkrecht)

▶ Im Verlauf Ihres Studiums werden Sie im Arbeitsrecht als weitere Ausnahmen § 615, die Grundsätze der Betriebsrisikolehre, § 616, § 3 Entgeltfortzahlungsgesetz und § 1 Bundesurlaubsgesetz kennen lernen.

I) Die Regelung des § 326 Abs. 2 S. 1, 1. Alt.

Der Anspruch auf die Gegenleistung bleibt bestehen, wenn **der Gläubiger (der unmöglich gewordenen Leistung) allein oder weit überwiegend für die Leistungsbefreiung des Schuldners nach § 275 verantwortlich** ist. „Weit überwiegend" meint dabei solche Fälle, bei denen ein Schadensersatzanspruch des Gläubigers nicht nur nach § 254 gekürzt würde, sondern ganz entfiele. Dafür ist im Regelfall eine Mitverantwortungsquote des Gläubigers von 90%, zumindest aber von 80% erforderlich.

➲ Aufgabe 19

Der Galerist V verkauft K ein wertvolles Bild des Malers Rembrandt. Das Bild wird vor der Übergabe dadurch zerstört, dass es die Treppe in der Galerie des V hinunterfällt. Insoweit trifft den K ein Verschulden i.H.v. 70%, den V i.H.v. 30%. Hat V gegen K einen Anspruch auf Kaufpreiszahlung?

Ausnahmen zum Grundsatz des § 326 Abs. 1 S. 1

Übergang der Gegenleistungsgefahr auf den Gläubiger der unmöglich gewordenen Leistung

Regelung des § 326 Abs. 2 S. 1, 1. Alt.

Lösung:

Der Anspruch auf Kaufpreiszahlung des V könnte sich aus **§ 433 Abs. 2** ergeben.

Anspruch entstanden

(I) **Anspruch entstanden:**
Der Anspruch aus § 433 Abs. 2 ist mit Abschluss des Kaufvertrags entstanden.

(II) **Anspruch erloschen:**

Grundsatz: Erlöschen der Gegenleistungspflicht nach § 326 Abs. 1 S. 1

(1) Der Anspruch könnte jedoch nach dem **Grundsatz des § 326 Abs. 1 S. 1, 1. Halbs.** erloschen sein. Die Voraussetzungen des § 326 Abs. 1 S. 1, 1. Halbs. – gegenseitiger Vertrag und Befreiung des V von seiner Leistungspflicht aus § 433 Abs. 1 S. 1 nach § 275 Abs. 1 – sind hier gegeben.

Ausnahme: Bestehenbleiben der Gegenleistungspflicht nach § 326 Abs. 2 S. 1, 1. Alt.

(2) Die **Ausnahme des § 326 Abs. 2 S. 1, 1. Alt.,** wonach der Anspruch auf die Gegenleistung (hier die Kaufpreiszahlung) bestehen bliebe, ist nicht einschlägig (70% ist noch nicht „weit überwiegend" i.S.d. § 326 Abs. 2 S. 1, 1. Alt.!).

Ergebnis: Der Anspruch des V gegen K aus § 433 Abs. 2 ist somit erloschen.

– – –

⮥ Aufgabe 20

Sind für die „Verantwortlichkeit des Gläubigers" i.S.d. § 326 Abs. 2 S. 1, 1. Alt. die Normen der §§ 276–278 einschlägig?

Lösung:

Die §§ 276 – 278 beziehen sich dem Wortlaut nach auf die Verantwortlichkeit **des Schuldners**, nicht des Gläubigers. Die Verantwortlichkeit des Gläubigers ist gesetzlich nicht geregelt (in der Klausur müssen Sie diesen Umstand erwähnen!).

Fallgruppen für die Verantwortlichkeit des Gläubigers

Verletzung von Verhaltenspflichten

Die **h.M.** hat jedoch **für die Verantwortlichkeit des Gläubigers** folgende **Fallgruppen** herausgebildet:

▶ Bei **Verletzung von Verhaltenspflichten** gelten die §§ 276–278 analog.

> **Hinweis:** Dies ist der wohl klausurrelevanteste Fall! Dazu folgendes **Beispiel (in Abwandlung der Aufgabe 19):**
>
> Galerist V verkauft K ein wertvolles Bild des Malers Rembrandt. K lässt das Bild vor der Übergabe aus Fahrlässigkeit die Treppe in der Galerie hinunterfallen, wodurch das Bild völlig zerstört wird. Hat V gegen K einen Anspruch auf Kaufpreiszahlung?
>
> **Lösung:**
>
> (I) Der Anspruch aus § 433 Abs. 2 ist mit Abschluss des Kaufvertrags entstanden.
>
> (II) Der Anspruch könnte jedoch erloschen sein:

44

(1) Der Anspruch könnte nach dem Grundsatz des § 326 Abs. 1 S. 1, 1. Halbs. erloschen sein. Die Voraussetzungen – gegenseitiger Vertrag und Befreiung des V von seiner Leistungspflicht aus § 433 Abs. 1 S. 1 nach § 275 Abs. 1 – sind an sich gegeben.

(2) Jedoch ist als Ausnahme § 326 Abs. 2 S. 1, 1. Alt. einschlägig, da der Gläubiger der unmöglich gewordenen Leistung (hier: der K!) für die Unmöglichkeit allein verantwortlich ist (§ 276 Abs. 1 analog!). Das bedeutet, dass ausnahmsweise der Anspruch auf die Gegenleistung (hier: auf den Kaufpreis) bestehen bleibt.

Ergebnis: Der Anspruch des V aus § 433 Abs. 2 ist gegeben.

▶ Der Gläubiger hat die Unmöglichkeit zu vertreten, wenn er die **Unmöglichkeit durch vorwerfbare Unvorsichtigkeit in eigenen Angelegenheiten bzw. durch Obliegenheitsverletzungen verursacht** hat (sog. schuldhafter Verstoß gegen eigene Belange).

Herbeiführung der Unmöglichkeit durch vorwerfbare Unvorsichtigkeit in eigenen Angelegenheiten bzw. durch Obliegenheitsverletzung

▶ Schließlich hat der Gläubiger die Unmöglichkeit zu vertreten, wenn er **vertraglich das Risiko für den Nichteintritt des Leistungshindernisses übernommen** hatte.

Vertragliche Risikoübernahme durch den Gläubiger

– – –

II) Die Regelung des § 326 Abs. 2 S. 1, 2. Alt.

Regelung des § 326 Abs. 2 S. 1, 2. Alt.

Der Anspruch auf die Gegenleistung bleibt – als Ausnahme zu § 326 Abs. 1 S. 1 – nach § 326 Abs. 2 S. 1, 2. Alt. bestehen,

▶ wenn sich der Gläubiger bei Eintritt der Unmöglichkeit im Annahmeverzug befindet (§§ 293 ff., vgl. dazu nochmals 1. Teil, 1. Abschnitt, 3.2.2) und

▶ der Schuldner den zur Unmöglichkeit führenden Umstand nicht zu vertreten hat. Wegen des Gläubigerverzugs ist der (für den Schuldner mildere) Haftungsmaßstab des § 300 Abs. 1 (Vorsatz bzw. grobe Fahrlässigkeit) einschlägig. Notieren Sie sich daher „§ 300 Abs. 1" über „vom Schuldner nicht zu vertretende ..." in § 326 Abs. 2 S. 1, 2. Alt.!

➲ Aufgabe 21

Galerist V verkauft K ein wertvolles Bild des Malers Rembrandt. K holt das Bild nicht wie vereinbart am 10.06. ab. Daraufhin fordert ihn V zum Abholen auf. Am 15.06. wird das Bild aus der Galerie des V von einem nicht zu ermittelnden Dieb gestohlen. V trifft hinsichtlich des Diebstahls leichte Fahrlässigkeit. Hat V gegen K einen Anspruch auf Kaufpreiszahlung?

➲ **Hinweis:** Diese Aufgabe dient als **Abwandlung** zu Aufgabe 19 und dem Beispiel in Aufgabe 20!

Lösung:

Der Anspruch auf Kaufpreiszahlung des V könnte sich aus **§ 433 Abs. 2** ergeben.

Anspruch entstanden

(I) **Anspruch entstanden:**

Der Anspruch aus § 433 Abs. 2 ist mit Abschluss des Kaufvertrags entstanden.

(II) **Anspruch erloschen:**

Grundsatz: Erlöschen der Gegenleistungspflicht nach § 326 Abs. 1 S. 1

(1) Der Anspruch könnte aber nach dem **Grundsatz des § 326 Abs. 1 S. 1, 1. Halbs.** erloschen sein. Die Voraussetzungen – gegenseitiger Vertrag und Befreiung des V von seiner Leistungspflicht aus § 433 Abs. 1 S. 1 nach § 275 Abs. 1 – sind gegeben.

Ausnahme: Bestehenbleiben der Gegenleistungspflicht nach § 326 Abs. 2 S. 1, 2. Alt.

(2) Jedoch ist als **Ausnahme § 326 Abs. 2 S. 1, 2. Alt.** einschlägig, da sich K bei Eintritt der Unmöglichkeit durch den Diebstahl im Gläubigerverzug nach §§ 293 ff. befunden und der V die Unmöglichkeit – gemessen am Haftungsmaßstab des § 300 Abs. 1 – nicht zu vertreten hat. Das bedeutet, dass der Anspruch auf die Gegenleistung (hier: auf den Kaufpreis) ausnahmsweise bestehen bleibt.

Ergebnis: Der Anspruch des V aus § 433 Abs. 2 ist gegeben.

– – –

Regelung des § 446 S. 1

III) Die Regelung des § 446 S. 1

Mit der **Übergabe** der verkauften Sache **geht nach § 446 S. 1 die Gegenleistungsgefahr vom Verkäufer auf den Käufer über**, d.h. der Käufer muss den Kaufpreis bezahlen, selbst wenn er wegen eines Untergangs der Kaufsache niemals das Eigentum an der Sache erwirbt.

Der **Grund** liegt darin, dass die Sache in den Herrschaftsbereich des Käufers übergegangen ist. Der Verkäufer hat auf diese Sphäre des Käufers keinen Einfluss mehr.

 ⊃ **Aufgabe 22**

V verkauft an K einen neuen Mercedes SLK unter Eigentumsvorbehalt (vgl. § 449). Nach der Übergabe, aber vor Zahlung der letzten Kaufpreisrate wird das Fahrzeug ohne Verschulden des K völlig zerstört. V verlangt von K Zahlung des restlichen Kaufpreises. Zu Recht?

Lösung:

Der Anspruch des V könnte sich aus **§ 433 Abs. 2** ergeben.

Anspruch entstanden

(I) **Anspruch entstanden:**

Der Anspruch aus § 433 Abs. 2 ist mit Abschluss des Kaufvertrags entstanden.

(II) **Anspruch erloschen:**

Grundsatz: Erlöschen der Gegenleistungspflicht nach § 326 Abs. 1 S. 1

(1) Der Anspruch könnte aber nach dem **Grundsatz des § 326 Abs. 1 S. 1, 1. Halbs.** erloschen sein. Die Voraussetzungen – gegenseitiger

Vertrag und Befreiung des V von seiner Leistungspflicht aus § 433 Abs. 1 S. 1 nach § 275 Abs. 1 – sind gegeben.

(2) Jedoch ist als **Ausnahme § 446 S. 1** einschlägig, da der Mercedes dem K bereits übergeben worden und damit die Preisgefahr auf den K übergegangen war.

Ausnahme: Bestehenbleiben der Gegenleistungspflicht nach § 446 S. 1

Ergebnis: Der Anspruch des V aus § 433 Abs. 2 ist gegeben.

➲ **Anmerkung:** § 446 S. 3 stellt klar, dass der Käufer die (Gegenleistungs-, Preis-)Gefahr auch dann trägt, wenn er mit der Annahme im Verzug ist! Die Regelung des § 446 S. 3 hat nur deklaratorische Bedeutung, da dieser Fall bereits über § 326 Abs. 2 S. 1, 2. Alt erfasst ist (s.o.)!

– – –

IV) Die Regelung des § 447 Abs. 1

Regelung des § 447 Abs. 1

Die Vorschrift des **§ 447 Abs. 1 regelt den Übergang der Preisgefahr auf den Käufer beim Versendungskauf.** Es muss also eine Schickschuld vorliegen (d.h. der Leistungsort [= Erfüllungsort] befindet sich beim Schuldner, der Erfolgsort beim Gläubiger; vgl. oben!).

Für die Regelung des § 447 Abs. 1 ergibt sich folgendes **Aufbauschema**:

Aufbauschema zu § 447 Abs. 1

(I)   Wirksamer Kaufvertrag

(II) Versendung nach einem anderen Ort als dem Erfüllungsort

(III) Versendung erfolgt auf Verlangen des Käufers

(IV) Auslieferung an die Transportperson

(V)   Zufälliger Untergang bzw. zufällige Verschlechterung der Kaufsache

▶ **Beachte:** Da § 447 Abs. 1 den Übergang der Preisgefahr erfasst, ist diese Regelung nicht einschlägig, wenn der Untergang bzw. die Verschlechterung auf einem Verschulden des Verkäufers beruht! Für das Verschulden der Transportperson muss der Verkäufer jedoch grds. nicht gem. § 278 einstehen, da der Transport beim Versendungskauf (Schickschuld) nicht mehr zum Pflichtenkreis des Verkäufers gehört. Anders verhält es sich dagegen nach h.M., wenn der Verkäufer eigene Leute zum Transport einsetzt.

(VI) Realisierung einer typischen Transportgefahr (h.M.)

▶ **Beachte:** Nach h.M. muss sich somit ein Risiko verwirklicht haben, das gerade mit dem Transport zusammenhängt (z.B. Unfall; Verlust der Ware durch Transportdiebstahl)

(VII) Kein Ausschluss der Anwendbarkeit gem. § 474 Abs. 2

▶ **Beachte:** Wegen der Regelung des § 474 Abs. 2 ist bei der Anwendung des § 447 stets zu prüfen, ob ein Verbrauchsgüterkauf gem. § 474 Abs. 1 vorliegt!

Der **Grund** für den Übergang der Preisgefahr bei § 447 Abs. 1 liegt darin, dass der Verkäufer die Sache auf Verlangen des Käufers an eine Versandperson übergeben und damit die Herrschaft über die Sache verloren hat, weshalb der Käufer (auf dessen Verlangen schließlich der Transport erfolgt!) das Risiko des Untergangs oder der Verschlechterung tragen soll.

⊃ Aufgabe 23

V aus München verkauft an den Unternehmer K aus Nürnberg eine Schrankwand. Auf Bitten des K übergibt V den Schrank dem S zum Transport. Auf dem Transport wird der Schrank bei einem von S fahrlässig verursachten Verkehrsunfall völlig zerstört. V verlangt von K Zahlung des Kaufpreises. Zu Recht?

Lösung:

Der Anspruch des V könnte sich aus **§ 433 Abs. 2** ergeben.

Anspruch entstanden

(I) **Anspruch entstanden:**
Der Anspruch aus § 433 Abs. 2 ist mit Abschluss des Kaufvertrags entstanden.

(II) **Anspruch erloschen:**

Grundsatz: Erlöschen der Gegenleistungpflicht nach § 326 Abs. 1 S. 1

(1) Der Anspruch könnte aber nach dem **Grundsatz des § 326 Abs. 1 S. 1, 1. Halbs.** erloschen sein. Die Voraussetzungen – gegenseitiger Vertrag und Befreiung des V von seiner Leistungspflicht aus § 433 Abs. 1 S. 1 nach § 275 Abs. 1 – sind gegeben.

Ausnahme: Bestehenbleiben der Gegenleistungspflicht nach § 447 Abs. 1

(2) Jedoch ist als **Ausnahme § 447 Abs. 1** einschlägig: Auf Verlangen des K ist die Schrankwand nach Nürnberg (und damit nach einem anderen Ort als dem Erfüllungsort, der bei der hier gegebenen Schickschuld beim Schuldner V, also in München liegt!) versandt worden. Eine Auslieferung an S ist erfolgt. Mit dem Verkehrsunfall realisiert sich eine typische Transportgefahr. Das Verschulden des S ist dem V auch nicht zuzurechnen, da S nicht gem. § 278 als sein Erfüllungsgehilfe eingeordnet werden kann, sodass ein zufälliger Untergang der Schrankwand vorliegt. Die Preisgefahr ist somit gem. § 447 auf K übergegangen.

Ergebnis: Der Anspruch des V aus § 433 Abs. 2 ist gegeben.

– – –

⊃ Aufgabe 24

(I) Ändert sich an der Falllösung etwas, wenn V Unternehmer i.S.d. § 14 und K Verbraucher i.S.d. § 13 ist? Lesen Sie hierzu die §§ 474 ff.

(II) Warum hat sich wohl der Gesetzgeber insoweit für die Sonderregelung beim Verbrauchsgüterkauf entschieden?

Lösung:

(I) Ist der Käufer einer beweglichen Sache Verbraucher i.S.d. § 13 und der Verkäufer Unternehmer i.S.d. § 14, liegt ein so genannter Verbrauchsgüterkauf vor (Legaldefinition in § 474 Abs. 1). Nach **§ 474 Abs. 2** findet **§ 447** dann **keine Anwendung**!

§ 447 ist beim Verbrauchsgüterkauf nicht anwendbar, § 474 Abs. 2

Merken Sie sich also für den Versendungskauf folgende Prüfungsschritte:

Prüfungsschritte beim Versendungskauf

> **(I)** Anspruch aus § 433 Abs. 2 **entstanden** mit Abschluss des Kaufvertrags
>
> **(II)** Anspruch **erloschen**:
>
>   (1) **Ja**: nach dem **Grundsatz des § 326 Abs. 1 S. 1, 1. Halbs.**
>
>   (2) **Nein**: nach der **Ausnahme des § 447 Abs. 1**
>
>   (3) **Ja**: nach der **Rückausnahme des § 474 Abs. 2**

(II) Der Grund für die Regelung des § 474 Abs. 2 liegt darin, dass das Risiko des zufälligen Untergangs oder der zufälligen Verschlechterung der Ware von der Vertragspartei getragen werden soll, die eher in der Lage ist, dieses Risiko abzuwenden oder zu verringern. Das wird i.d.R. der Verkäufer, der Unternehmer ist, sein, da dieser über die Art und den Weg der Beförderung entscheiden, den Beförderer auswählen und die Ware aufgrund seiner Vertragsbeziehungen zu ihm noch umdisponieren bzw. vor allem das Beförderungsrisiko versichern kann. Schließlich ist das besondere „Verlangen des Käufers" i.S.d. § 447 Abs. 1 jedenfalls beim Kauf durch einen Verbraucher oftmals reine Fiktion.

– – –

1.3.2.2 Erlöschen durch Rücktritt des Gläubigers bei Teilunmöglichkeit (§ 326 Abs. 5 i.V.m. § 323 Abs. 5 S. 1)

Erlöschen der Gegenleistungpflicht durch Rücktritt des Gläubigers bei Teilunmöglichkeit, § 326 Abs. 5

Nach § 326 Abs. 5 hat der Gläubiger im Falle der Leistungsbefreiung des Schuldners nach § 275 Abs. 1 bis 3 ein Rücktrittsrecht.

Wie wir bereits (vgl. 1. Teil, 3. Abschnitt, 2.) dargestellt haben, hat der Rücktritt zwei Auswirkungen. Eine davon ist, dass die Erfüllungsansprüche ex nunc erlöschen. Um diese sog. Befreiungswirkung – die unter „Anspruch erloschen" zu prüfen ist – geht es hier.

Auf den ersten Blick erscheint jedoch ein Rücktrittsrecht merkwürdig, wenn nicht sogar unsinnig. Nach § 326 Abs. 1 S. 1, 1. Halbs. erlischt der Gegenleistungsanspruch **kraft Gesetzes, ohne dass es hierzu einer Erklärung des Gläubigers bedarf.** Welchen Sinn macht es dann noch, dem Gläubiger ein Rücktrittsrecht zu gewähren?

➲ Warum ist das so?

Das Rücktrittsrecht macht für den Gläubiger dann einen Sinn, wenn dem Schuldner die Leistung lediglich **teilweise unmöglich** ist, also **Teilunmöglichkeit** vorliegt. In diesem Fall erlischt nämlich nach § 326 Abs. 1 S. 1, 1. Halbs. der Gegenleistungsanspruch kraft Gesetzes **nur, soweit** eine Leistungsbefreiung des Schuldners nach § 275 eingetreten ist, d.h. eben **nur teilweise** (vgl. auch § 326 Abs. 1 S. 1, 2. Halbs.). Im Übrigen bleiben Leistungs- und Gegenleistungsanspruch erhalten.

Dem Gläubiger ist aber mit einer Teilerfüllung nicht gedient, wenn er hieran kein Interesse hat. **§ 326 Abs. 5, 2. Halbs. i.V.m. § 323 Abs. 5 S. 1** gibt dem Gläubiger daher in diesem Fall die Möglichkeit (obwohl nur eine **Teil**unmöglichkeit vorliegt!), vom **gesamten** Vertrag zurückzutreten. Der Gegenleistungsanspruch erlischt dann hinsichtlich des leistungsgestörten Teils nach § 326 Abs. 1 S. 1, 1. Halbs. kraft Gesetzes und im Übrigen nach § 346 Abs. 1 durch den Rücktritt vom ganzen Vertrag. Gemäß § 326 Abs. 5, 2. Halbs. ist eine Fristsetzung vor dem Rücktritt entbehrlich.

➲ **Hinweis:** Der zweite Anwendungsfall des § 326 Abs. 5 betrifft den Fall der **Schlechtleistung, wenn der Nacherfüllungsanspruch unmöglich ist**. Diese Fallgruppe werden wir später im Rahmen der Schlechtleistung besprechen!

Übersicht zur Auswirkung der Unmöglichkeit auf die Gegenleistungspflicht

Übersicht: Die Auswirkung der Unmöglichkeit auf die Gegenleistungspflicht

Unmöglichkeit i.S.d. §§ 275 Abs. 1–3 liegt vor			
Gegenleistungspflicht erlischt		Gegenleistungspflicht bleibt bestehen	
§ 326 Abs. 1	§§ 326 Abs. 5, 323	§ 326 Abs. 2 und 3	§§ 446, 447, 645
Grundsätzlich **erlischt kraft Gesetzes** die Gegenleistungspflicht, soweit der Schuldner gem. § 275 Abs. 1–3 nicht mehr leisten muss.	Bei teilweiser UM entfällt die Gegenleistungspflicht gem. § 326 Abs. 1 S. 1, 2. Halbs. nur teilweise. Der Gläubiger kann aber gem. § 326 Abs. 5 i.V.m. § 323 Abs. 5 S. 1 **zurücktreten**, sodass die **ganze** Gegenleistung entfällt.	Das **Entfallen** der Gegenleistung gem. § 326 Abs. 1 **tritt nicht ein**, wenn – der Gläubiger für die UM allein/weit überwiegend verantwortlich war, – der Gläubiger im Annahmeverzug war, – der Gläubiger nach § 285 das Surrogat der unmöglich gewordenen Leistung verlangt.	§ 326 wird durch Spezialregeln zum **Übergang der Preisgefahr** verdrängt. **Achtung:** Beim Verbrauchsgüterkauf gilt gem. § 474 Abs. 2 die Regelung des § 447 **nicht**.

Sekundäransprüche des Gläubigers

1.3.3 Sekundäransprüche des Gläubigers

Kommen wir zu den Sekundärrechten des Gläubigers. Ein Vertrag ist auf Erfüllung gerichtet. Im Falle der Unmöglichkeit kommt es nicht zur Vertragserfüllung durch den Schuldner. An die Stelle des Primäranspruchs tritt dann für den Gläubiger ein Sekundärleistungsanspruch. § 275 Abs. 4 verweist im Falle einer Leistungsbefreiung des Schuldners nach § 275 Abs. 1–3 auf die Sekundärleistungsansprüche der §§ 280, 283 bis 285, § 311 a und § 326. Im Einzelnen sind dies:

Verweisungsnorm des § 275 Abs. 4

▶ Schadensersatz (§§ 280 Abs. 1, Abs. 3, 283 und § 311 a Abs. 2 S. 1)

▶ Aufwendungsersatz (§ 284)

▶ Rückgewähransprüche (§ 326 i.V.m. §§ 346 ff.)

▶ Stellvertretendes commodum (§ 285)

1.3.3.1 Schadensersatzansprüche

Schadensersatzansprüche

§ 280 Abs. 1 ist der Haftungsgrundtatbestand für Schadensersatz im Falle einer Pflichtverletzung und gilt daher auch für die Fälle der Unmöglichkeit. § 311 a Abs. 2 ist jedoch für den Fall der **anfänglichen Unmöglichkeit** lex specialis, d.h. **§ 311 a Abs. 2 S. 1** verdrängt als Spezialnorm die Grundnorm des § 280 Abs. 1 (lex specialis derogat legi generali). Für den Fall der **nachträglichen Unmöglichkeit** sind **§§ 280 Abs. 1, Abs. 3, 283** einschlägig.

A) Anfängliche Unmöglichkeit (§§ 311 a Abs. 2, 275 Abs. 4)

Anfängliche Unmöglichkeit, §§ 311 a Abs. 2, 275 Abs. 4

▶ **§ 311 a Abs. 2 S. 1 trifft nur eine Rechtsfolgenanordnung:** Der Gläubiger kann nach seiner Wahl (also alternativ!) Schadensersatz statt der Leistung oder Aufwendungsersatz nach § 284 verlangen. Schadensersatz statt der Leistung meint dabei, dass der Gläubiger so zu stellen ist, wie er stehen würde, wenn der Schuldner ordnungsgemäß erfüllt hätte (positives Interesse, Erfüllungsinteresse). § 311 a Abs. 2 S. 1 knüpft an Abs. 1 und somit an folgende Voraussetzungen an: (I) Es besteht zwischen Gläubiger und Schuldner ein Vertrag. (II) Der Schuldner ist nach § 275 Abs. 1–3 von seiner Leistung befreit, und das Leistungshindernis bestand bereits bei Vertragsschluss (anfängliche Unmöglichkeit).

▶ **§ 311 a Abs. 1** hebt darauf ab, dass **auch im Fall der anfänglichen Unmöglichkeit der Vertrag wirksam** ist. Dies geht jedoch bereits aus § 275 Abs. 1–3 hervor. Nur der Primäranspruch des Gläubigers ist ausgeschlossen (§ 275 Abs. 1) bzw. kann nicht durchgesetzt werden (§ 275 Abs. 2, 3). § 311 a Abs. 1 hat nur klarstellende Funktion gegenüber der alten Rechtslage (dort war der Vertrag im Falle einer anfänglichen objektiven Unmöglichkeit nichtig!).

Vertrag ist auch bei anfänglicher Unmöglichkeit wirksam, § 311 a Abs. 1

▶ Nach **§ 311 a Abs. 2 S. 2** ist ein **Schadensersatzanspruch nicht gegeben, wenn der Schuldner das Leistungshindernis bei Vertragsschluss nicht kannte und seine Unkenntnis auch nicht zu vertreten hat.** Daraus ist zu folgern, dass § 311 a Abs. 2 eine Verschuldenshaftung ist. Dieses Verschulden wird gesetzlich vermutet. Das folgt aus der Formulierung „Dies

Exkulpationsmöglichkeit des Schuldners nach § 311 a Abs. 2 S. 2

51

gilt nicht ..." (Haftung für vermutetes Verschulden). Der Schuldner muss also beweisen, dass er das Leistungshindernis bei Vertragsschluss nicht kannte und seine Unkenntnis auch nicht zu vertreten hat (Verschuldenshaftung mit umgekehrter Beweislast).

Mit diesen Überlegungen lässt sich aus dem Gesetz folgendes **Prüfschema zu §§ 311 a Abs. 2, 275 Abs. 4** (§ 275 Abs. 4 ist die Verweisungsnorm, § 311 a Abs. 2 die Anspruchsgrundlage) ableiten:

Prüfschema zu §§ 311 a Abs. 2, 275 Abs. 4

(I)   Voraussetzungen:
   (1) Wirksamer Vertrag (vgl. § 311 a Abs. 1)
   (2) Der Schuldner ist nach § 275 Abs. 1–3 von seiner Leistungspflicht befreit und das Leistungshindernis bestand bereits bei Vertragsschluss (anfängliche Unmöglichkeit)
   (3) Kein Anspruch, wenn der Schuldner das Leistungshindernis bei Vertragsschluss nicht kannte und seine Unkenntnis auch nicht zu vertreten hat (Haftung für vermutetes Verschulden), § 311 a Abs. 2 S. 2

(II) Rechtsfolge:
   Schadensersatz statt der Leistung oder Aufwendungsersatz nach § 284

⊃ Aufgabe 25

V verkauft an K seinen gebrauchten Porsche Boxster für 30.000 €. 5 Minuten vor Vertragsschluss verursacht D einen Verkehrsunfall und fährt hierbei mit voller Wucht in den Porsche des V, den dieser 10 Minuten zuvor ordnungsgemäß und unversehrt am Straßenrand abgestellt hatte. Von dem Unfall, durch den der Porsche völlig zerstört wird, konnte V daher im Zeitpunkt des Vertragsschlusses nichts wissen. Wie ist die Rechtslage, wenn K das Kfz für 40.000 € hätte weiterverkaufen können?

Lösung:

⊃ **Hinweis:** Ist wie hier nach der Rechtslage gefragt, stellen sich die in der Einleitung genannten drei typischen Fragen: die Frage der Auswirkung auf die Leistungspflicht des Schuldners (hier: V) und die Gegenleistungspflicht des Gläubigers (hier: K) sowie die Frage nach Sekundäransprüchen des Gläubigers (hier: Schadensersatz)!

Auswirkung auf die Leistungspflicht des Schuldners V

(I)   Der Anspruch des K gegen V auf Übergabe und Übereignung des Porsches nach § 433 Abs. 1 S. 1 ist aufgrund der Zerstörung des Porsches (Stückkauf!) nach § 275 Abs. 1 (objektive anfängliche Unmöglichkeit) ausgeschlossen.

Auswirkung auf die Gegenleistungspflicht des Gläubigers K

(II) Der Anspruch des V gegen K auf Kaufpreiszahlung nach § 433 Abs. 2 ist nach § 326 Abs. 1 S. 1, 1. Halbs. entfallen.

(III) K könnte gegen V einen Schadensersatzanspruch nach §§ 311 a Abs. 2 S. 1, 275 Abs. 4 haben. § 311 a Abs. 2 S. 1 ist für die anfängliche Unmöglichkeit lex specialis gegenüber dem Haftungsgrundtatbestand des § 280 Abs. 1. Voraussetzungen:

Sekundäransprüche des Gläubigers K nach §§ 311 a Abs. 2, 275 Abs. 4

(1) Zwischen V und K bestand ein wirksamer Kaufvertrag. Daran ändert auch die Zerstörung des Porsches vor Vertragsschluss (anfängliche objektive Unmöglichkeit, § 275 Abs. 1) nichts. Darauf hebt § 311 a Abs. 1 deklaratorisch zur Klarstellung gegenüber der alten Rechtslage ab.

(2) Der Anspruch des K gegen V auf Übergabe und Übereignung des Porsche ist wegen der Unmöglichkeit nach § 275 Abs. 1 ausgeschlossen (s.o.). Die Unmöglichkeit bestand auch bereits zum Zeitpunkt des Vertragsschlusses.

(3) Das Verschulden des V wird nach § 311 a Abs. 2 S. 2 gesetzlich vermutet. V müsste sich also exkulpieren. Er kannte das Leistungshindernis bei Vertragsschluss nicht. Noch 15 Minuten vor Vertragsschluss vergewisserte er sich über seine Leistungsfähigkeit. Er hat daher seine Unkenntnis vom Leistungshindernis nicht zu vertreten. V kann sich somit exkulpieren.

Ein Anspruch aus § 311 a Abs. 2 ist folglich nicht gegeben.

– – –

Beachten Sie: Der Schadensersatzanspruch statt der Leistung tritt grundsätzlich **nur insoweit** an die Stelle des Primärleistungsanspruchs, wie dieser leistungsgestört ist. Das bedeutet:

▶ Bei **vollständiger** Unmöglichkeit kann Schadensersatz statt der **ganzen** Leistung verlangt werden.

Vollständige Unmöglichkeit: Schadensersatz statt der ganzen Leistung

▶ Bei **teilweiser** Unmöglichkeit kann hingegen **grundsätzlich nur** Schadensersatz **wegen des leistungsgestörten Teils** verlangt werden – im Übrigen ist hingegen der Vertrag zu erfüllen **(sog. „kleiner Schadensersatz")**.

Grundsatz bei teilweiser Unmöglichkeit: „kleiner Schadensersatz"

Ausnahmsweise kann jedoch auch bei Vorliegen lediglich einer **teilweisen** Unmöglichkeit Schadensersatz statt der **ganzen** Leistung verlangt werden (sog. **„großer Schadensersatz"**) – jedoch nur unter der zusätzlichen Voraussetzung der §§ 311 a Abs. 2 S. 3 i.V.m. 281 Abs. 1 S. 2: Der Gläubiger darf also an der Teilleistung kein Interesse haben.

Ausnahme bei teilweiser Unmöglichkeit: „großer Schadenersatz", § 311 a Abs. 2 S. 3 i.V.m. § 281 Abs. 1 S. 2

➲ **Hinweis:** Der Gläubiger hat in diesem Fall die vom Schuldner empfangene Teilleistung gem. § 311 a Abs. 2 S. 3 i.V.m. § 281 Abs. 5 nach Rücktrittsregeln zurückzugeben!

Nachträgliche Unmöglichkeit, §§ 280 Abs. 1, Abs. 3, 283, 275 Abs. 4

B) Nachträgliche Unmöglichkeit (§§ 280 Abs. 1, Abs. 3, 283, 275 Abs. 4)

⊃ Aufgabe 26

Lesen Sie §§ 275 Abs. 4, 280 Abs. 1, Abs. 3, 283 (Regelung des Schadensersatzes statt der Leistung bei nachträglicher Unmöglichkeit) und erstellen Sie das Aufbauschema für diese Anspruchsgrundlage!

Lösung:

(I) § 275 Abs. 4 ist die Verweisungsnorm (Rechtsgrundverweisung).

(II) § 280 Abs. 1 ist die Anspruchsgrundlage mit den Prüfpunkten: (I) Schuldverhältnis – (II) Pflichtverletzung – (III) vermutetes Verschulden.

(III) Wird im Fall der nachträglichen Unmöglichkeit Schadensersatz statt der Leistung begehrt, ist über § 280 Abs. 3 ferner auf die zusätzlichen Voraussetzungen des § 283 abzustellen. § 283 S. 1 verweist auf § 280 Abs. 1 zurück.

Dieses Verweisungskarussell erscheint auf den ersten Blick merkwürdig, ist jedoch wie folgt zu erklären:

⊃ Warum ist das so?

Anders als bei § 281 ist bei der Unmöglichkeit eine vorherige erfolglose Fristsetzung nicht erforderlich. Nur die Voraussetzungen des § 280 Abs. 1 sind zu prüfen. Eine Fristsetzung würde auch keinen Sinn machen, denn die Leistung kann nicht erbracht werden (§ 275 Abs. 1) bzw. sie kann durch Erhebung der Einrede aus § 275 Abs. 2, 3 verweigert werden.

Aufbauschema für die Prüfung des Anspruchs aus §§ 280 Abs. 1, Abs. 3, 283, 275 Abs. 4

(IV) Das **Aufbauschema für die Prüfung des Anspruchs aus §§ 280 Abs. 1, Abs. 3, 283, 275 Abs. 4**, das sich aus dem Gesetz ergibt, lautet also:

(I) Voraussetzungen:
(1) Schuldverhältnis
(2) Leistungsbefreiung gem. § 275 Abs. 1–3, wobei das Leistungshindernis nach Vertragsschluss eingetreten sein muss.
(3) Kein Anspruch, wenn der Schuldner das Leistungshindernis nicht zu vertreten hat (Haftung für vermutetes Verschulden), § 280 Abs. 1 S. 2

(II) Rechtsfolge:
Schadensersatz statt der Leistung oder Aufwendungsersatz nach § 284

– – –

54

Im Zusammenhang mit der Rechtsfolge beim Schadensersatzanspruch statt der Leistung bei nachträglicher Unmöglichkeit nach §§ 280 Abs. 1, Abs. 3, 283, 275 Abs. 4 ist schließlich auf **zwei äußerst klausurrelevante Problemkreise** hinzuweisen:

▶ *Großer und kleiner Schadensersatz*

Großer und kleiner Schadensersatz

Auch bei §§ 280 Abs. 1, Abs. 3, 283 S. 1, 275 Abs. 4 – wie schon bei §§ 311 a Abs. 2 S. 1, 275 Abs. 4 für die anfängliche Unmöglichkeit angemerkt – besteht grds. ein Schadensersatzanspruch nur, „soweit" die Primärleistungspflicht des Schuldners nach § 275 nicht besteht.

Das bedeutet, dass bei **vollständiger Unmöglichkeit** Schadensersatz statt der **ganzen** Leistung verlangt werden kann.

Bei **teilweiser Unmöglichkeit** kann hingegen **grundsätzlich** nur Schadensersatz **wegen des leistungsgestörten Teils** verlangt werden – im Übrigen ist hingegen der Vertrag zu erfüllen **(sog. „kleiner Schadensersatz")**. **Ausnahmsweise** kann jedoch auch bei Vorliegen einer teilweisen Unmöglichkeit Schadensersatz statt der **ganzen** Leistung verlangt werden **(sog. „großer Schadensersatz")** – jedoch nur unter den **zusätzlichen Voraussetzungen der §§ 283 S. 2 und 311 a Abs. 2 S. 3 i.V.m. § 281 Abs. 1 S. 2** (kein Interesse des Gläubigers an der Teilleistung)!

➲ **Hinweis:** Der Gläubiger hat in diesem Fall die vom Schuldner empfangene Teilleistung gemäß §§ 283 S. 2, 281 Abs. 5 nach Rücktrittsregeln zurückzugeben.

▶ *Berechnungsmethode für den Schadensersatz statt der Leistung (Austausch- oder Differenzmethode)*

Austausch- oder Differenzmethode

Problematisch ist, nach welcher Berechnungsmethode der Schadensersatz statt der Leistung zu ermitteln ist. Insoweit werden die sog. **Austauschmethode (= Surrogationsmethode) und** die sog. **Differenzmethode** vertreten.

Zur Erläuterung dieser Problematik soll folgender **Beispielsfall** dienen:

A tauscht (§§ 480, 433) mit B seinen Audi A 2 (Wert: 20.000 €) gegen den VW Golf IV des B (Wert: 25.000 €). Nach Vertragsschluss wird der VW zerstört. A verlangt nunmehr von B als Schadensersatz 25.000 € Zug um Zug gegen Übergabe und Übereignung des Audi. Zu Recht?

Lösung:

(I) Voraussetzungen:
Der haftungsbegründende Tatbestand des Anspruchs aus §§ 280 Abs. 1, Abs. 3, 283, 275 Abs. 4 ist gegeben, denn mit dem Tauschvertrag liegt ein wirksames Schuldverhältnis vor und die Zerstörung des VW führt zu einer nachträglichen Leistungsbefreiung nach § 275 Abs. 1. Beachten Sie, dass das Verschulden des B gesetzlich vermutet wird (§ 280 Abs. 1 S. 2), d.h. das Schweigen des Sachverhalts wirkt sich also zu seinen Lasten aus!

(II) Problematisch ist jedoch die Rechtsfolge:
§§ 280 Abs. 1, Abs. 3, 283, 275 Abs. 4 ersetzt den sog. Schadensersatz statt der Leistung, somit das Erfüllungsinteresse (= das positive Interesse). A kann somit den Schaden ersetzt verlangen, der aus dem endgültigen Ausbleiben der Leistung (= Übereignung und Übergabe des VW durch B) resultiert.

Problematisch ist nun, ob A von B **25.000 € Zug um Zug gegen Übergabe und Übereignung des Audi verlangen** kann oder lediglich **die Wertdifferenz zwischen dem Wert des VW (25.000 €) und dem Wert des Audi (20.000 €)**, also 5.000 €.

Austauschmethode

(1) Die **erste Berechnungsmethode** ist die sog. **Austauschmethode (= Surrogationsmethode)**. Hiernach tritt an die Stelle der unmöglich gewordenen Leistung ein Wertersatzanspruch in Höhe des Wertes der unmöglich gewordenen Leistung (Wert des VW 25.000 €). Die 25.000 € sind also Surrogat für die unmöglich gewordene Leistung des B und können mit dem Schadensersatzanspruch geltend gemacht werden. Der **Gläubiger** selbst **bleibt** jedoch **zur Erbringung seiner (d.h. der noch möglichen) Gegenleistung** (hier: Übergabe und Übereignung des Audi) **verpflichtet!**

(strenge) Differenzmethode

(2) Die **zweite Berechnungsmethode** wird als (strenge) **Differenzmethode** bezeichnet. Der Schadensersatzanspruch besteht danach in Höhe der Differenz von (unmöglicher) Leistung und Gegenleistung, d.h. hier also i.H.v. 5.000 €. Im **Unterschied zur Austauschmethode entfällt hier** jedoch die **Verpflichtung des Gläubigers, seine (noch mögliche) Gegenleistung zu erbringen!**

(3) Stellungnahme:
Gegen die Austauschmethode lässt sich § 326 Abs. 1 S. 1, 1. Halbs. anführen. Der Gegenleistungsanspruch des B auf Übergabe und Übereignung des Audi erlischt kraft Gesetzes. Diese Wertung könnte durch eine Wiederherstellung des Austauschverhältnisses rückverschoben werden.

Allerdings verwirklicht die Austauschmethode den Vertrag so nah wie noch möglich, trägt also dem Grundsatz „pacta sunt servanda" bestmöglich Rechnung.

Ergebnis: Es erscheint daher gut vertretbar, dem A ein Wahlrecht (so auch die bisher herrschende sog. „eingeschränkte Differenztheorie") zu geben: Entweder verlangt er 5.000 € (nach der Differenzmethode) oder – wie im Fall – 25.000 € Zug um Zug gegen Übergabe und Übereignung des Audi (nach der Austauschmethode).

➲ **Hinweis: Unterschiede** zwischen den Ergebnissen beider Berechnungsmethoden ergeben sich eigentlich nur in den Fällen, in denen es um den **Austausch zweier Sachleistungen** geht, ansonsten gelangen beide Methoden regelmäßig zum gleichen Ergebnis!

➲ Wenn Sie mehr wissen wollen:
Vgl. zu den Problemkreisen des „kleinen und großen Schadensersatzes" und der „Austausch- bzw. Differenzmethode" näher: Lorenz/Riehm, Lehrbuch des Schuldrechts, Rdnr. 208 ff. und 216; Homann JuS 2002, 554, 555.

Übersicht zu den Schadensersatzansprüchen des Gläubigers bei Unmöglichkeit

Übersicht: Schadensersatzansprüche des Gläubigers bei Unmöglichkeit

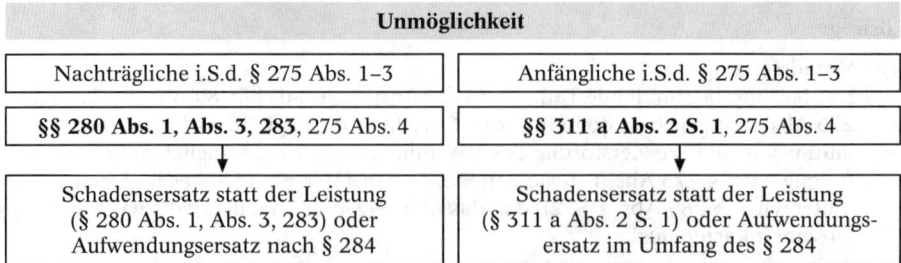

Unmöglichkeit	
Nachträgliche i.S.d. § 275 Abs. 1–3	Anfängliche i.S.d. § 275 Abs. 1–3
§§ 280 Abs. 1, Abs. 3, 283, 275 Abs. 4	**§§ 311 a Abs. 2 S. 1**, 275 Abs. 4
Schadensersatz statt der Leistung (§ 280 Abs. 1, Abs. 3, 283) oder Aufwendungsersatz nach § 284	Schadensersatz statt der Leistung (§ 311 a Abs. 2 S. 1) oder Aufwendungsersatz im Umfang des § 284

1.3.3.2 Aufwendungsersatzansprüche (§§ 284, 275 Abs. 4)

§ 275 Abs. 4 verweist auch auf § 284. In § 284 heißt es, dass der Gläubiger „Anstelle des Schadensersatzes statt der Leistung ..." Ersatz vergeblicher Aufwendungen verlangen kann. Aufwendungen sind alle freiwilligen Vermögensopfer. Die Formulierung „Anstelle ..." bedeutet:

▶ Voraussetzungen: Es müssen für einen Anspruch nach § 284 alle Tatbestandsvoraussetzungen des Schadensersatzanspruchs statt der Leistung gegeben sein, im Falle der anfänglichen Unmöglichkeit also die Voraussetzungen des § 311 a Abs. 2, im Falle der nachträglichen Unmöglichkeit die Voraussetzungen der §§ 280 Abs. 1, Abs. 3, 283.

▶ Rechtsfolge: Nach wohl h.M. wird aus der Formulierung „anstelle" gefolgert, dass der Gläubiger nur entweder Aufwendungsersatz oder Schadensersatz statt der Leistung verlangen kann (Alternativverhältnis). Nach der Rspr. des BGH bezieht sich die Alternativität jedoch nur auf den einzelnen Schadensposten, den der Gläubiger nur entweder als Schadensersatz statt der Leistung oder Aufwendung ersetzt verlangen können soll. Diese Sichtweise wird damit begründet, dass durch diese Regelung lediglich eine doppelte Kompensation vermieden werden soll.

Musterbeispiel ist der „*Stadthallenfall*":

Die Gemeinde G vermietet für den 10.06. an die X-Partei ihre Stadthalle. Die Werbung für die Parteiveranstaltung in dieser Halle kostet 25.000 €. Die Gemeinde verwehrt jedoch am 10.06. der X-Partei den Zutritt zur Halle.

Lösung:

Die X-Partei könnte gegen die G einen Anspruch nach §§ 284, 275 Abs. 4 in Höhe der Werbungskosten von 25.000 € haben. § 284 tritt an die Stelle eines Schadensersatzanspruchs statt der Leistung. Somit müssten die Voraussetzungen der §§ 280 Abs. 1, Abs. 3, 283 gegeben sein:

(I) Zwischen der G und der X besteht ein wirksamer Mietvertrag nach § 535.

(II) Für die Veranstaltung am 10.06. wurde bereits geworben. Eine Erfüllung nach dem 10.06. macht daher für die X-Partei keinen Sinn. Es liegt ein absolutes Fixgeschäft und deshalb mit Überschreitung der vereinbarten Leistungszeit (10.06.) ein Fall der tatsächlichen Unmöglichkeit i.S.d. § 275 Abs. 1 vor. Es handelt sich um ein nachträgliches Leistungshindernis nach § 275 Abs. 1. Nach §§ 280 Abs. 3, 283 ist eine Fristsetzung entbehrlich, da sinnlos.

(III) Das Verschulden der G wird nach § 280 Abs. 1 S. 2 gesetzlich vermutet.

(IV) Die Werbungskosten stellen freiwillige Vermögensopfer dar. Diese wurden im Vertrauen auf die Durchführung des Mietvertrags billigerweise gemacht. Es wird nach § 284 gesetzlich vermutet („es sei denn ..."), dass die Aufwendungen bei ordnungsgemäßer Erfüllung nicht vergeblich gewesen wären. (Die G müsste also darlegen, dass die Werbungskosten auch bei Überlassung der Halle vergeblich gewesen wären, d.h. dass zu dieser Veranstaltung ohnehin niemand gekommen wäre.)

Ergebnis: Die X-Partei hat also einen Aufwendungsersatzanspruch gegen G i.H.v. 25.000 €.

Rückgewähransprüche,
§ 326 i.V.m. §§ 346 ff.

1.3.3.3 Rückgewähransprüche (§ 326 i.V.m. §§ 346 ff.)

Gehen Sie nochmals zu der schwierigen Fallkonstellation des Rücktritts im Falle der Teilunmöglichkeit zurück (2. Teil, 1. Abschnitt, 1.3.2.2.!). Dort haben wir eine Rechtsfolge des Rücktritts besprochen, nämlich die sog. Befreiungswirkung.

Die andere Auswirkung des Rücktritts ist das **Entstehen eines Rückgewähranspruchs nach § 346 Abs. 1 hinsichtlich der erbrachten – aufgrund des Erlöschens der Gegenleistungspflicht des Gläubigers jedoch nicht geschuldeten – Gegenleistung** (§ 346 Abs. 1 ist eine Anspruchsgrundlage!).

Um zu dieser Anspruchsgrundlage des § 346 Abs. 1 zu gelangen, sind **zwei Konstellationen zu unterscheiden:**

Vollständige Unmöglichkeit: Rückgewähr nach § 326 Abs. 4 i.V.m. §§ 346 ff.

▶ Im Fall der **vollständigen Unmöglichkeit** ist die Gegenleistungspflicht des Gläubigers bereits **kraft Gesetzes nach § 326 Abs. 1 S. 1, 1. Halbs. erloschen.** Hier bedarf es des **Rücktritts nicht**, um die §§ 346 ff. anwenden zu können. Die Anwendbarkeit wird nämlich bereits über die **Verweisungsnorm des § 326 Abs. 4** (lesen!) ermöglicht! Beachte: § 326 Abs. 4 ist eine Rechtsfolgenverweisung, d.h. die Tatbestandsvoraussetzungen der §§ 346 ff. sind nicht zu prüfen!

Teilweise Unmöglichkeit: Rückgewähr nach §§ 326 Abs. 5, 323 Abs. 5 S. 1 i.V.m. §§ 346 ff.

▶ Im Fall der **teilweisen Unmöglichkeit** erlischt die Gegenleistungspflicht nicht bereits kraft Gesetzes vollständig (vgl. § 326 Abs. 1 S. 1, 2. Halbs.). Hier besteht jedoch **nach §§ 326 Abs. 5, 2. Halbs. i.V.m. 323 Abs. 5 S. 1** für den Gläubiger die Möglichkeit, trotz Vorliegens lediglich einer **teilweisen** Unmöglichkeit vom **ganzen** Vertrag **zurückzutreten** und damit den Anspruch auf die Gegenleistung zum Erlöschen zu bringen. In diesem Fall (= gesetzliches Rücktrittsrecht) sind die §§ 346 ff. dann unmittelbar anwendbar!

Übersicht zu den Rückgewähransprüchen des Gläubigers bzgl. der erbrachten Gegenleistung

Übersicht: Rückgewähransprüche des Gläubigers bzgl. der erbrachten Gegenleistung

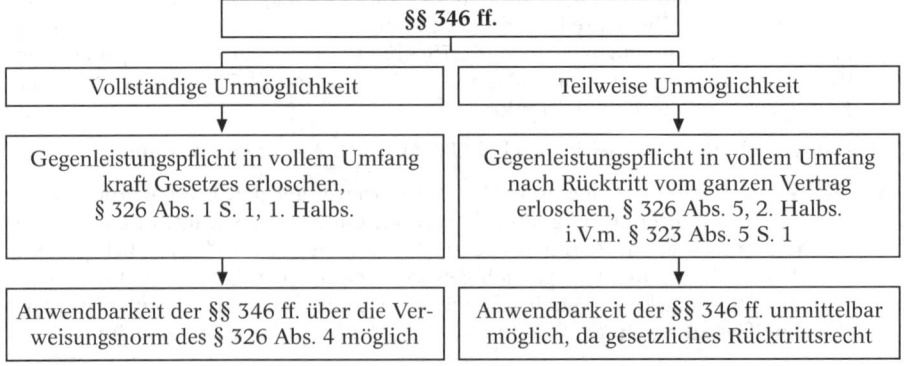

§§ 346 ff.

Vollständige Unmöglichkeit	Teilweise Unmöglichkeit
Gegenleistungspflicht in vollem Umfang kraft Gesetzes erloschen, § 326 Abs. 1 S. 1, 1. Halbs.	Gegenleistungspflicht in vollem Umfang nach Rücktritt vom ganzen Vertrag erloschen, § 326 Abs. 5, 2. Halbs. i.V.m. § 323 Abs. 5 S. 1
Anwendbarkeit der §§ 346 ff. über die Verweisungsnorm des § 326 Abs. 4 möglich	Anwendbarkeit der §§ 346 ff. unmittelbar möglich, da gesetzliches Rücktrittsrecht

1.3.3.4 Anspruch auf das sog. stellvertretende commodum (§§ 285, 275 Abs. 4)

Anspruch auf das stellvertretende commodum, §§ 285, 275 Abs. 4

§ 275 Abs. 4 verweist ferner auf die Regelung des § 285 (lesen!).

⮌ Aufgabe 27

K kauft bei V für 10.000 € einen gebrauchten Alfa Romeo 156. Der Wagen wird nach Vertragsschluss und vor Übergabe völlig zerstört (§ 275 Abs. 1). V erhält von seiner Versicherung als Ersatzleistung für den zerstörten Alfa 12.000 €. Steht dem K ein Anspruch auf diese 12.000 € zu?

Lösung:

K hat gegen V nach §§ 285 Abs. 1, 275 Abs. 4 einen Anspruch auf Herausgabe der 12.000 €. Die Ersatzleistung der Versicherung stellt nämlich ein sog. **stellvertretendes commodum**, ein **Surrogat** i.S.d. § 285 für die aufgrund der Zerstörung des Fahrzeugs eingetretene Befreiung des V nach § 275 Abs. 1, das Fahrzeug zu übergeben und zu übereignen (§ 433 Abs. 1 S. 1), dar

– – –

⮌ Aufgabe 28

Abwandlung zu Aufgabe 27!

Im Fall der Aufgabe 27 wurde das Fahrzeug nicht zerstört, sondern V hat den Alfa für 12.000 € an den nicht herausgabebereiten X verkauft. V hat den Wagen an X übergeben und übereignet. X hat den Kaufpreis an V bezahlt. Kann in dieser Fallkonstellation der K von V die 12.000 € verlangen?

Lösung:

K könnte gegen V einen Anspruch nach §§ 285 Abs. 1, 275 Abs. 4 haben.

Auch hier ist es dem V infolge der Übereignung und Übergabe des Fahrzeugs an den X unmöglich, seine Leistungspflicht nach § 433 Abs. 1 S. 1 gegenüber K zu erfüllen (§ 275 Abs. 1).

Problematisch ist jedoch, ob **§ 285 in einer solchen Fallkonstellation einschlägig** ist!

Anwendbarkeit des § 285 beim sog. rechtsgeschäftlichen Surrogat (commodum ex negotiatione)

(I) V müsste **nach dem Wortlaut des § 285** „ ... infolge des Umstands, aufgrund dessen er die Leistung nach § 275 Abs. 1–3 nicht zu erbringen braucht, ...", also aufgrund der Unmöglichkeit, die 12.000 € erlangt haben.

Mit der Übergabe und Übereignung des Alfa an X ist es dem V unmöglich geworden, an K zu leisten. V hat aber nicht aufgrund dieser Übereignung und Übergabe (= Verfügungsgeschäft!) die 12.000 € von X erlangt. Vielmehr hat X gezahlt, weil er gegenüber V aus dem Kaufvertrag nach § 433 Abs. 2 (= Verpflichtungsgeschäft) dazu verpflichtet war.

Beachte: Schlachten Sie nicht „die heilige Kuh des BGB", das Abstraktionsprinzip! Eine Leistung erfolgt rechtlich wegen der Verpflichtung, die man eingegangen ist, nicht deswegen, weil der andere seine Verpflichtung bereits erfüllt hat!

Zwischenergebnis: Nach dem Wortlaut des § 285 besteht also kein Herausgabeanspruch!

(II) Allerdings wird § 285 für die Fälle des **sog. rechtsgeschäftlichen Surrogats (commodum ex negotiatione)** extensiv ausgelegt. Bilden der Umstand, der zur Leistungsbefreiung führt (hier: die Übereignung und Übergabe an X), und der Umstand, der den Ersatzanspruch begründet (hier: der Kaufvertrag zwischen V und X) wirtschaftliche eine Einheit, wird auch dieses Surrogat von der Regelung des § 285 erfasst.

➲ Warum ist das so?

Mit § 285 soll eine der Sache nach unrichtige Verteilung von Vermögenswerten ausgeglichen werden. V hat einen Vertragsbruch begangen und so 2000 € mehr erzielen können. Diesen Vermögenswert muss er an K herausgeben.

Ergebnis: K hat gegen V einen Anspruch i.H.v. 12.000 € aus §§ 285, 275 Abs. 4.

– – –

2. Die Verzögerung der Leistung

Verzögerung der Leistung

2.1 Einleitung

Die Verzögerung ist ebenso wie die Unmöglichkeit ein Fall der Nichtleistung: Der Schuldner erbringt die geschuldete Leistung nicht. Allerdings ist dem Schuldner die Leistungserbringung möglich. Verzögerung und Unmöglichkeit schließen sich daher – bezogen auf dieselbe Leistungspflicht und denselben Zeitpunkt – gegenseitig aus!

Abgrenzung zur Unmöglichkeit

Daher ist im Fall der Nichtleistung – zumindest gedanklich – immer zuerst zu überlegen, ob die Leistung unmöglich ist. Erst wenn diese Frage verneint wurde, ist auf die Verzögerung abzustellen. Wir haben daher auch bei unseren vier Pflichtverletzungen mit der Unmöglichkeit begonnen!

Bei der **Unmöglichkeit** haben wir die **drei typischerweise bei einer Pflichtverletzung zu erörternden Fragenkreise** kennen gelernt. Eben diese Fragen stellen sich **auch bei einer typischen Verzögerungsklausur**:

Drei Fragen einer typischen Verzögerungsklausur

▶ Hat der Gläubiger noch einen Anspruch auf die Leistung bzw. welche Auswirkung hat die Verzögerung auf die Leistungspflicht des Schuldners?

▶ Hat der Schuldner noch einen Anspruch auf die Gegenleistung?

▶ Hat der Gläubiger Sekundäransprüche?

Wir werden uns mit diesen drei Fragen beschäftigen.

➲ **Hinweis:** Zugegeben, die **ersten beiden Fragen** sind für eine Klausur nicht besonders ergiebig und werden deswegen oftmals nicht ausdrücklich gestellt. Allerdings können Sie sich – wenn Sie sich diese Prüfungsschritte mit den drei Fragen vor Augen halten – die **Unterschiede zur Unmöglichkeit** deutlich machen!

Wandeln wir unser **Eingangsbeispiel zur Unmöglichkeit (Aufgabe 7) ab**:

➲ Aufgabe 29

V verkauft an K seinen gebrauchten VW Golf. V soll am 10.06. liefern, was er aus Nachlässigkeit versäumt und erst am 15.06. nachholt. K hat sich am 12.06. einen Mietwagen nehmen müssen. Ihm sind hierfür Kosten in Höhe von 100 € entstanden. Wie ist die Rechtslage?

Lösung:

(I) Sowohl der **Primäranspruch des K nach § 433 Abs. 1 S. 1 als auch der des V nach § 433 Abs. 2** bleiben durch die Leistungsverzögerung des V **unberührt**. Beide können somit weiterhin Erfüllung verlangen.

Auswirkung auf die beiderseitigen Erfüllungsansprüche

(II) K kann allerdings – **neben seinem Erfüllungsanspruch** – **Schadensersatz** in Höhe von 100 € **nach §§ 280 Abs. 1, Abs. 2, 286** (lesen!) verlangen *(die Voraussetzungen wären zu prüfen, vgl. dazu näher unten)*.

Schadensersatzanspruch des Gläubigers

– – –

Der **sog. Verzögerungsschaden**, den K in diesem Beispiel mit den Mietwagenkosten geltend macht, **setzt nicht nur eine bloße Leistungsverzögerung, sondern nach § 286 Verzug voraus**.

Es gibt also **zwei Fallgruppen**, die wir im Folgenden behandeln: die **schlichte Nichtleistung** und den **Schuldnerverzug**.

2.2 Fallgruppen der Leistungsverzögerung

Fallgruppen der Leistungsverzögerung

2.2.1 Schlichte Nichtleistung

Schlichte Nichtleistung

Bei der schlichten Nichtleistung erbringt der Schuldner die Leistung (trotz Möglichkeit) nicht. Die Verzugsvoraussetzungen des § 286 (d.h. insbesondere das Vertretenmüssen des Schuldners im Hinblick auf die Pflichtverletzung „Verzögerung", § 286 Abs. 4) sind nicht erforderlich.

➲ **Hinweis:** Die schlichte Nichtleistung wird insbesondere von den Regelungen der § 281 Abs. 1 S. 1, 1. Alt. und § 323 Abs. 1, 1. Alt. („... erbringt der Schuldner die fällige Leistung nicht ...") erfasst! Vgl. dazu näher die Darstellung der **Sekundäransprüche des Gläubigers, unten: 2. Teil, 1. Abschnitt, 2.3.3.**

Schuldnerverzug, § 286

2.2.2 Schuldnerverzug, § 286

Der Schuldnerverzug ist eine qualifizierte Leistungsverzögerung. Es müssen zusätzlich die Voraussetzungen des § 286 einschlägig sein.

Zur Terminologie des § 286 sei auch hier – parallel zum Unmöglichkeitsrecht – angemerkt: „Schuldner" i.S.d. § 286 ist der Schuldner der verzögerten Leistung. Gläubiger i.S.d. § 286 ist der Anspruchsberechtigte dieser verzögerten Leistung.

Abgrenzung zum Gläubigerverzug, §§ 293 ff.

Verwechseln Sie den Schuldnerverzug nicht mit dem Gläubigerverzug. Ist der Gläubiger in Verzug mit der Annahme, sind die §§ 293 ff. in Ansatz zu bringen. Der Gläubigerverzug ist keine Pflichtverletzung, sondern die Verletzung einer Obliegenheit.

⊃ Aufgabe 30

Entwickeln Sie aus dem Gesetz ein Prüfschema für die Voraussetzungen des Schuldnerverzugs und erläutern Sie dieses näher! Lesen Sie dazu die Regelung des § 286 Abs. 1–4!

Lösung:

Aufbauschema zum Schuldnerverzug nach § 286

(I) Aus dem Gesetz ergibt sich folgendes **Aufbauschema für die Prüfung des Schuldnerverzugs nach § 286**:

> (I) Bestehender (möglicher) Anspruch
>
> (II) Fälligkeit des Anspruchs
>
> (III) Durchsetzbarkeit des Anspruchs
>
> (IV) Verzugsauslösender Umstand
>
> (V) Nichtleistung des Schuldners
>
> (VI) Vertretenmüssen des Schuldners

Erläuterung des Aufbauschemas

(II) **Erläuterung** des Aufbauschemas:

Bestehender (möglicher) Anspruch

(1) **zu (I): bestehender (möglicher) Anspruch**
Durch das Erfordernis des Bestehens des Anspruchs wird zur **Unmöglichkeit abgegrenzt**. Unmöglichkeit und Schuldnerverzug schließen sich bzgl. derselben Leistungspflicht und demselben Zeitpunkt aus!

Fälliger Anspruch

(2) **zu (II): fälliger Anspruch**
Fälligkeit tritt **nach § 271 Abs. 1 grds. sofort** ein, es sei denn, es ergibt sich (vorrangig!) die Leistungszeit aus einer Parteivereinbarung oder aus dem Gesetz (z.B. § 604).

Durchsetzbarer Anspruch

(3) **zu (III): durchsetzbarer Anspruch**
Es ist allgemein anerkannt, dass die Forderung auch durchsetzbar sein muss. Merken Sie sich daher zum Begriff der „Fälligkeit" in

§ 286 Abs. 1 S. 1 die ungeschriebene Voraussetzung der Durchsetzbarkeit. Grundsätzlich schließt bereits das Bestehen einer Einrede (wie §§ 214, 320, 821, 853) die Durchsetzbarkeit aus. Es kommt also grundsätzlich nicht auf die Erhebung der Einrede an. Eine Ausnahme bildet jedoch das allgemeine Zurückbehaltungsrecht des § 273. Hier ist der Verzug nur ausgeschlossen, wenn sich der Schuldner auf die Einrede des § 273 tatsächlich beruft.

> ➲ **Warum ist das so?**

Steht dem Anspruch des Gläubigers eine Einrede entgegen, so kann der Gläubiger prinzipiell nicht erwarten, dass der Schuldner seinen Anspruch erfüllt. Daher reicht grundsätzlich allein das Bestehen der Einrede für den Ausschluss des Verzugs aus. Anders ist dies beim Zurückbehaltungsrecht des § 273: Hier kann der Gläubiger nach § 273 Abs. 3 die Ausübung des Zurückbehaltungsrechts durch eine Sicherheitsleistung abwenden (anders bei § 320, vgl. § 320 Abs. 1 S. 3).

(4) **zu (IV): verzugsauslösender Umstand**

Grundsätzlich setzt der Verzug **nach § 286 Abs. 1 S. 1** eine **Mahnung** voraus. Eine Mahnung ist die an den Schuldner gerichtete eindeutige und bestimmte Aufforderung, die Leistung zu erbringen, d.h. der Gläubiger muss klar zum Ausdruck bringen, dass er die Leistung vom Schuldner verlangt (zuviel Höflichkeit kann schaden!). Die Mahnung ist auf einen tatsächlichen Erfolg gerichtet (Inhalt der Mahnung ist: Der Schuldner soll leisten). Das Gesetz knüpft hieran jedoch unabhängig vom Parteiwillen die Rechtsfolgen der §§ 286 ff. Es handelt sich daher um eine **sog. rechtsgeschäftsähnliche Handlung**. Die Regeln über Willenserklärungen (Beispiel: §§ 104 ff.) gelten daher bei der Mahnung analog.

Hinweis: Zur Abgrenzung Willenserklärung – rechtsgeschäftsähnliche Handlung – Realakt vgl. näher: **Grundlagen Zivilrecht 1, 5. Aufl. 2008, S. 53!**

Nach **§ 286 Abs. 1 S. 2** werden die Klageerhebung bzw. die Zustellung des Mahnbescheids im Mahnverfahren der Mahnung gleichgestellt.

Hinweis: Dieser Mahnungsersatz ist in den Anfangssemestern kaum klausurrelevant!

Nach **§ 286 Abs. 2** ist die Mahnung **in vier Fällen entbehrlich:**

▶ **Nr. 1:** Der Leistungszeitpunkt ist nach dem Kalender bestimmt.

Beispiele: „Lieferung am 10.06."; „Lieferung Ende Juni" (beachte: Verzugsbeginn tritt hier mit dem Ablauf der Zeitspanne Juni ein!)

Sie können sich hierzu Folgendes merken: Immer dann, wenn Sie den Leistungszeitpunkt nur unter Zuhilfenahme der Parteivereinbarung und des

Verzugsauslösender Umstand

Mahnung ist eine sog. rechtsgeschäftsähnliche Handlung

Entbehrlichkeit der Mahnung

§ 286 Abs. 2 Nr. 1: Kalendermäßige Bestimmtheit der Leistungszeit

Kalenders (und keines weiteren Umstands) bestimmen können, ist § 286 Abs. 2 **Nr. 1** einschlägig. Dies ist z.B. nicht der Fall bei einer Vereinbarung „7 Tage nach Lieferung", denn der Zeitpunkt der Lieferung ist noch nicht absehbar (ungewisses Ereignis, keine Bestimmtheit!). Beachte dann aber § 286 Abs. 2 **Nr. 2**!

§ 286 Abs. 2 Nr. 2: Kalendermäßige Berechenbarkeit der Leistungszeit

▶ **Nr. 2:** Der Leistung geht ein Ereignis voraus und es ist eine angemessene Zeit für die Leistung in der Weise bestimmt, dass sie sich von dem Ereignis an nach dem Kalender berechnen lässt. Hiernach genügt also Berechenbarkeit der Leistungszeit nach dem Kalender!

Die mit dem Ereignis beginnende Frist muss eine bestimmte, angemessene Länge haben, d.h. sie darf nicht auf Null schrumpfen. Daher wäre eine Klausel wie „Zahlung sofort nach Lieferung" nicht ausreichend. Eine solche Klausel enthält nämlich keine „angemessene" Fristsetzung, wie sie nach § 286 Abs. 2 Nr. 2 erforderlich ist, sondern lediglich eine Fälligkeitsbestimmung.

§ 286 Abs. 2 Nr. 3: Ernsthafte und endgültige Erfüllungsverweigerung durch den Schuldner

▶ **Nr. 3:** Bei ernsthafter und endgültiger Erfüllungsverweigerung durch den Schuldner stellt das Erfordernis einer Mahnung eine sinnlose und daher überflüssige Förmelei dar. Sie ist deshalb auch nach § 286 Abs. 2 Nr. 3 entbehrlich.

Generalklausel des § 286 Abs. 2 Nr. 4

▶ **Nr. 4:** Unter die Generalklausel der Nr. 4 fallen insbesondere folgende Fälle:

– Der Schuldner verhindert durch die eigene Ankündigung des Leistungstermins die Mahnung durch den Gläubiger (Selbstmahnung).

– Der Schuldner verhindert die Mahnung dadurch, dass er sich ihr entzieht.

– Die besondere Erfüllungsdringlichkeit ergibt sich aus dem Vertragsinhalt. Dies ist der Fall, wenn eilbedürftige Pflichten (z.B. Reparatur des Wasserrohrbruchs) oder Aufklärungs- und Warnpflichten nach dem Vertrag bestehen, die sofort erfüllt werden müssen, um drohende Schäden zu verhindern.

Verzug bei einer Entgeltforderung, § 286 Abs. 3

Der Verzug kann bei einer Entgeltforderung nach **§ 286 Abs. 3** auch **unabhängig von einer Mahnung** eintreten. Es heißt dort, dass der Schuldner „spätestens" in Verzug kommt, d.h. ein früherer Verzugseintritt nach dem Grundtatbestand des § 286 Abs. 1 ist möglich. § 286 Abs. 3 verdrängt also nicht Abs. 1, sondern ist daneben – ergänzend – anwendbar!

Voraussetzungen des § 286 Abs. 3

Voraussetzungen des § 286 Abs. 3:

▶ Vorliegen einer **Entgeltforderung:** Dies ist eine solche Geldforderung, mit der der Gläubiger die Gegenleistung für die Lieferung von Waren oder die Erbringung einer Dienstleistung verlangt.

Nicht erfasst werden also sonstige Geldforderungen, die kein Entgelt darstellen, wie z.B. gesetzliche Ansprüche aus Delikt (§§ 823 Abs. 1, 249 Abs. 2 S. 1) oder ungerechtfertiger Bereicherung (§§ 812 ff.), wenn diese auf Geldzahlung gerichtet sind.

▶ **Fälligkeit** und **Zugang einer Rechnung bzw. gleichwertigen Zahlungsaufstellung**

▶ **Ablauf einer 30-Tages-Frist** nach Fälligkeit und Zugang der Rechnung bzw. Zahlungsaufforderung

Die 30-Tages-Frist ist **taggenau nach §§ 187 Abs. 1, 188 Abs. 1 zu berechnen. Beachte:** Es handelt sich insoweit nicht um eine „4 Wochen-" oder „Monats-"frist!

Ist der **Zeitpunkt des Zugangs der Rechnung bzw. Zahlungsaufforderung unsicher**, tritt der Verzug bei einem Schuldner, der nicht Verbraucher (§ 13) ist, **nach § 286 Abs. 3 S. 2** spätestens 30 Tage nach Fälligkeit und Empfang der Gegenleistung ein. Das Gesetz vermutet somit, dass die Rechnung bzw. Zahlungsaufforderung zusammen mit der Gegenleistung zugegangen ist!

▶ Zu beachten ist, dass gemäß **§ 286 Abs. 3 S. 1 letzter Halbs. gegenüber Verbrauchern i.S.d. § 13 Besonderheiten** bestehen: Diese müssen auf die Wirkungen (nach § 286 Abs. 3 S. 1, 1. Halbs.) des Zugangs der Rechnung bzw. Zahlungsaufstellung und des nachfolgenden Zeitablaufs von 30 Tagen **hingewiesen** worden sein.

Beachte: Fehlt dieser Hinweis, gerät der Verbraucher nicht nach § 286 Abs. 3 S. 1 in Verzug – der Verzugseintritt richtet sich dann allein nach § 286 Abs. 1 und 2!

Übersicht: Der verzugsauslösende Umstand als Voraussetzung des Verzugs nach § 286

Übersicht zum verzugsauslösenden Umstand als Voraussetzung des Verzugs nach § 286

Verzugsauslösender Umstand		
Grundsatz: Verzug durch Mahnung, § 286 Abs. 1 S. 1	**Ausnahme: Verzug ohne Mahnung, § 286 Abs. 2** ▶ Nr. 1: kalendermäßige Leistungszeitbestimmung ▶ Nr. 2: kalendermäßige Berechenbarkeit nach vorausgehendem Ereignis ▶ Nr. 3: ernsthafte und endgültige Leistungsverweigerung des Schuldners ▶ Nr. 4: Generalklausel	**Ergänzende Regelung bei Entgeltforderungen: Verzug 30 Tage nach Fälligkeit und Rechnungszugang, § 286 Abs. 3** Voraussetzungen: ▶ Entgeltforderung ▶ Fälligkeit und Zugang einer Rechnung bzw. gleichwertigen Zahlungsaufforderung ▶ Gegenüber Verbraucher: Hinweis auf Folge des § 286 Abs. 3
Gleichgestellter Fall: Verzug durch Mahnungsersatz, § 286 Abs. 1 S. 2 ▶ Klageerhebung ▶ Zustellung eines Mahnbescheids im Mahnverfahren		

Nichtleistung

(5) zu (V): Nichtleistung

Abzustellen ist bei der Nichtleistung auf die Nichtvornahme der **Leistungshandlung**. Es kommt also nicht darauf an, wann der Leistungserfolg eintritt!

Vertretenmüssen des Schuldners

(6) zu (VI): Vertretenmüssen des Schuldners

Aus der negativen Formulierung des § 286 Abs. 4 („ ... kommt nicht in Verzug ...") geht hervor, dass das Vertretenmüssen des Schuldners i.S. der §§ 276–278 **gesetzlich vermutet** wird. Ebenso wie bei § 280 Abs. 1 S. 2 muss sich der Schuldner exkulpieren, d.h.: Der Schuldner muss beweisen, dass er die Leistungsverzögerung nicht zu vertreten hat.

– – –

➲ Wenn Sie mehr zum Schuldnerverzug wissen wollen: AS-Skript SchuldR AT 1, 16. Aufl. 2006, S. 160 ff.

Auswirkungen in der Fallprüfung

2.3 Auswirkungen in der Fallprüfung

Wir wollen jetzt die **drei Ausgangsfragen beantworten** und so die **Auswirkungen der Verzögerung in der Fallprüfung** erörtern.

Auswirkungen auf die Leistungspflicht des Schuldners

2.3.1 Auswirkung auf die Leistungspflicht des Schuldners

Wie unserem Eingangsbeispiel bereits zu entnehmen war, bleibt die **Leistungspflicht des Schuldners** durch die Leistungsverzögerung **grundsätzlich unberührt, d.h. bestehen**.

Zu den **Ausnahmen** folgende Aufgabe:

> ➲ **Aufgabe 31**

Ausnahmen

Wann erlischt die Leistungspflicht des Schuldners und damit der Primäranspruch des Gläubigers ausnahmsweise bei einer Leistungsverzögerung? Lesen Sie hierzu § 346 Abs. 1 und § 281 Abs. 4!

Lösung:

Erlöschen der Leistungspflicht nach Rücktritt

▶ Der Primäranspruch des Gläubigers erlischt nach § 346 Abs. 1, wenn der Gläubiger wirksam den Rücktritt erklärt hat (vgl. zur Wirkung des Rücktritts nochmals: 1. Teil, 3. Abschnitt, 2.). Das gesetzliche Rücktrittsrecht ergibt sich bei der Verzögerung der Leistung aus § 323 Abs. 1, 1. Alt. (vgl. dazu näher unten: 2. Teil, 1. Abschnitt, 2.3.3.3)!

Erlöschen der Leistungspflicht nach Schadensersatzverlangen

▶ Verlangt der Gläubiger Schadensersatz statt der Leistung, so erlischt nach § 281 Abs. 4 dessen Primäranspruch.

– – –

2.3.2 Auswirkung auf die Gegenleistungspflicht des Gläubigers beim gegenseitigen Vertrag

Auch die **Gegenleistungspflicht des Gläubigers** bleibt **grundsätzlich unberührt, d.h. bestehen.**

Ebenso wie beim Primäranspruch des Gläubigers bestehen beim **Primäranspruch des Schuldners** hierfür folgende **Ausnahmen**:

▶ Der Primäranspruch des Schuldners erlischt nach **§ 346 Abs. 1**, wenn der Gläubiger wirksam den Rücktritt erklärt hat, da durch den Rücktritt **Erfüllungsansprüche sowohl des Gläubigers als auch des Schuldners** erlöschen (sog. Befreiungswirkung).

▶ Verlangt der Gläubiger Schadensersatz statt der Leistung, erlischt **nach § 281 Abs. 4 unmittelbar** der Primäranspruch des Gläubigers. Hinsichtlich des Primäranspruchs des Schuldners besteht hingegen keine ausdrückliche gesetzliche Regelung. Wenn aber der Leistungsanspruch des Gläubigers, der sich vertragstreu verhält, mit dessen Schadensersatzverlangen erlischt, dann muss **erst recht der Leistungsanspruch des Schuldners erlöschen** (erst-recht-Schluss, argumentum a fortiori, vgl. zu dieser juristischen Argumentationstechnik: Grundlagen Zivilrecht 1, 5. Aufl. 2008, S. 51). Beim gegenseitigen Vertrag ergibt sich dies zudem **auch aus der gegenseitigen Abhängigkeit von Leistung und Gegenleistung** (dem sog. Synallagma).

2.3.3 Sekundäransprüche des Gläubigers

⮑ Aufgabe 32

Welche beiden zentralen vertraglichen Gläubigerrechte kommen bei einer Leistungsverzögerung in Betracht?

Lösung:

Die zentralen vertraglichen Gläubigerrechte sind zum einen der Rücktritt und zum anderen das Verlangen nach Schadensersatz. Anstelle des Schadensersatzes statt der Leistung kommt der Aufwendungsersatzanspruch des § 284 in Betracht. Die Sekundärrechte des Gläubigers sind also:

▶ Schadensersatz oder

▶ Aufwendungsersatz und

▶ Rückgewähransprüche

– – –

Marginalien (rechte Spalte):

Auswirkung auf die Gegenleistungspflicht des Gläubigers beim gegenseitigen Vertrag

Ausnahmen

Erlöschen der Gegenleistungspflicht nach Rücktritt

Erlöschen der Gegenleistungspflicht nach Schadensersatzverlangen (erst-recht-Schluss)

Sekundäransprüche des Gläubigers

Schadensersatz

Aufwendungsersatz

Rückgewähransprüche

Schadensersatzanprüche

2.3.3.1 Schadensersatzansprüche

➲ Aufgabe 33

Welche grundlegende Ausgangsfrage haben Sie sich bei einem Schadensersatzanspruch nach § 280 Abs. 1 zu stellen?

Lösung:

Die Grundfrage lautet (vgl. 1. Teil, 3. Abschnitt, 1.): Begehrt der Gläubiger „Schadensersatz **neben** der Leistung" oder „Schadensersatz **statt** der Leistung"?

Schadensersatz neben der Leistung, §§ 280 Abs. 1, Abs. 2, 286

Bei der Leistungsverzögerung sind im **ersteren Fall §§ 280 Abs. 1, Abs. 2, 286** einschlägig, im **letzteren Fall §§ 280 Abs. 1, Abs. 3, 281 Abs. 1 S. 1, 1. Alt.**

Schadensersatz statt der Leistung, §§ 280 Abs. 1, Abs. 3, 281 Abs. 1 S. 1, 1. Alt.

Beachte: In beiden Fällen ist alleine § 280 Abs. 1 die Anspruchsgrundlage!

➲ **Hinweis:** Bei der Unmöglichkeit haben wir uns diese Frage nicht gestellt, da Schadensersatz neben der Leistung nicht in Betracht kommt. Die Primärleistung ist schließlich nach § 275 Abs. 1–3 ausgeschlossen!

– – –

Schadensersatz neben der Leistung (Verzögerungsschaden), §§ 280 Abs. 1, Abs. 2, 286

A) Schadensersatz neben der Leistung (Verzögerungsschaden) nach §§ 280 Abs. 1, Abs. 2, 286

Der Schadensersatz neben der Leistung (Verzögerungsschaden) richtet sich nach §§ 280 Abs. 1, Abs. 2, 286. Dieser Sekundäranspruch tritt **neben den Primäranspruch des Gläubigers**. Die Haftungsausfüllung ist in den §§ 249 ff. geregelt: Der Gläubiger ist **so zu stellen, wie er stehen würde, wenn der Schuldner rechtzeitig erfüllt hätte**.

So hätte sich K in unserem Ausgangsbeispiel (Aufgabe 29) bei rechtzeitiger Erfüllung keinen Ersatzwagen anmieten müssen. Die Mietwagenkosten stellen daher einen nach §§ 280 Abs. 1, 2, 286 ersatzfähigen Verzögerungsschaden dar.

➲ Aufgabe 34

Lesen Sie §§ 280 Abs. 1, Abs. 2, 286 und überlegen Sie sich ein Aufbauschema für die Prüfung dieses Schadensersatzanspruchs!

Lösung:

Bei § 280 Abs. 1 ist der Dreierschritt „Schuldverhältnis – Pflichtverletzung – Vertretenmüssen (was aber gesetzlich vermutet wird!)" zu prüfen (vgl. hierzu Aufgabe 4). Über die Verweisungsnorm des § 280 Abs. 2 sind jedoch zusätzlich noch die Verzugsvoraussetzungen des § 286 anzusetzen (vgl. hierzu Aufgabe 30).

➲ **Hinweis:** Sie sehen, dass die Prüfpunkte des § 280 Abs. 1 in § 286 nochmals vorkommen (insbesondere das Erfordernis des Vertretenmüssens, vgl. § 280 Abs. 1 S. 2 – § 286 Abs. 4), sodass es sich empfiehlt, die Normen zusammen (ohne Wiederholung) zu prüfen! Dies gilt auch deshalb, weil die gemäß § 280 Abs. 2 zusätzlich zu prüfenden Voraussetzungen des § 286 entgegen dem Gesetzeswortlaut nicht einfach zu der in der Nichtleistung liegenden Pflichtverletzung hinzutreten, sondern Kriterien der für den jeweiligen Schadensersatzanspruch erforderlichen Pflichtverletzung selbst sind.

Es ergibt sich somit folgendes **Aufbauschema für die Prüfung des Anspruchs aus §§ 280 Abs. 1, Abs. 2, 286**:

Aufbauschema zu §§ 280 Abs. 1, Abs. 2, 286

(I) Voraussetzungen:

   (1) Schuldverhältnis

   (2) Pflichtverletzung
   Beachte: Die haftungsbegründende Pflichtverletzung liegt hier in der **Nichtleistung trotz Mahnung (§ 286)**.
   (a) Bestehender, fälliger, durchsetzbarer Anspruch
   (b) Verzugsauslösender Umstand
      (aa) Grds.: Verzug durch Mahnung, § 286 Abs. 1 S. 1
      Beachte: Klageerhebung oder Zustellung eines Mahnbescheids stehen gleich, § 286 Abs. 1 S. 2!
      (bb) Ausnahmsw.: Verzug ohne Mahnung nach § 286 Abs. 2
      (cc) Gegebenenfalls: Verzugseintritt nach § 286 Abs. 3
   (c) Nichtleistung
   Beachte: Entscheidend ist die Nichtvornahme der Leistungshandlung!

   (3) Vertretenmüssen
   Beachte: Das Verschulden wird vermutet, vgl. §§ 280 Abs. 1 S. 2, 286 Abs. 4. Das Erfordernis des Vertretenmüssens in § 286 Abs. 4 hat wegen der Regelung des § 280 Abs. 1 S. 2 für den Anspruch aus §§ 280 Abs. 1, Abs. 2, 286 keine eigenständige Bedeutung, musste in § 286 jedoch gesondert aufgenommen werden, da dort auch die Voraussetzungen für die anderen Verzugsfolgen (Haftungsverschärfung, § 287, und Verzugszinsen, § 288) geregelt sind!

(II) Rechtsfolge:
   Ersatz des durch den Verzug adäquat kausal und zurechenbar verursachten sog. Verzögerungsschadens

---

➲ **Exkurs:** Im Zusammenhang mit den **Rechtsfolgen des Schuldnerverzugs** soll hier im Exkurs – neben der soeben dargestellten Rechtsfolge des Ersatzes des sog. Verzögerungsschadens nach §§ 280 Abs. 1, Abs. 2, 286 – kurz auf weitere Auswirkungen verwiesen werden, nämlich auf § 287 und § 288 (lesen!):

Zu § 287:

Der Schuldner hat nach § 287 S. 1 während des Schuldnerverzugs jede Fahrlässigkeit zu vertreten. § 287 S. 1 gilt nur für die Verletzung von Nebenpflichten (§ 241 Abs. 2), da bzgl. des Verzugs wegen der Leistung § 287 S. 2 eingreift!

§ 287: Verantwortlichkeit des Schuldners während des Verzugs

Nach § 287 S. 2 haftet der Schuldner auch für Zufall (d.h. auch höhere Gewalt), es sei denn, der Schaden wäre auch bei rechtzeitiger Leistung eingetreten. § 287 S. 2 ist eine Ausnahme vom grundsätzlichen Haftungsmaßstab des § 276 Abs. 1 S. 1 (Haftung für Vorsatz und Fahrlässigkeit).

§ 288: Verzugszinsen

Zu § 288:

Bei einer Geldschuld muss der Schuldner ab Beginn des Verzugs Verzugszinsen zahlen, bei deren Höhe wie folgt zu unterscheiden ist:

▶ Ist an dem Rechtsgeschäft *ein Verbraucher beteiligt* (gleichgültig auf welcher Seite des Rechtsgeschäfts), beträgt der Zinssatz bei Geldschulden **fünf Prozentpunkte über dem Basiszinssatz** (Definition: § 247), vgl. § 288 Abs. 1 S. 2.

▶ Ist an dem Rechtsgeschäft **kein Verbraucher beteiligt** (d.h. auf beiden Seiten stehen Unternehmer), beträgt **bei Entgeltforderungen** der Zinssatz **acht Prozentpunkte über dem Basiszinssatz**, vgl. § 288 Abs. 2.

Übersicht zu den Rechtsfolgen des Schuldnerverzugs

Übersicht: Die Rechtsfolgen des Schuldnerverzugs

Die Rechtsfolgen des Schuldnerverzugs		
§§ 280 Abs. 1, Abs. 2, 286 **Ersatz des** **Verzögerungsschadens**	**§ 287 S. 2** **Haftungsverschärfung** Zufallshaftung (relevant insbes. bei Unmöglichkeit)	**§ 288** **Verzugszinsen**

Schadensersatz statt der Leistung, §§ 280 Abs. 1, Abs. 3, 281 Abs. 1 S. 1, 1. Alt.

B) Schadensersatz statt der Leistung (Nichterfüllungsschaden) nach §§ 280 Abs. 1, Abs. 3, 281 Abs. 1 S. 1, 1. Alt.

Beim Schadensersatz statt der Leistung **tritt der Schadensersatz an die Stelle der Leistung.** Umfasst wird der Schaden, der sich **aus dem endgültigen Ausbleiben der Leistung** ergibt, der **vermieden** worden wäre, wenn **der Schuldner im spätest möglichen Zeitpunkt noch erfüllt** hätte. Zu ersetzen ist hier also das **Erfüllungsinteresse (positives Interesse).**

➲ Aufgabe 35

Lesen Sie §§ 280 Abs. 1, Abs. 3, 281 Abs. 1 S. 1, 1. Alt. und überlegen Sie sich ein Aufbauschema für die Prüfung dieses Schadensersatzanspruchs!

Lösung:

Bei § 280 Abs. 1 ist der Dreierschritt „Schuldverhältnis – Pflichtverletzung – Vertretenmüssen (was aber gesetzlich vermutet wird!)" zu prüfen (vgl. hierzu Aufgabe 4). Über die Verweisungsnorm des § 280 Abs. 3 sind jedoch zusätzlich noch die Voraussetzungen des § 281 Abs. 1 S. 1, 1. Alt. zu prüfen: Der Gläubiger muss hiernach grundsätzlich eine angemessene Frist zur Leistung setzen, die erfolglos abläuft.

➲ **Hinweis:** Auch hier empfiehlt es sich, um das Merkmal der „Pflichtverletzung" und dementsprechend den Bezugspunkt für das „Vertretenmüssen" genau zu erfassen, die Voraussetzungen der §§ 280 Abs. 1, Abs. 3, 281 zusammen zu prüfen! Zu beachten ist nämlich, dass bei diesem Anspruch zwei Pflichtverletzungen vorliegen, sodass gerade fraglich ist, worauf sich das Vertretenmüssen beziehen muss.

Aufbauschema zu §§ 280 Abs. 1, Abs. 3, 281 Abs. 1 S. 1, 1. Alt.

Es ergibt sich somit folgendes **Aufbauschema für die Prüfung des Anspruchs aus §§ 280 Abs. 1, Abs. 3, 281 Abs. 1 S. 1, 1. Alt.:**

(I) Voraussetzungen:

(1) Schuldverhältnis

(2) Nichterbringung einer bestehenden, fälligen und durchsetzbaren Schuldnerpflicht (= „1. Pflichtverletzung")

(3) Setzen einer angemessenen Frist zur Leistung
Beachte: Die Fristsetzung kann nach § 281 Abs. 2 entbehrlich sein!

(4) (Weitere) Pflichtverletzung des Schuldners durch Nichterbringung der möglichen Leistung bis Fristablauf (= „2. Pflichtverletzung")
Beachte: Im Fall des § 281 Abs. 2 ist die weitere Pflichtverletzung dementsprechend in der Nichterbringung der möglichen Leistung bis zu dem Zeitpunkt, in dem die Fristsetzung entbehrlich wurde, zu sehen!

(5) Vertretenmüssen des Schuldners
Beachte: Nach ganz h.M. ist für die Frage, ob der Schuldner die Pflichtverletzung gem. § 280 Abs. 1 S. 2 zu vertreten hat, auf das Vertretenmüssen bei Fristablauf bzw. bei Eintritt des Ereignisses, welches die Fristsetzung entbehrlich macht (d.h. auf die „2. Pflichtverletzung"), abzustellen!
Das Verschulden wird nach § 280 Abs. 1 S. 2 gesetzlich vermutet!

(II) Rechtsfolge:
Schadensersatz statt der Leistung (Nichterfüllungsschaden)

– – –

Im Zusammenhang mit der Rechtsfolge beim Schadensersatzanspruch statt der Leistung bei Leistungsverzögerung nach §§ 280 Abs. 1, Abs. 3, 281 Abs. 1 S. 1, 1. Alt. ist schließlich – **parallel zum Fall der Unmöglichkeit** (vgl. oben **2. Teil, 1. Abschnitt, 1.3.3.1, B**)) – auf **zwei äußerst klausurrelevante Problemkreise** hinzuweisen:

Zwei klausurrelevante Problemkreise

▶ *Großer und kleiner Schadensersatz*

Bei §§ 280 Abs. 1, Abs. 3, 281 Abs. 1 S. 1, 1. Alt. besteht – wie schon bei § 311 a Abs. 2 S. 1 für die anfängliche Unmöglichkeit und bei §§ 280 Abs. 1, Abs. 3, 283 S. 1 für die nachträgliche Unmöglichkeit angemerkt – grds. ein Schadensersatzanspruch statt der Leistung **nur, „soweit" eine Leistungsstörung vorliegt.**

Großer und kleiner Schadensersatz

Das bedeutet, dass bei **vollständiger Verzögerung** Schadensersatz statt der **ganzen** Leistung verlangt werden kann.

Bei **teilweiser Verzögerung** kann hingegen **grundsätzlich** nur Schadensersatz **wegen des leistungsgestörten Teils** verlangt werden – im Übrigen ist hingegen der Vertrag zu erfüllen **(sog. „kleiner Schadensersatz")**. **Ausnahmsweise** kann jedoch auch bei Vorliegen einer teilweisen Verzögerung Schadensersatz statt der ganzen Leistung verlangt werden **(sog. „großer Schadensersatz")** – jedoch nur unter der **zusätzlichen Voraus-**

setzung des § 281 Abs. 1 S. 2 (kein Interesse des Gläubigers an der Teilleistung)!

➲ **Hinweis:** Der Gläubiger hat in diesem Fall die vom Schuldner empfangene Teilleistung gemäß § 281 Abs. 5 nach Rücktrittsregeln zurückzugeben.

Austausch- oder Diffe-renzmethode

▶ *Berechnungsmethode für den Schadensersatz statt der Leistung (Austausch- oder Differenzmethode)*

Beim Schadensersatz statt der Leistung wegen Verzögerung der Leistung kann sich – ebenso wie bei der Unmöglichkeit (vgl. oben **2. Teil, 1. Abschnitt, 1.3.3.1, B)**) – das Problem der Berechnung nach der **Austausch- (Surrogations-) bzw. der Differenzmethode** stellen.

Wie wir oben gesehen haben, kann **bei der Unmöglichkeit gegen die Austauschmethode § 326 Abs. 1 S. 1, 1. Halbs.** ins Feld geführt werden. **Bei der Verzögerung** kann **parallel dazu auf § 281 Abs. 4** abgehoben werden: Mit dem Schadensersatzverlangen erlischt der Primäranspruch.

Mit denselben Gründen wie oben bei der Unmöglichkeit bereits dargestellt ist es jedoch auch hier gut vertretbar, **dem Gläubiger ein Wahlrecht zu geben**: Entweder erfolgt die Berechnung nach der Surrogationsmethode oder nach der Differenzmethode.

➲ Wenn Sie mehr wissen wollen:
Vgl. zum Problemkreis der Schadensberechnung nach der „Austausch- bzw. Differenzmethode" näher: Lorenz/Riehm, Lehrbuch des Schuldrechts, Rdnr. 208 ff.

Aufwendungsersatzan-sprüche, § 284

2.3.3.2 Aufwendungsersatzansprüche, § 284

„Anstelle" des Schadensersatzes statt der Leistung, kann der Gläubiger den Aufwendungsersatzanspruch nach § 284 geltend machen. Hier kann auf die Ausführungen im Rahmen der Unmöglichkeit verwiesen werden (vgl. oben **2. Teil, 1. Abschnitt, 1.3.3.2**).

Rückgewähransprüche, §§ 346 ff.

2.3.3.3 Rückgewähransprüche, §§ 346 ff.

Nach § 346 Abs. 1 besteht für die Parteien ein Anspruch auf Rückgewähr der erbrachten Leistungen, wenn der Gläubiger wirksam den Rücktritt erklärt hat. Der Rücktritt hat folgende Voraussetzungen:

Rücktrittsgrund: § 323 Abs. 1, 1. Alt.

▶ **Rücktrittsgrund:**
Im Falle der Verzögerung der Leistung ergibt sich das **gesetzliche Rücktrittsrecht** aus **§ 323 Abs. 1, 1. Alt.**

Rücktrittserklärung: § 349

▶ **Rücktrittserklärung: § 349**

Kein Ausschluss

▶ **Kein Ausschluss** (z.B. gem. § 323 Abs. 6)

⊃ Aufgabe 36

Entwickeln Sie nach unserem grundlegenden Schema für die Anspruchsprüfung (Anspruch entstanden – erloschen – durchsetzbar) ein Prüfschema für einen Rückgewähranspruch nach erklärtem Rücktritt. Lesen Sie dazu § 323 und die §§ 346 ff.!

Lösung:

Für einen **Rückgewähranspruch nach erklärtem Rücktritt bei einer Verzögerung der Leistung nach § 346 Abs. 1** ergibt sich folgendes **Prüfschema**:

> **(I) Anspruch entstanden:**
>
> (1) Rücktrittsgrund: § 323 Abs. 1, 1. Alt.
>
> (a) Wirksamer gegenseitiger Vertrag
> (b) Mögliche, fällige und durchsetzbare Schuldnerpflicht
> (c) Setzen einer angemessenen Frist, es sei denn, entbehrl. nach § 323 Abs. 2
> (d) Nichtleistung bis Fristablauf (Erfolglosigkeit der Fristsetzung)
>
> (2) Rücktrittserklärung (§ 349)
>
> (3) Kein Ausschluss (insbes. gesetzl. Ausschluss nach § 323 Abs. 6)
>
> **(II) Anspruch erloschen:**
> Keine Unwirksamkeit des Rücktritts nach § 218 Abs. 1, 1. Alt.
>
> **Beachte:** § 218 Abs. 1 ist einschlägig, wenn der Anspruch auf die Leistung verjährt ist und der Schuldner sich hierauf beruft! Durch die Unwirksamkeit des Rücktritts fallen die durch den Rücktritt begründeten Rückgewähransprüche nach §§ 346 ff. nachträglich weg!
>
> **(III) Anspruch durchsetzbar**

Prüfschema zum Rückgewähranspruch nach erklärtem Rücktritt bei einer Verzögerung der Leistung nach § 346 Abs. 1

– – –

Schließlich ist im Zusammenhang mit dem Rücktritt bei Verzögerung der Leistung noch auf folgendes klausurrelevantes Problem einzugehen:

▶ *„Großer und kleiner Rücktritt"*

„Großer und kleiner Rücktritt"

Beachten Sie – ebenso wie wir das zuvor **(vgl. 2. Teil, 1. Abschnitt, 2.3.3.1)** beim **Anspruch auf Schadensersatz statt der Leistung** bereits hervorgehoben haben: Das Rücktrittsrecht besteht grundsätzlich nur, **soweit** eine Leistungsstörung vorliegt, d.h.:

Bei **vollständiger** Verzögerung im Hinblick auf den **ganzen** Vertrag;

bei **teilweiser** Verzögerung **grds.** nur im Hinblick auf den leistungsgestörten Teil – im Übrigen ist der Vertrag also zu erfüllen und abzuwickeln. Die Rechtsfolge des § 323 Abs. 1, 1. Alt. i.V.m. Abs. 5 S. 1 ist also grds. ein Teilrücktritt (man könnte dies parallel zum Schadensersatz statt der Leistung als **„kleinen Rücktritt"** bezeichnen);

bei **teilweiser Verzögerung** kann der Gläubiger jedoch **ausnahmsweise** unter der **zusätzlichen Voraussetzung des § 323 Abs. 5 S. 1** vom **ganzen** Vertrag zurücktreten: Zusätzliche Voraussetzung ist hiernach, dass der Gläubiger an der möglichen bzw. bereits erbrachten Teilleistung kein Interesse hat (man könnte dies parallel zum Schadensersatz statt der Leistung als **„großen Rücktritt"** bezeichnen).

Das **Verständnis dieses Problemkreises** wird **erleichtert**, wenn man sich **folgende zwei Parallelen** vor Augen hält:

Parallele zwischen „großem Rücktritt" und „großem Schadensersatz"

▶ *Parallele zwischen dem „großen Rücktritt" und dem „großen Schadensersatz"*
Im Fall der Teilverzögerung gilt für den „großen Rücktritt" § 323 Abs. 5 S. 1, für den „großen Schadensersatz" § 281 Abs. 1 S. 2. Voraussetzung ist jeweils, dass der Gläubiger an der Teilleistung kein Interesse hat.

Parallele zwischen Teilverzögerung und Teilunmöglichkeit

▶ *Parallele zwischen den Teilleistungsstörungen (Teilverzögerung und Teilunmöglichkeit)*
„Großer Rücktritt": Für den **„großen Rücktritt"** bei **Teilunmöglichkeit ist nach § 326 Abs. 5, 2. Halbs.** die Regelung des § 323 anwendbar. Daher ist bei Teilunmöglichkeit nach § 326 Abs. 5, 2. Halbs. i.V.m. § 323 Abs. 5 S. 1 – ebenso wie **bei Teilverzögerung nach § 323 Abs. 5 S. 1 unmittelbar** – Voraussetzung für den **„großen Rücktritt"**, dass der Gläubiger an der Teilleistung kein Interesse hat.
„Großer Schadensersatz": Für den **„großen Schadensersatz"** bei **Teilunmöglichkeit** verweist **§ 283 S. 2 auf § 281 Abs. 1 S. 2** – und damit auf die Regelung bei **Teilverzögerung.** Erforderlich ist somit in beiden Fällen, dass der Gläubiger kein Interesse an der Teilleistung hat.

Schlechtleistung

3. Schlechtleistung

3.1 Einleitung

Bei der Schlechtleistung erbringt der Schuldner eine mangelhafte Leistung. Die **Kernfrage** in einer **typischen Klausur mit Problemen im Zusammenhang mit der Schlechtleistung** lautet: Welche Rechte hat der Gläubiger der schlecht erbrachten Leistung?

3.2 Fallgruppen der Schlechtleistung

Fallgruppen der Schlechtleistung

Sie haben sich im Zusammenhang mit den zwei bereits behandelten Arten der Leistungsstörung (Unmöglichkeit und Verzögerung) angeeignet, dass die **vertraglichen Kernrechte des Gläubigers bei einer vertraglichen Pflichtverletzung Schadensersatz und Rücktritt** sind.

Bei der Leistungsstörung „Schlechtleistung" müssen Sie jedoch, um die einschlägigen Regelungen zu ermitteln, **zuvor noch überprüfen, welcher Ver-**

trag zwischen den Parteien geschlossen worden ist, und sich dann die Frage stellen, ob **dort eine spezielle Regelung (Gewährleistungsrechte) gegeben** ist. Diese geht dann als Sonderregelung den allgemeinen Regeln der §§ 280 ff. und §§ 323 ff. vor (lex specialis derogat legi generali).

Zu unterscheiden ist daher zwischen **Verträgen ohne** und **Verträgen mit** einer speziellen Gewährleistungsregelung.

3.2.1 Verträge ohne Gewährleistungsregelung

Verträge ohne Gewährleistungsregelung

Verträge ohne spezielle Gewährleistungsregelung sind z.B.:

- ▶ Dienst- und Arbeitsvertrag, § 611

- ▶ Auftrag, § 662

- ▶ Geschäftsbesorgungsvertrag, § 675

Die vertraglichen Kernrechte des Gläubigers bei einer Schlechtleistung sind Schadensersatz nach §§ 280 ff. und Rücktritt nach §§ 323 ff.:

Beim **Schadensersatzanspruch wegen einer Schlechtleistung** ist die grundlegende Frage zu stellen, ob der Gläubiger

Schadensersatzanspruch wegen einer Schlechtleistung

- ▶ Schadensersatz **neben** der Leistung begehrt (dann ist als Anspruchsgrundlage **§ 280 Abs. 1** alleine heranzuziehen) oder

- ▶ Schadensersatz **statt** der Leistung (dann sind **§§ 280 Abs. 1, Abs. 3, 281 Abs. 1 S. 1, 2. Alt.** als Anspruchsgrundlage zu nennen). Die Schlechtleistung ist in § 281 Abs. 1 S. 1, 2. Alt. mit dem Merkmal „ ... der Schuldner die fällige Leistung ... nicht wie geschuldet erbringt ..." erfasst.

Der **gesetzliche Rücktrittsgrund bei einer Schlechtleistung** ist beim **gegenseitigen Vertrag § 323 Abs. 1, 2. Alt.**, die Schlechtleistung ist hier von dem Merkmal „Erbringt ... der Schuldner eine fällige Leistung ... nicht vertragsgemäß ..." erfasst. Anspruchsgrundlage für die Rückgewähr erbrachter Leistungen ist **§ 346 Abs. 1**. Die **beiderseitigen Erfüllungsansprüche erlöschen** ex nunc. Sie erinnern sich an diese beiden grundlegenden Auswirkungen des Rücktritts (vgl. nochmals 1. Teil, 3. Abschnitt, 2.).

Gesetzliches Rücktrittsrecht bei einer Schlechtleistung beim gegenseitigen Vertrag

Hinweis: Zu beachten ist allerdings, dass das gesetzliche Rücktrittsrecht nach § 323 Abs. 1, 2. Alt. nur bei gegenseitigen (auf Leistungsaustausch gerichteten) Verträgen, nicht aber bei einseitig verpflichtenden (z.B. Bürgschaft) oder unvollkommen zweiseitig verpflichtenden Verträgen (z.B. Auftrag) Anwendung finden kann. Darüber hinaus ist zu beachten, dass insbesondere bei Dauerschuldverhältnissen (z.B. Dienstvertrag) an die Stelle des Rücktrittsrechts das Kündigungsrecht tritt.

Anwendbarkeit des § 323 Abs. 1, 2. Alt.

3.2.2 Verträge mit Gewährleistungsregelung

Verträge mit Gewährleistungsregelung

Von besonderer Prüfungsrelevanz sind die Verträge mit einer eigenen Gewährleistungsregelung. Dort werden die §§ 323 ff. und §§ 280 ff. insoweit verdrängt, als die Regelungen des Vertragstyps spezielle Rechtsbehelfe vorsehen.

Hier ist **zu unterscheiden**:

Kauf- und Werkvertrag („Mischform")

3.2.2.1 Kauf- und Werkvertrag („Mischform")

Für den **Kaufvertrag** sind die **Rechte des Käufers bei Lieferung einer mangelhaften Sache in § 437 (lesen!) katalogmäßig aufgeführt**.

Wie dieser Norm zu entnehmen ist, hat der Käufer in diesem Fall ein **gesetzliches Rücktrittsrecht (§ 437 Nr. 2, 1. Alt.)**, für das auf die allgemeinen Vorschriften der §§ 323 ff. verwiesen wird, und **Ansprüche auf Schadensersatz sowie Ersatz vergeblicher Aufwendungen (§ 437 Nr. 3)**, für die auf die §§ 280 ff. verwiesen wird. Ferner besteht für den Gläubiger **vorrangig ein Nacherfüllungsanspruch (§§ 437 Nr. 1, 439)** und – alternativ zum Rücktritt – die Möglichkeit der **Minderung (§§ 437 Nr. 2, 2. Alt., 441)**. Wir kommen dazu später ausführlicher.

Im **Werkvertragsrecht** enthält **§ 634** (lesen!) eine solche Auflistung der Rechte des Bestellers.

Besonderheit des § 634 gegenüber § 437

§ 634 ist nahezu parallel zu § 437 angelegt. Der einzige **Unterschied zu der Regelung des § 437** besteht darin, dass es im Werkvertragsrecht einen **zusätzlichen Rechtsbehelf** gibt: das **Recht zur Selbstvornahme und Anspruch auf Ersatz der erforderlichen Aufwendungen nach §§ 634 Nr. 2, 637**.

Das Kauf- und Werkvertragsrecht sind also **Mischformen**: Neben den allgemeinen Vorschriften der §§ 323 ff. und §§ 280 ff. gelten Sonderregelungen nach §§ 433 ff. bzw. 631 ff.!

⮑ **Hinweis:** Bei den Regelungen der §§ 437 und 634 handelt es sich um **Rechtsgrundverweisungen**! Zur Aufbautechnik des BGB vgl. näher: Grundlagen Zivilrecht 1, 5. Aufl. 2008, S. 10 f.!

Miet- und Reisevertrag („Spezielle Regelung")

3.2.2.2 Miet- und Reisevertrag („Spezielle Regelung")

Anders ist dies im Mietrecht (§§ 535 ff.) und Reiserecht (§§ 651 a ff.). Dort sind die **Rechte des Mieters bzw. Reisenden bei Vorliegen eines Mangels insgesamt speziell geregelt**. Ein Rückgriff auf die §§ 323 ff. und §§ 280 ff. ist daher grundsätzlich nicht möglich.

Auwirkungen in der Fallprüfung am Beispiel des Kaufrechts

3.3 Auswirkungen in der Fallprüfung (am Beispiel des Kaufrechts)

Der Vertrag, mit dem Sie in einer Anfängerklausur und der Zwischenprüfung stets zu rechnen haben, ist der **Kaufvertrag**, d.h. **in diesem Bereich können Sie sich keinesfalls Wissenslücken erlauben!** Wir wollen daher die Käuferrechte bei Mängeln ausführlicher besprechen.

Der Kaufvertrag steht am Beginn des besonderen Schuldrechts (2. Buch, 8. Abschnitt, Titel 1) in den §§ 433–479:

Aufbau der gesetzlichen Regelung des Kaufvertrags (§§ 433–479)

▸ Im **Untertitel 1 (§§ 433-453)** finden sich die **allgemeinen Vorschriften**, die vor die Klammer gezogen sind und **für alle Kaufverträge** gelten.

▸ Besonderheiten können sich aus dem **Untertitel 2 (§§ 454–473; besondere Arten des Kaufs)** und dem **Untertitel 3 (§§ 474–479; Verbrauchsgüterkauf)** ergeben.

§ 433 regelt die Erfüllungsansprüche (Primäransprüche) von Käufer und Verkäufer:

§ 433: Regelung der Erfüllungsansprüche von Käufer und Verkäufer

▸ **§ 433 Abs. 1 S. 1** regelt den Anspruch des Käufers gegenüber dem Verkäufer auf Übergabe und Übereignung der Kaufsache. Nach **§ 433 Abs. 1 S. 2** hat der Käufer einen Anspruch darauf, dass der Verkäufer eine mangelfreie Sache liefert.

▸ **§ 433 Abs. 2** regelt den Anspruch des Verkäufers gegenüber dem Käufer auf Kaufpreiszahlung und Abnahme der Kaufsache.

3.3.1 Systematik der Mängelrechte im Kaufrecht

Systematik der Mängelrechte im Kaufrecht

Nach **§ 433 Abs. 1 S. 2** hat der Verkäufer dem Käufer die Sache **frei von Sach- und Rechtsmängeln** zu verschaffen. **Die Mangelfreiheit gehört somit zur Leistungspflicht des Verkäufers!** Der Sachmangel ist in § 434, der Rechtsmangel in § 435 legaldefiniert (dazu später). Notieren Sie sich diese Definitionsnormen schon jetzt über die Begriffe Sach- und Rechtsmangel in § 433 Abs. 1 S. 2!

⊃ Aufgabe 37

Dem Käufer die Sache frei von Sach- und Rechtsmängeln zu verschaffen, bedeutet anders gesagt: Der Verkäufer hat die Pflicht, frei von Sach- und Rechtsmängeln zu leisten. Welche allgemeinen vertraglichen Rechte kann der Käufer daher haben, wenn der Verkäufer diese Pflicht verletzt? Beziehen Sie § 437 in Ihre Überlegungen mit ein!

Lösung:

(I) Eine **vertragliche Pflichtverletzung** kann grds. Schadensersatzansprüche nach §§ 280 ff. (verschuldensabhängig) und ein Rücktrittsrecht nach §§ 323 ff. (verschuldensunabhängig) auslösen. Beide Rechte können zusammen (kumulativ) geltend gemacht werden (§ 325).

(II) Mit der Lieferung einer mangelhaften Sache **verletzt der Verkäufer seine Pflicht nach § 433 Abs. 1 S. 2**, weshalb dieser Grundsatz auch im Kaufrecht gilt. § 437 fasst in einer Art Katalogvorschrift alle Rechte des Käufers bei Lieferung einer mangelhaften Sache zusammen und bestätigt die eben getroffene Aussage: § 437 Nr. 2, 1. Alt. verweist auf das

gesetzliche Rücktrittsrecht der §§ 323 Abs. 1, 2. Alt. bzw. 326 Abs. 5, § 437 Nr. 3 auf die **Schadensersatzregelungen** der §§ 280 ff.! **Besonderheiten** des kaufrechtlichen Gewährleistungsrechts sind somit lediglich die besondere Ausgestaltung des Nacherfüllungsanspruchs (§§ 437 Nr. 1, 439) und die Minderung (§§ 437 Nr. 2, 2. Alt., 441).

– – –

Ausgangspunkt: Regelung des § 437 (Rechtsgrundverweis)

Wenn es in einer Aufgabenstellung darum geht, Mängelrechte des Käufers zu überprüfen, ist Ausgangspunkt stets die Regelung des § 437, die einen Überblick über die Käuferrechte enthält.

 ⊃ **Beachte:** § 437 ist keine Anspruchsgrundlage, sondern eine Rechtsgrundverweisung, ebenso wie § 275 Abs. 4, den Sie aus dem Unmöglichkeitsrecht schon kennen. § 437 ist in der Klausur bei Gewährleistungsrechten des Käufers jedoch immer mit zu zitieren!

Abgestufte Rechte des Käufers

Vorrangig: Nacherfüllung

Bereits § 437 zeigt, dass der Käufer **abgestufte Rechte** hat:

Vorrangig hat der Käufer einen **Nacherfüllungsanspruch gemäß §§ 437 Nr. 1, 439**, d.h. er kann grundsätzlich nach seiner Wahl entweder die Beseitigung des Mangels der gelieferten Sache oder die Lieferung einer anderen mangelfreien Sache verlangen.

Dies erklärt sich daraus, dass der Verkäufer mit der Lieferung einer mangelhaften Kaufsache – d.h. einer Lieferung unter Verletzung seiner Pflicht aus § 433 Abs. 1 S. 2 – noch nicht erfüllt hat.

Nachrangig: Rücktritt oder Minderung und Schadensersatz

Nachrangig kann der Käufer **Rücktritt oder** (alternativ!) **Minderung und dazu** (kumulativ!) **Schadensersatz** geltend machen.

Das **Nachrangverhältnis von Rücktritt, Minderung und Schadensersatz** folgt nicht aus der Abfolge der Aufzählung in § 437, sondern daraus, dass der Käufer, bevor er diese Rechte geltend machen kann, dem Verkäufer **eine angemessene Frist zur Nacherfüllung setzen und diese Frist erst fruchtlos verstrichen** sein muss. Dieses grundsätzliche Erfordernis der vorherigen erfolglosen Fristsetzung ergibt sich für den **Rücktritt** und die **Minderung aus §§ 437 Nr. 2, 323 Abs. 1, 2. Alt.** (§ 441 Abs. 1 S. 1), für den **Schadensersatz statt der Leistung aus §§ 437 Nr. 3, 281 Abs. 1 S. 1, 2. Alt.**

Die Fristsetzung sichert den **Vorrang des Erfüllungsanspruchs**. Es wird also dem Verkäufer ein **Recht zur zweiten Andienung** gegeben, was letztlich Ausfluss des Grundsatzes ist, dass Verträge einzuhalten sind (pacta sunt servanda).

Ausnahme: Fristsetzung zur Nacherfüllung entbehrlich

Ausnahmsweise ist die **Fristsetzung** jedoch **entbehrlich**:

▶ Für den **Rücktritt** sind insoweit die **§§ 323 Abs. 2 und 440** zu beachten. Ferner ist eine Fristsetzung zur Nacherfüllung sinnlos und daher nach **§ 326 Abs. 5** entbehrlich, wenn der Verkäufer die Nacherfüllung nach § 275 Abs. 1 bis 3 nicht zu leisten braucht.

▶ Für die **Minderung** gelten die **§§ 323 Abs. 2, 440, 326 Abs. 5** nach § 441 Abs. 1 S. 1 entsprechend. Denn in § 441 Abs. 1 heißt es: „Statt zurückzutreten ...". Dies bedeutet, dass anstelle des Rücktritts die Minderung tritt, d.h. aber, dass auch sämtliche Voraussetzungen des Rücktritts bei der Minderung gegeben sein müssen.

Hinweis: Zu beachten ist allerdings der wichtige **Unterschied** zwischen Rücktritt und Minderung, der sich aus **§ 441 Abs. 1 S. 2** ergibt. Vgl. dazu näher unten **Aufgabe 44.**

▶ Für den **Schadensersatz statt der Leistung** ergibt sich die Entbehrlichkeit der Fristsetzung aus **§ 281 Abs. 2 und § 440**. Braucht der Verkäufer die Nacherfüllung nach § 275 Abs. 1 bis 3 nicht zu leisten, ist eine Fristsetzung zur Nacherfüllung sinnlos und deshalb nach **§ 283** bzw. **§ 311 a Abs. 2 S. 1** stets entbehrlich.

➲ **Hinweis:** Zu beachten ist, dass § 437 nur die **Käuferrechte** regelt. Begehrt **der Verkäufer** Rücktritt oder Schadensersatz **wegen einer Pflichtverletzung des Käufers**, ist direkt auf die §§ 323 ff. bzw. §§ 280 ff. abzustellen. § 437 ist nicht einschlägig!

Übersicht: Die Mängelrechte des Käufers

Übersicht zu den Mängelrechten des Käufers

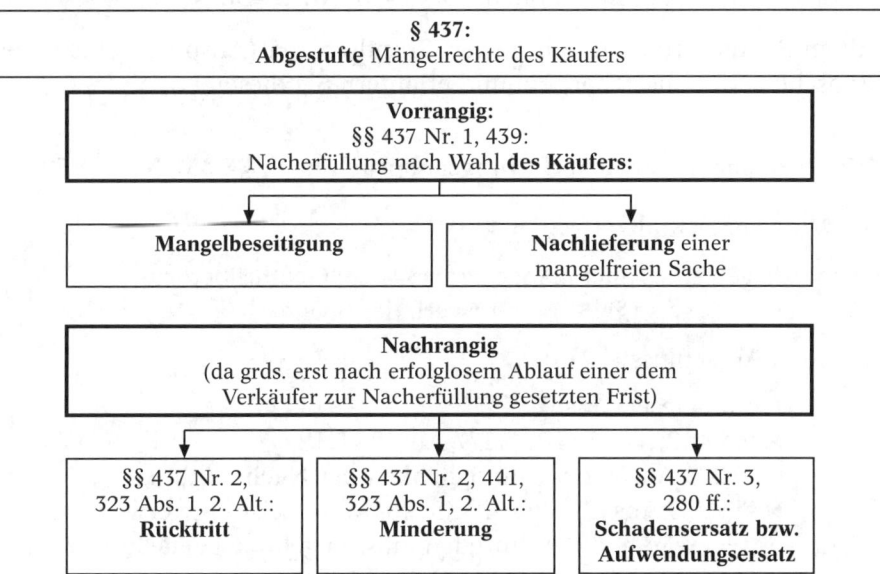

§ 437: **Abgestufte** Mängelrechte des Käufers

Vorrangig:
§§ 437 Nr. 1, 439:
Nacherfüllung nach Wahl **des Käufers:**

Mangelbeseitigung	**Nachlieferung** einer mangelfreien Sache

Nachrangig
(da grds. erst nach erfolglosem Ablauf einer dem Verkäufer zur Nacherfüllung gesetzten Frist)

§§ 437 Nr. 2, 323 Abs. 1, 2. Alt.: **Rücktritt**	§§ 437 Nr. 2, 441, 323 Abs. 1, 2. Alt.: **Minderung**	§§ 437 Nr. 3, 280 ff.: **Schadensersatz bzw. Aufwendungsersatz**

3.3.2 Nacherfüllungsanspruch

Nacherfüllungsanspruch

Verletzt der Verkäufer seine Pflicht aus § 433 Abs. 1 S. 2, so hat der Käufer gem. §§ 437 Nr. 1, 439 einen (verschuldensunabhängigen!) Nacherfüllungsanspruch. § 437 ist dabei die Verweisungsnorm, § 439 die Anspruchsgrundlage. Gemäß § 439 Abs. 1 hat der Käufer grds. ein Wahlrecht, ob er Nacherfüllung (Lieferung einer anderen mangelfreien Sache) oder Mängelbeseitigung (Nachbesserung der gelieferten mangelhaften Sache) begehrt.

Wahlrecht des Käufers, § 439 Abs. 1

Der Nacherfüllungsanspruch ist – dogmatisch gesehen – ein modifizierter Erfüllungsanspruch: Es ist also der ursprüngliche Erfüllungsanspruch in modifizierter Form (modifiziert deshalb, weil insbes. als Verjährungsvorschrift nicht – wie beim ursprünglichen Erfüllungsanspruch des § 433 Abs. 1 S. 1 – § 195, sondern § 438 eingreift). Mit der mangelhaften Lieferung verwandelt sich der Erfüllungsanspruch in einen Nacherfüllungsanspruch.

Modifizierter Erfüllungsanspruch

Dieser **Nacherfüllungsanspruch erlischt nicht bereits** dadurch, dass der Käufer eine **Frist zur Nacherfüllung nach § 323 Abs. 1, 2. Alt. (§ 441 Abs. 1 S. 1) bzw. § 281 Abs. 1 S. 1, 2. Alt. gesetzt hat und diese erfolglos verstrichen** ist. Vielmehr erlischt er **erst dann**, wenn der Käufer tatsächlich den **Rücktritt oder die Minderung** nach § 349 (§ 441 Abs. 1 S. 1) **erklärt** oder **Schadensersatz statt der Leistung geltend gemacht** hat (§ 281 Abs. 4).

⊃ Aufgabe 38

Leiten Sie aus dem Gesetz das Prüfschema für den Anspruch des Käufers auf Nacherfüllung ab! Lesen Sie dazu §§ 437 Nr. 1, 438, 439!

Ordnen Sie die Prüfpunkte in unser Grundschema (Anspruch entstanden – erloschen – durchsetzbar) ein und erläutern Sie diese!

Prüfschema zum Nacherfüllungsanspruch nach §§ 437 Nr. 1, 439

3.3.2.1 Prüfschema: Nacherfüllungsanspruch nach §§ 437 Nr. 1, 439

(I) Wirksamer Kaufvertrag (§ 433)

(II) Vorliegen eines Sachmangels (§ 434) bei Gefahrübergang bzw. eines Rechtsmangels (§ 435) bei Erwerb der Sache

(III) Kein Ausschluss

  (1) Durch Gesetz, insb.:

    ▶ §§ 442, 445 BGB; § 377 Abs. 2 HGB

    ▶ § 275 Abs. 1 bei Unmöglichkeit der Nacherfüllung

    ▶ §§ 275 Abs. 2, Abs. 3, 439 Abs. 3 (= Leistungsverweigerungsrechte, d.h. diese Einreden müssen geltend gemacht werden!)

  (2) Durch Rechtsgeschäft (Individualvereinbarung, AGB)

(IV) Keine Verjährung, § 214 (Frist: § 438!)

Erläuterung des Prüfschemas

3.3.2.2 Erläuterung des Prüfschemas

Gehen wir auf die einzelnen Prüfpunkte genauer ein:

Wirksamer Kaufvertrag

A) Wirksamer Kaufvertrag (Gliederungspunkt im Prüfschema: (I))

Nach § 433 muss ein Kaufvertrag über eine **Sache** vorliegen. Die Legaldefinition für die Sache steht in **§ 90** (körperlicher Gegenstand).

⊃ Aufgabe 39

Die §§ 433 ff. gelten unmittelbar nur für Sachen. Heißt das im Umkehrschluss, dass im Fall eines Kaufs von Elektrizität, Fernwärme, Software, Werbeideen sowie Unternehmen oder ähnlichen Gegenständen, die keine Sachen sind, eine Anwendung dieser Normen nicht möglich ist?

Lösung:

(I) Diese Frage beantwortet die Regelung des **§ 453 Abs. 1**: Die §§ 433 ff. gelten für den Kauf von Rechten (Forderungen oder andere Rechte wie z.B. Anteile an Gesellschaften oder Lizenzen) und sonstigen Gegenständen (z.B. Elektrizität, Fernwärme, technisches Know-how, Werbeideen, Standardsoftware, freiberufliche Praxen oder Unternehmen) entsprechend. Kommentieren Sie sich daher über „Sache" in § 433 Abs. 1 S. 1 den § 453!

Rechtskauf, § 453

(II) Neben § 433 sollten Sie sich **§ 651** vermerken: Nach § 651 S. 1 findet auf einen Vertrag, der die Lieferung herzustellender oder zu erzeugender beweglicher Sachen zum Gegenstand hat, Kaufrecht Anwendung. Soweit es sich dabei um keine vertretbaren Sachen i.S.d. **§ 91** handelt, sind gem. § 651 S. 3 auch die §§ 642, 643, 645, 649 und 650 mit der Maßgabe anzuwenden, dass an die Stelle der Abnahme der nach den §§ 446 und 447 maßgebliche Zeitpunkt tritt. Die genannten Vorschriften des Werkvertragsrechts treten dann neben die Vorschriften des Kaufrechts.

Anwendung des Kaufrechts nach § 651

Beispiel: K bestellt beim VW-Vertragshändler V einen VW Touareg mit mehrwöchiger Lieferzeit. Der VW muss erst hergestellt werden. Es handelt sich um eine bewegliche Sache. § 651 ist also einschlägig. Der VW ist eine vertretbare Sache (§ 91). § 651 S. 3 ist daher nicht gegeben. Es kommt ausschließlich Kaufrecht zur Anwendung.

– – –

B) Gewährleistungsgrund im maßgeblichen Zeitpunkt (Gliederungspunkt im Prüfschema: (II))

Gewährleistungsgrund im maßgeblichen Zeitpunkt

Als Gewährleistungsgrund kommt ein Sachmangel (§ 434) bzw. ein Rechtsmangel (§§ 435, 436) in Betracht.

I) Sachmangel, § 434

Sachmangel, 434

▶ Nach **§ 434 Abs. 1 S. 1** liegt ein Sachmangel vor, wenn die Sache **nicht** die **vereinbarte** Beschaffenheit hat. Die Parteivereinbarung ist also maßgebend **(subjektiver Fehlerbegriff)**. Dahinter steht der Grundsatz der Privatautonomie. Der Begriff der „Beschaffenheit" ist im Gesetz nicht definiert. Es ist ein **weiter Beschaffenheitsbegriff** zugrunde zu legen. Danach fallen nicht nur die physischen Eigenschaften der Sache darunter, sondern auch rechtliche und wirtschaftliche Beziehungen der Sache zur Umwelt, sofern diese nach der Verkehrsanschauung für die Brauchbarkeit oder den Wert der Sache von Bedeutung sind und ihren Grund in der Sache selbst haben.

Bei Beschaffenheitsvereinbarung: § 434 Abs. 1 S. 1

Der Mangel muss „**bei Gefahrübergang**" (§ 434 Abs. 1 S. 1) vorliegen. Damit ist die Gegenleistungsgefahr (Preisgefahr) gemeint. Diese geht nach § 446 grds. mit der Übergabe der Sache auf den Käufer, beim Versendungskauf nach § 447 mit der Übergabe an die Transportperson über (vgl. oben: 2. Teil, 1. Abschnitt, 1.3.2.1 B) III) bzw. 1.3.2.1 B) IV)). Notieren Sie sich schon jetzt über das Wort „Gefahrübergang" den § 476, der **für den Verbrauchsgüterkauf eine Sonderregel**, nämlich eine **Beweislastumkehr** enthält (dazu später mehr, vgl. 2. Teil, 1. Abschnitt, 3.4.2.3).

Beispiele für einen Sachmangel nach § 434 Abs. 1 S. 1:

Der als Weibchen verkaufte Hamster ist männlich.

Das als echter Picasso verkaufte Bild ist von einem Ingolstädter Künstler.

Das verkaufte Grundstück hat nicht den versprochenen unverbauten Blick auf die Alpen.

Ein Fußballtrikot wird als Originaldress des Fußballstars Ribery verkauft. Tatsächlich hat Ribery dieses Trikot nie getragen.

Bei fehlender Beschaffenheitsvereinbarung: § 434 Abs. 1 S. 2

▶ **§ 434 Abs. 1 S. 2** trifft eine Regelung für den – in der Praxis häufigen – Fall, dass **keine Beschaffenheit vereinbart** wird.

Gemäß **§ 434 Abs. 1 S. 2 Nr. 1** ist die Sache frei von Sachmängeln, wenn sie sich für die nach dem Vertrag vorausgesetzte Verwendung eignet. Die Verwendung muss von den Parteien **nicht vereinbart**, sondern lediglich von ihnen **vorausgesetzt** sein. Dies kann ausdrücklich oder stillschweigend geschehen. Zu beachten ist jedoch zum einen, dass häufig in einer Absprache über den Verwendungszweck eine schlüssige Beschaffenheitsvereinbarung gesehen werden kann (sodass § 434 Abs. 1 S. 1 einschlägig ist). Aus dem Zusammenspiel mit § 434 Abs. 1 S. 2 **Nr. 2** ergibt sich zum anderen, dass mit der **„nach dem Vertrag vorausgesetzten"** Verwendung etwas **anderes** als die „gewöhnliche" Verwendung i.S.d. § 434 Abs. 1 S. 2 Nr. 2, somit also nur eine **besondere Verwendung, die über die gewöhnliche Verwendung hinausgeht**, erfasst wird.

Beispiel: Kauft ein Käufer in einem Computergeschäft einen PC zur Grafikbearbeitung und weist auf diesen Verwendungszweck hin, stehen ihm bei Ungeeignetheit des PC die Mängelrechte gegen den Verkäufer zu, wenn der PC den speziellen Verwendungsbedingungen (etwa wegen ungenügend großer Festplatte, ungenügend großem Arbeitsspeicher oder dem Fehlen sonstiger Komponenten zur schnellen Verarbeitung großer Datenmengen) nicht entspricht.

Nach **§ 434 Abs. 1 S. 2 Nr. 2** ist die Sache mangelfrei, wenn sie sich für die gewöhnliche (d.h. übliche) Verwendung eignet und die Beschaffenheit aufweist, die bei Sachen der gleichen Art üblich ist und die der Käufer nach der Art der Sache erwarten kann (Normalbeschaffenheit). Hier sind also **objektive Kriterien** maßgeblich! **Wichtig:** § 434 Abs. 1 **S. 2 Nr. 2** greift also **nur dann** ein, wenn sowohl § 434 Abs. 1 S. 1 als auch § 434 Abs. 1 S. 2 Nr. 1 nicht einschlägig sind! Zu beachten ist, dass dieser Fall dennoch in der Klausur durchaus häufig vorkommen kann!

Beispiel: K kauft bei V ein Fax-Kopierer-Kombigerät. Bei Betätigen der Kopierfunktion werden sämtliche kopierten Seiten jedoch halbseitig schwarz ausgedruckt.

Eigenschaftsangaben in der Werbung: § 434 Abs. 1 S. 3

▶ Gemäß **§ 434 Abs. 1 S. 3** gehören zur Beschaffenheit nach Abs. 1 S. 2 Nr. 2 auch Eigenschaften, die der Verkäufer oder Hersteller **in der Werbung** angibt. Der Verkäufer muss sich – auch wenn er selbst gar nicht für die Werbespots und deren Inhalt verantwortlich ist – die dort geäußerten Eigenschaftsangaben zurechnen lassen. Dies gilt allerdings nicht, wenn er diese Äußerung nicht kannte oder kennen musste (Legaldefinition für „kennen müssen" in § 122 Abs. 2), die Aussage spätestens bei Vertragsschluss in vergleichbar öffentlichkeitswirksamer Weise berichtigt worden war oder die Aussage die Kaufentscheidung nicht beeinflussen konnte (weil der Käufer die Sache ohnehin gekauft hätte).

Beachte: Zu unterscheiden hiervon – und damit nicht sachmangelbegründend i.S.d. Abs. 1 S. 3 – sind lediglich werbemäßige Äußerungen, reißerische Aussagen und nicht die Erwartung bestimmter Eigenschaften begründende öffentliche Äußerungen hinsichtlich der Kaufsache, z.B.: „Der Duft, dem Frauen nicht widerstehen können!"

▶ **§ 434 Abs. 2** betrifft den Fall einer zu montierenden Kaufsache. Gemäß **§ 434 Abs. 2 S. 1** steht ein **Montagefehler** des Verkäufers einem Sachmangel gleich (auch wenn die vom Verkäufer gelieferte Sache mangelfrei war).

Zu montierende Kaufsache: § 434 Abs. 2

Beispiel: Käufer K kauft bei V einen Schrank, den V bei K aufbauen soll. Der Schrank wird von V fehlerhaft montiert. Nach § 434 Abs. 2 S. 1 stellt die fehlerhafte Montage einen Sachmangel dar.

Nach **Abs. 2 S. 2** ist ein Sachmangel ebenso gegeben, wenn die **Montageanleitung mangelhaft** ist, es sei denn, die Sache ist (trotzdem) fehlerfrei montiert worden (sog. **„IKEA-Klausel"**).

Hinweis: Die Formulierung „es sei denn" bringt zum Ausdruck, dass das in diesem Nebensatz genannte Merkmal der Verkäufer zu beweisen hat (Beweislastumkehr).

Beispiel: K kauft bei V einen Tisch, der vom Käufer selbst zusammenzubauen ist. K montiert die Teile gemäß der beigefügten Anleitung zusammen. Wegen der mangelhaften Anleitung kommt anstelle eines Tisches ein Stuhl heraus.

▶ **§ 434 Abs. 3** stellt die Falschlieferung **(aliud-Lieferung)** und die Zuwenigllieferung **(Mankolieferung)** dem Sachmangel gleich.
Im Hinblick auf die **Falschlieferung** ist zu beachten, dass für die Anwendung des § 434 Abs. 3 Voraussetzung ist, dass zum einen **der Verkäufer mit Erfüllungswillen** an den Käufer geliefert hat. Zum anderen muss **aus der Sicht des Käufers eine Leistung des Verkäufers auf den Kaufvertrag** vorliegen.

Aliud- und Mankolieferung: § 434 Abs. 3

Beispiel: K bestellt im Versandhandel eine Mikrowelle bei V, geliefert wird jedoch ein Paar Socken. In diesem Fall kann K nicht davon ausgehen, dass V mit der Lieferung der Socken den Kaufvertrag erfüllen wollte. Die Regelung des § 434 Abs. 3 ist in einem solchen **Extremfall**, in dem aus der Sicht des Käufers **erkennbar eine schlichte Verwechslung** vorliegt, nicht anwendbar, vielmehr sind die Regeln über die Nichtleistung (Verzögerung bzw. Unmöglichkeit) zugrunde zu legen.

Umstritten ist, ob die Gleichstellung von Falschlieferung und Schlechtlieferung nur die **Gattungsschuld (sog. Qualifikationsaliud)** oder auch die **Stückschuld (sog. Identitätsaliud)** erfasst. Nach h.M. in der Literatur ist insbesondere im Hinblick darauf, dass der Wortlaut des § 434 Abs. 3 nicht differenziert, die Anwendbarkeit dieser Regelung auf das Identitätsaliud zu bejahen.

Bezüglich der **Zuweniglieferung** ist zu beachten, dass der Wortlaut „zu geringe Menge liefert" in § 434 Abs. 3 **zu weit gefasst** ist. Nach dem Willen des Gesetzgebers sind damit nämlich nur die Fälle der sog. **„verdeckten Mankolieferung"** gemeint, d.h.: Der Verkäufer muss die Mindermenge **als Erfüllung seiner ganzen Verbindlichkeit** ansehen. **Nur dann** liegt ein Sachmangel vor! **Anders** ist es hingegen, wenn der Verkäufer **bewusst nur eine Teilleistung** erbringt (sog. „offene Mankolieferung"). In diesem Fall kommen die Regeln über die Teilleistungsstörungen (Teilunmöglichkeit bzw. Teilverzögerung) zum Zuge.

Beispiel: V verkauft K 10 Zwerghasen. Er liefert nur fünf Hasen, ist sich aber dessen bewusst, dass dies nur eine Teilleistung ist. Diese offene Mankolieferung stellt keinen Sachmangel i.S.d. § 434 Abs. 3 dar.

Übersicht: Der Sachmangel nach § 434

Übersicht zum Sachmangel nach § 434

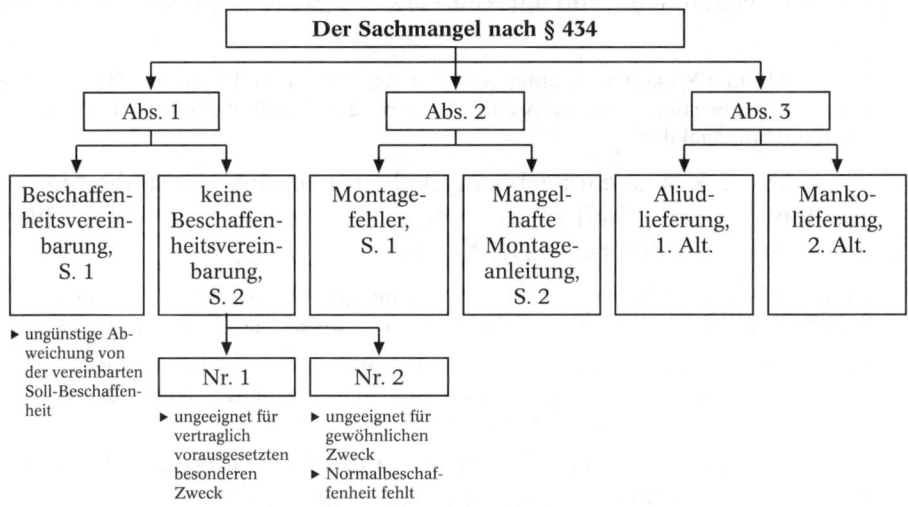

Rechtsmangel, § 435

II) Rechtsmangel, § 435

Wie sich insbesondere aus § 433 Abs. 1 S. 2 und § 437 ergibt, wird der Rechtsmangel, der in **§ 435** geregelt ist, dem Sachmangel (§ 434) gleichgestellt. Beim Rechtsmangel spielt es keine Rolle, ob eine Verwendungsbeeinträchtigung des Kaufgegenstands gegeben ist, vielmehr ist das **objektive Bestehen** des Rechtsmangels ausreichend. § 436 ist als Sonderregelung zu § 435 anzusehen und nimmt bestimmte Bereiche aus der Rechtsmängelhaftung aus.

Zu beachten ist, dass der **maßgebliche Zeitpunkt für das Vorliegen des Rechtsmangels** nicht der Abschluss des Kaufvertrages ist, sondern der Zeitpunkt, in dem der **Erwerb** der Sache eintritt. Dies ist bei beweglichen Sachen der Zeitpunkt der Eigentumsübertragung gem. §§ 929 ff., bei Grundstücken der Zeitpunkt, in dem der Eigentumserwerb durch Auflassung und Eintragung im Grundbuch vollendet wird (§§ 873, 925).

⊃ Aufgabe 40

V verkauft an K eine Eigentumswohnung, die der Sozialbindung nach dem Wohnungsbindungsgesetz unterliegt. Wie ist die Rechtslage, wenn

(I) der K hiervon keine Kenntnis hatte bzw. wenn

(II) der K diese Beschränkung im Kaufvertrag übernommen hat?

Lösung:

(I) Die Sozialbindung knüpft in keiner Weise an die Beschaffenheit der Sache selbst oder an ihre Beziehung zur Umwelt an, sondern allein auf einen Umstand, der für einen Käufer ohne Kenntnis der Vorgeschichte (bzgl. der öffentlichen Hilfe für den Ersteller bei der Finanzierung der Wohnung) nicht erkennbar ist. Es liegt also ein **Rechtsmangel i.S.d. § 435** vor. Der K hat somit die **Rechte aus § 437**.

(II) § 435 stellt klar, dass solche Beschränkungen, die der Käufer im Kaufvertrag übernimmt, keinen Rechtsmangel darstellen. Es ist also **kein Rechtsmangel nach § 435** gegeben.

– – –

C) Ausschlussgründe (Gliederungspunkt im Prüfschema: (III))

Ausschlussgründe

Ein Ausschlussgrund kann sich **kraft Gesetzes** oder **durch Rechtsgeschäft** ergeben. Bei Letzterem ist zwischen einem Ausschluss **durch Individualvereinbarung** und **durch Allgemeine Geschäftsbedingungen** zu unterscheiden:

Beim **Ausschluss kraft Gesetzes** sind insbes. zu beachten:

Ausschluss kraft Gesetzes

▶ **§ 442:** Bei **Kenntnis** des Käufers vom Mangel sind seine Mängelrechte ausgeschlossen (§ 442 Abs. 1 S. 1). Bei **grob fahrlässiger Unkenntnis** hat der Käufer die Mängelrechte nur, wenn der Verkäufer den Mangel arglistig verschwiegen oder eine Garantie übernommen hat (§ 442 Abs. 1 S. 2).

▶ **§ 445:** Bei Verkauf einer Sache in **einer öffentlichen Versteigerung als Pfand** hat der Käufer die Mängelrechte nur, wenn der Verkäufer den Mangel arglistig verschwiegen oder eine Garantie übernommen hat.

> **Hinweis:** Beim Verbrauchsgüterkauf (vgl. § 474 Abs. 1) findet § 445 allerdings keine Anwendung, vgl. § 474 Abs. 2. Vgl. näher unten: 2. Teil, 1. Abschnitt, 3.4.2.1!

▶ **§ 377 Abs. 2 HGB:** Beim **beiderseitigen Handelskauf** sind die Mängelrechte des Käufers ausgeschlossen, wenn der Käufer seine **Untersuchungs- und Rügeobliegenheit (§ 377 Abs. 1 HGB) verletzt** hat.

▶ **§ 275 Abs. 1:** Ein Ausschlussgrund für die Nacherfüllung besteht ferner, wenn die **Nacherfüllung unmöglich** ist.

Ob § 275 Abs. 1 eingreift, muss für jede der beiden Arten der Nacherfüllung gesondert festgestellt werden. Ist nur eine Form der Nacherfüllung ausgeschlossen, so bleibt der Verkäufer zur anderen verpflichtet.

Einrede aus §§ 275 Abs. 2, Abs. 3, 439 Abs. 3

Nach **§ 439 Abs. 3** kann der Verkäufer **die vom Käufer gewählte Art der Nacherfüllung** verweigern, wenn sie **nur mit unverhältnismäßig hohen Kosten möglich** ist. § 439 Abs. 3 ist als Einrede konzipiert, der Verkäufer muss sich also darauf berufen.

Diese Regelung soll also, **über die auch insoweit anwendbaren** (vgl. in § 439 Abs. 3 S. 1: „ ... unbeschadet des § 275 Abs. 2 und 3 ...“), **für alle Leistungspflichten geltenden Verweigerungsgründe des § 275 Abs. 2 und 3 hinausgehend**, dem Verkäufer eine Einredemöglichkeit geben, wenn die Nacherfüllung unverhältnismäßig hohe Kosten verursacht. Zu beachten ist, dass nach dem Willen des Gesetzgebers **§ 439 Abs. 3 gegenüber der Regelung des § 275 Abs. 2, 3 eine niedrigere Schwelle** für die Begründung einer Einrede für den Verkäufer darstellt.

§ 439 Abs. 3 S. 2 nennt beispielhaft, d.h. also nicht abschließend (dies ergibt sich aus dem Merkmal „insbesondere“ in § 439 Abs. 3 S. 2), einige Kriterien für die Überprüfung der Unverhältnismäßigkeit.

Liegen die Voraussetzungen des § 439 Abs. 3 S. 1, 2 vor und hat der Verkäufer diese Einrede erhoben, kann er nach **§ 439 Abs. 3 S. 3, 1. Halbs.** **die vom Käufer gewählte Art** der Nacherfüllung verweigern – der Käufer ist somit **auf die andere Art** der Nacherfüllung verwiesen. Allerdings ergibt sich aus **§ 439 Abs. 3 S. 3, 2. Halbs.**, dass der Verkäufer u.U. **auch die andere Art** der Nacherfüllung, **d.h. dann die Nacherfüllung insgesamt** verweigern kann. In diesem Fall kann dann der Käufer sofort – d.h. ohne weitere Nachfristsetzung – auf die anderen Mängelrechte übergehen.

⊃ Aufgabe 41

(I) K kauft im Heimwerkergeschäft des V Schrauben mit Gewindefehlern.

(II) K kauft ferner im Elektromarkt des E eine Waschmaschine, die zwar mangelhaft ist, bei der aber der Mangel durch einfaches Austauschen einer Schraube behoben werden kann.

Was kann K jeweils als Nacherfüllung beanspruchen? Muss K die Kosten der Nacherfüllung tragen?

Lösung:

(I) V kann eine Beseitigung des Mangels wegen der unverhältnismäßigen Kosten gemäß **§ 439 Abs. 3 S. 1, 2** verweigern (dies ist bei geringwertigen Sachen des Alltags regelmäßig so). K kann somit lediglich die andere Art der Nacherfüllung, nämlich Ersatzlieferung verlangen (vgl. **§ 439 Abs. 3 S. 3, 1. Halbs.**).

(II) V kann die Lieferung einer neuen Waschmaschine wegen der damit verbundenen unverhältnismäßigen Kosten verweigern (vgl. **§ 439 Abs. 3 S. 1, 2**). Der K ist auf die Mängelbeseitigung beschränkt (vgl. **§ 439 Abs. 3 S. 3, 1. Halbs.**).

Beim **Ausschluss durch Rechtsgeschäft** sind folgende Grenzen zu beachten:

Ausschluss durch Rechtsgeschäft

Bei **Individualvereinbarung**:

Individualvereinbarung

▶ **§ 444:** Kein wirksamer Ausschluss der Mängelrechte, wenn der Verkäufer den Mangel arglistig verschwiegen oder eine Garantie übernommen hat. Beim Verbrauchsgüterkauf kann auch durch Individualvereinbarung der Nacherfüllungsanspruch nicht ausgeschlossen oder beschränkt werden, **§ 475 Abs. 1** (vgl. dazu näher unten: 2. Teil, 1. Abschnitt, 3.4.2.2).

Bei **Allgemeinen Geschäftsbedingungen** ergeben sich Grenzen insbesondere aus:

AGB

▶ **§ 309 Nr. 8 b)**

▶ **§ 307 Abs. 1 und 2**

▶ Beim Verbrauchsgüterkauf kann auch durch AGB der Nacherfüllungsanspruch nicht ausgeschlossen oder beschränkt werden, **§ 475 Abs. 1** (vgl. dazu näher unten: 2. Teil, 1. Abschnitt, 3.4.2.2).

D) Einrede aus § 214 (Gliederungspunkt im Prüfschema: (IV))

Einrede aus § 214 (Verjährung)

Die klausurrelevante Problematik der Verjährung der Mängelrechte (§§ 214, 438) werden wir später – in einem eigenen Gliederungspunkt – ausführlich darstellen (vgl. 2. Teil, 1. Abschnitt, 3.3.5)!

Nach **§ 439 Abs. 2** hat jeweils der Verkäufer die zum Zwecke der Nacherfüllung erforderlichen Aufwendungen (z.B. Transportkosten etc.) zu tragen.

Kostentragung durch den Verkäufer, § 439 Abs. 2

– – –

3.3.3 Rücktritt, alternativ Minderung

Rücktritt, alternativ Minderung

3.3.3.1 Die Regelung des § 437 Nr. 2

Rücktritt und Minderung stehen in einem Alternativverhältnis. Es kann nur entweder der Rücktritt oder die Minderung erklärt werden. Dies geht aus dem „oder" in § 437 Nr. 2 bzw. der Formulierung „Statt zurückzutreten" in § 441 Abs. 1 S. 1 hervor.

◐ Aufgabe 42

Analysieren Sie den Regelungsgehalt der in § 437 Nr. 2, 1. Alt. genannten Normen (§§ 323, 326 Abs. 5, 440) und versuchen Sie zu erklären, wie diese Normen bei der Schlechtleistung einzuordnen sind!

Lösung:

Allgemeine Einordnung der §§ 323, 326 Abs. 5, 440

(I) **Allgemeines** zur Einordnung der §§ 323, 326 Abs. 5, 440:

    (1) **§ 323 Abs. 1** enthält zwei gesetzliche Rücktrittsgründe: Rücktritt bei Verzögerung (1. Alt.) und Rücktritt bei Schlechtleistung (2. Alt.).

    (2) **§ 323 Abs. 1, 1. Alt.** würde zwar vom Wortlaut her („Nichterbringung der Leistung") an sich auch die Unmöglichkeit erfassen. Allerdings ist für das Rücktrittsrecht bei Unmöglichkeit die Regelung des **§ 326 Abs. 5** lex specialis, die wiederum auf § 323 verweist (vgl. § 326 Abs. 5, 2. Halbs.) mit der Maßgabe, dass eine vorherige erfolglose Fristsetzung entbehrlich ist.

    (3) **§ 440** erweitert die (Ausnahme-)Fälle der Entbehrlichkeit der Fristsetzung vor dem Rücktritt. § 440 ergänzt also für das Kaufrecht die allgemeine Regelung des § 323 Abs. 2 (§ 440 neben § 323 Abs. 2 kommentieren!).

Zusammenspiel der Regelungen bei einer Schlechtleistung im Kaufrecht

(II) Für die **Schlechtleistung im Kaufrecht** erklärt sich das Zusammenspiel der genannten Normen somit wie folgt:

    (1) **§ 437 Nr. 2** ist lediglich die Rechtsgrundverweisungsnorm, d.h. das Rücktrittsrecht ergibt sich im Falle des Mangels im Kaufrecht **stets aus § 323 Abs. 1, 2. Alt.** Insoweit ist dann wie folgt **zu unterscheiden**:

    (2) Ist der **Nacherfüllungsanspruch möglich**, dann ist **§ 323 Abs. 1 S. 1, 2. Alt. unmittelbar** als Rücktrittsgrund einschlägig.

    Hinweis: Als besonderer Ausschlussgrund ist § 323 Abs. 5 S. 2 zu beachten: Die Pflichtverletzung (also letztlich der Mangel) muss erheblich sein. Andernfalls ist der Rücktritt ausgeschlossen. Gemäß § 441 Abs. 1 S. 2 gilt dieser Ausschlussgrund jedoch nicht für die Minderung.

    (3) Ist hingegen der **Nacherfüllungsanspruch unmöglich**, dann macht eine Fristsetzung (nach § 323 Abs. 1) keinen Sinn. In diesem Fall ist **§ 323 Abs. 1, 2. Alt. über die Regelung des § 326 Abs. 5** als Rücktrittsgrund heranzuziehen, die Fristsetzung ist danach stets entbehrlich.

    Hinweis: Nach § 326 Abs. 5, 2. Halbs. gilt auch hier der Ausschlussgrund des § 323 Abs. 5 S. 2 für den Rücktritt!

    (4) Die Normen der **§§ 326 Abs. 5 und 440 modifizieren** also das Rücktrittsrecht aus § 323 Abs. 1, 2. Alt. im **Hinblick auf das Erfordernis der vorherigen erfolglosen Fristsetzung!**

(5) Zu beachten ist, dass diese Unterscheidung **nicht nur für das Rücktrittsrecht** des Käufers gilt, sondern **auch für** dessen **Minderungsrecht**. Dies ergibt sich aus dem **Wortlaut des § 441 Abs. 1 S. 1** („Statt zurückzutreten ..."), woraus folgt, dass die **Voraussetzungen des Rücktrittsrechts auch für die Minderung gegeben** sein müssen.

Hinweis: Nochmals betont sei aber, dass gemäß § 441 Abs. 1 S. 2 bei der Minderung der Ausschlussgrund des § 323 Abs. 5 S. 2 allerdings nicht gilt!

Übersicht: Rücktritt und Minderung im Kaufrecht

Übersicht zu Rücktritt und Minderung im Kaufrecht

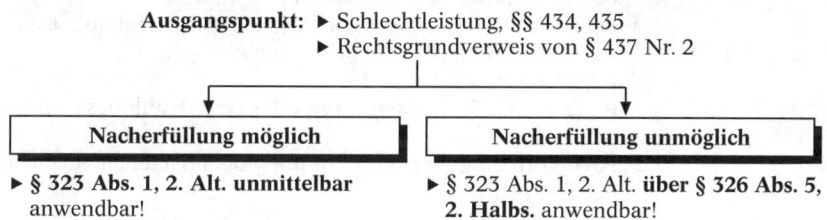

Ausgangspunkt: ▸ Schlechtleistung, §§ 434, 435
▸ Rechtsgrundverweis von § 437 Nr. 2

Nacherfüllung möglich	Nacherfüllung unmöglich
▸ **§ 323 Abs. 1, 2. Alt. unmittelbar** anwendbar!	▸ **§ 323 Abs. 1, 2. Alt. über § 326 Abs. 5, 2. Halbs.** anwendbar!
▸ **grds.:** Fristsetzung erforderlich	▸ **stets keine** Fristsetzung erforderlich, da sinnlos!
▸ **Ausnahme:** entbehrlich gem. § 323 Abs. 2 oder § 440	

– – –

3.3.3.2 Prüfschema: Rückzahlungsanspruch des Käufers nach erklärtem Rücktritt (§§ 346 Abs. 1, 323 Abs. 1, 2. Alt. ggf. i.V.m. §§ 326 Abs. 5, 437 Nr. 2, 1. Alt.)

Prüfschema zum Rückzahlungsanspruch des Käufers nach erklärtem Rücktritt

Wie bereits mehrmals dargestellt, **hat der Rücktritt zwei wesentliche Auswirkungen**: Zum einen **erlöschen die Erfüllungsansprüche ex nunc** („Befreiungswirkung"). Zum anderen besteht ein **Anspruch der Parteien nach § 346 Abs. 1 auf Rückgewähr der erbrachten Leistungen**. In einer Klausur mit Problemen im Zusammenhang mit Mängeln der Kaufsache hat die letztgenannte Auswirkung besondere Bedeutung, da oftmals nach dem Anspruch des Käufers auf Rückzahlung des Kaufpreises gefragt wird.

Die Anspruchskette lautet dann:

▸ Wenn der Nacherfüllungsanspruch möglich ist: §§ 346 Abs. 1, 323 Abs. 1, 2. Alt., 437 Nr. 2, 1. Alt.

▸ Wenn der Nacherfüllungsanspruch unmöglich ist: §§ 346 Abs. 1, 323 Abs. 1, 2. Alt., 326 Abs. 5, 437 Nr. 2, 1. Alt.

➲ Bedenken Sie:

▸ § 346 Abs. 1 ist die Anspruchsgrundlage!

▸ § 323 (ggf. über § 326 Abs. 5 anwendbar) ist der gesetzliche Rücktrittsgrund!

▸ § 437 ist die Verweisungsnorm!

Es ergibt sich folgendes **Prüfschema**:

(I) Anspruch entstanden

(1) Rücktrittsgrund

    (a) Voraussetzungen des § 437 Nr. 2

        (aa) Wirksamer Kaufvertrag (§ 433)

        (bb) Gewährleistungsgrund (§§ 434–436) bei Gefahrübergang

    (b) Voraussetzungen des § 323 Abs. 1, 2. Alt.

        (aa) Wirksamer gegenseitiger Vertrag

        (bb) Nicht vertragsgemäße Erbringung einer möglichen, fälligen und durchsetzbaren Schuldnerpflicht

        (cc) Setzen einer angemessenen Frist zur Nacherfüllung, es sei denn, die Fristsetzung ist entbehrlich nach:

            ▸ § 323 Abs. 2 oder § 440

            ▸ § 326 Abs. 5, 2. Halbs., wenn der Nacherfüllungsanspruch unmöglich ist

        (dd) Nichtvornahme der Nacherfüllung bis Fristablauf (Erfolglosigkeit der Fristsetzung)

(2) Rücktrittserklärung (§ 349)

(3) Kein Ausschluss

    (a) Durch Gesetz, insbes.:

        ▸ § 442; § 445; § 377 Abs. 2 HGB

        ▸ § 323 Abs. 5 S. 2; § 323 Abs. 6

    (b) Durch Rechtsgeschäft (Individualvereinbarung; AGB)

(II) Anspruch erloschen

§§ 438 Abs. 4 S. 1, 218 Abs. 1 (nachträglicher Wegfall des Anspruchs aufgrund Unwirksamkeit des Rücktritts)

(III) Anspruch durchsetzbar

Erläuterung des Prüfschemas

3.3.3.3 Erläuterung des Prüfschemas

ⶌ **Hinweis:** Im Folgenden soll auf die einzelnen Prüfpunkte genauer eingegangen werden. Hierbei werden **Besonderheiten** gegenüber dem Prüfschema bei dem Nacherfüllungsanspruch hervorgehoben. Ergeben sich demgegenüber keine Unterschiede, wird auf die Ausführungen dort verwiesen (vgl. oben: 2. Teil, 1. Abschnitt, 3.3.2.1. und 3.3.2.2.!)!

Rücktrittsgrund

A) Rücktrittsgrund (Gliederungspunkt im Prüfschema (I), (1))

Beim Gliederungspunkt „Rücktrittsgrund" ergeben sich bzgl. des Erfordernisses „wirksamer Kaufvertrag" und „Gewährleistungsgrund" keine Besonderheiten gegenüber dem Nacherfüllungsanspruch.

Bzgl. des Erfordernisses der vorherigen erfolglosen Fristsetzung zur Nacherfüllung ist wie folgt **zu unterscheiden**:

▸ Ist die **Nacherfüllung möglich**, greifen §§ 437 Nr. 2, 1. Alt., 323 Abs. 1, 2. Alt. unmittelbar ein. Hier ist das Fristsetzungserfordernis zu beachten, **es sei denn**, die **Fristsetzung** ist **entbehrlich** nach § 323 Abs. 2 oder § 440.

90

▶ Ist die **Nacherfüllung unmöglich**, sind §§ 437 Nr. 2, 1. Alt., 323 Abs. 1, 2. Alt. über die Regelung des § 326 Abs. 5, 2. Halbs. anwendbar. Dann ist die Fristsetzung **stets entbehrlich** (da sie aufgrund der Unmöglichkeit der Nacherfüllung sinnlos wäre).

B) Ausschlussgründe (Gliederungspunkt im Prüfschema: (I), (3)!)

Ausschlussgründe

Neben den bereits zum Nacherfüllungsanspruch erörterten Ausschlussgründen ist **beim Rücktritt** vor allem der besondere **Ausschlussgrund des § 323 Abs. 5 S. 2** zu beachten. Hiernach ist der Rücktritt ausgeschlossen, wenn die **Pflichtverletzung (d.h. der Mangel) nur unerheblich** ist, d.h. wenn nur ein **Bagatellfall** vorliegt. Was „unerheblich" ist, beurteilt sich aufgrund einer umfassenden Interessenabwägung; heranzuziehen sind die Umstände des Einzelfalles, insbes. Inhalt und Zweck des jeweiligen Vertrags.

Beispiel: K kauft bei V einen neuen Pkw, der nach den Angaben des Herstellers in verschiedenen Zeitungsanzeigen, die die Kaufentscheidung des K beeinflusst hatten, nur 5 Liter auf 100 km verbrauchen soll. Tatsächlich verbraucht der Pkw jedoch 6 Liter auf 100 km.

Hier liegt, wenn zwischen K und V hinsichtlich des Kraftstoffverbrauchs keine Vereinbarung i.S.d. § 434 Abs. 1 S. 1 getroffen wurde, ein Sachmangel nach § 434 Abs. 1 S. 3 vor. Bei einem Neuwagen ist nach der Rspr. des BGH ein Kraftstoff-Mehrverbrauch von mehr als 10% als erheblich anzusehen. Ein Rücktritt des K nach §§ 437 Nr. 2, 1. Alt., 323 ist somit nicht nach § 323 Abs. 5 S. 2 ausgeschlossen.

Gegenbeispiel für einen nur unerheblichen Mangel: Verkauf eines ansonsten einwandfreien Pkw mit funktionsuntüchtigem Zigarettenanzünder.

C) Einwendung aus § 218 Abs. 1 (Gliederungspunkt im Prüfschema (II))

Einwendung aus § 218 Abs. 1 (Unwirksamkeit des Rücktritts)

Die besonders klausurrelevante Problematik der Unwirksamkeit des Rücktritts nach § 218 Abs. 1, der im Kaufrecht nach § 438 Abs. 4 S. 1 anwendbar ist, werden wir später im Zusammenhang mit der Verjährung der Mängelrechte ausführlich darstellen, vgl. 2. Teil, 1. Abschnitt, 3.3.5. Vgl. auch Aufgabe 43!

– – –

Von besonderer Bedeutung ist, dass Sie sich vor Augen halten, dass der **Rücktritt** selbst – **ebenso wie die Minderung – kein Anspruch** ist. Vielmehr entstehen Rückgewähransprüche (wie vorstehend dargestellt) **erst durch die Erklärung, d.h. Ausübung des Rücktritts (bzw. Erklärung der Minderung**; siehe dazu sogleich 3.3.3.4). Es handelt sich somit bei dem Rücktritt – wie bei der Minderung – um sog. **Gestaltungsrechte.**

Rücktritt und Minderung sind Gestaltungsrechte

➲ Warum ist das so?

§ 437 Nr. 2 verweist für den Rücktritt ins allgemeine Leistungsstörungsrecht. Wie aus **§ 349** hervorgeht, muss der Rücktritt erklärt werden. Es handelt sich also um ein Gestaltungsrecht.

Für die Minderung geht der Charakter als Gestaltungsrecht aus **§ 441 Abs. 1 S. 1** hervor: „ ... kann der Käufer den Kaufpreis durch Erklärung ... mindern". Die Minderung muss also ebenso wie der Rücktritt erklärt werden.

○ Aufgabe 43

In welchem Zusammenhang wirkt sich insbesondere der Umstand aus, dass es sich bei dem Rücktritt und der Minderung des Käufers um Gestaltungsrechte handelt?

Lösung:

Erklärung des Rücktritts bzw. der Minderung durch den Käufer erforderlich

▶ **Zum einen** ist zu beachten, dass Rücktritt bzw. Minderung durch den Käufer **erklärt** werden müssen (vgl. § 349 für den Rücktritt, § 441 Abs. 1 S. 1 für die Minderung).

Nur Ansprüche, nicht aber Gestaltungsrechte können verjähren, § 194

▶ **Zum anderen** ist von besonderer Bedeutung, dass Gestaltungsrechte **nicht verjähren** können. Wie sich aus **§ 194** ergibt, unterliegen nämlich nur Ansprüche der Verjährung.

Dies hätte allerdings zur Folge, dass Rücktritt oder Minderung des Käufers (anders als die Nacherfüllung, §§ 437 Nr. 1, 439, und der Schadensersatz, §§ 437 Nr. 3, 280 ff., die als Ansprüche jeweils der Verjährung unterliegen) zeitlich unbegrenzt möglich wären. Deshalb hat der Gesetzgeber als Korrektiv die Norm des **§ 218 Abs. 1** geschaffen. § 218 Abs. 1 ist für das Rücktrittsrecht im Kaufrecht über die Verweisungsnorm des § 438 Abs. 4 S. 1 anwendbar. Für die Minderung wird § 218 Abs. 1 über § 438 Abs. 5 für entsprechend anwendbar erklärt.

Unwirksamkeit von Rücktritt bzw. Minderung

Nach **§ 218 Abs. 1 S. 1** ist hiernach der **Rücktritt** des Käufers **unwirksam**, wenn der Nacherfüllungsanspruch verjährt ist und der Schuldner, d.h. der Verkäufer, sich hierauf beruft. Ist die Nacherfüllung unmöglich, weshalb nach § 275 Abs. 1 kein Nacherfüllungsanspruch besteht, der verjähren kann bzw. wenn die Nacherfüllung nach §§ 439 Abs. 3 oder 275 Abs. 2, 3 verweigert werden kann, greift **§ 218 Abs. 1 S. 2** ein: In diesem Fall ist dann auf die hypothetische Verjährung des (fiktiven) Nacherfüllungsanspruchs abzuheben!

– – –

○ Aufgabe 44

Welcher wichtige Unterschied besteht zwischen dem Rücktritt und der Minderung? Lesen Sie hierzu § 441 Abs. 1 S. 2!

Lösung:

Wichtiger Unterschied zwischen Rücktritt und Minderung wegen § 441 Abs. 1 S. 2

Nach **§ 323 Abs. 5 S. 2** ist ein Rücktritt ausgeschlossen, wenn die Pflichtverletzung (d.h. der Mangel) nur unerheblich ist. Dieser Ausschlussgrund gilt bei der Minderung nicht, vgl. **§ 441 Abs. 1 S. 2**. Das bedeutet, dass die **Minderung auch bei einem nur unerheblichen Mangel** verlangt werden kann!

– – –

⊃ Aufgabe 45

Halten Sie sich nochmals die Regelung des § 326 Abs. 1 vor Augen!

§ 326 Abs. 1 **S. 1** regelt die grundsätzliche Verteilung der Gegenleistungsgefahr (Grundsatz: „Ohne Leistung keine Gegenleistung!"): Grundsätzlich trägt der Schuldner der unmöglichen Leistung die Gegenleistungsgefahr, da die Gegenleistungspflicht des Gläubigers kraft Gesetzes entfällt.

§ 326 Abs. 1 **S. 2** führt aus, dass S. 1 dann nicht gilt, wenn bei der Schlechtleistung der Schuldner (Verkäufer) die Nacherfüllung nicht nach § 275 zu erbringen braucht.

Warum ist diese Regelung des S. 2 erforderlich?

Lösung:

Gäbe es die Regelung des § 326 Abs. 1 S. 2 nicht, würde im Falle des unbehebbaren Mangels, bei dem dem Verkäufer die Nacherfüllung also unmöglich ist, **die Gegenleistungspflicht des Käufers (Kaufpreiszahlung) nach § 326 Abs. 1 S. 1 automatisch**, d.h. **ohne dass es einer Erklärung des Käufers bedarf, teilweise erlöschen**. Die Folge wäre somit eine **automatisch eintretende Minderung**! Durch die Bereichsausnahme des S. 2 wird der Charakter der Minderung als Gestaltungsrecht und damit auch das Wahlrecht des Käufers (Minderung oder Rücktritt zu verlangen, vgl. § 437 Nr. 2) bewahrt.

Bedeutung der Regelung des § 326 Abs. 1 S. 2

– – –

3.3.3.4 Prüfschema: Rückzahlungsanspruch des Käufers nach erklärter Minderung hinsichtlich des zuviel gezahlten Kaufpreises (§§ 346 Abs. 1, 323 Abs. 1, 2. Alt. ggf. i.V.m. §§ 326 Abs. 5, 441 Abs. 1, Abs. 4, 437 Nr. 2, 2. Alt.)

Prüfschema zum Rückzahlungsanspruch des Käufers nach erklärter Minderung

Mindert der Käufer nach §§ 437 Nr. 2, 2. Alt., 441, und hat er den vollen Kaufpreis bereits bezahlt, so ergibt sich nach §§ 346 Abs. 1, 441 Abs. 4, 437 Nr. 2, 2. Alt. ein Rückzahlungsanspruch in Höhe des zuviel bezahlten Kaufpreises.

Es ergibt sich für diesen Anspruch folgendes **Prüfschema**:

(I) Anspruch entstanden

    (1) Voraussetzungen des Rücktrittsrechts (vgl. § 441 Abs. 1 S. 1: „Statt zurückzutreten")

        (a) Voraussetzungen des § 437 Nr. 2

            (aa) Wirksamer Kaufvertrag (§ 433)

            (bb) Gewährleistungsgrund (§§ 434–436) bei Gefahrübergang

        (b) Voraussetzungen des § 323 Abs. 1, 2. Alt.

            (aa) Wirksamer gegenseitiger Vertrag

            (bb) Nicht vertragsgemäße Erbringung der möglichen, fälligen und durchsetzbaren Schuldnerpflicht

            (cc) Setzen einer angemessenen Frist zur Nacherfüllung, es sei denn, die Fristsetzung ist entbehrlich nach:

                ▸ §§ 441 Abs. 1 S. 1, 323 Abs. 2 oder § 440

                ▸ §§ 441 Abs. 1 S. 1, 326 Abs. 5, 2. Halbs., wenn der Nacherfüllungsanspruch unmöglich ist

            (dd) Nichtvornahme der Nacherfüllung bis Fristablauf (Erfolglosigkeit der Fristsetzung)

    (2) Minderungserklärung (§ 441 Abs. 1 S. 1)

    (3) Kein Ausschluss

        (a) Durch Gesetz, insb.:

            ▸ § 442; § 445; § 377 Abs. 2 HGB

            ▸ § 323 Abs. 6

            ▸ **Beachte:** § 323 Abs. 5 S. 2 gilt nicht, vgl. § 441 Abs. 1 S. 2!

        (b) Durch Rechtsgeschäft (Individualvereinbarung; AGB)

(II) Anspruch erloschen

    §§ 438 Abs. 5, 218 Abs. 1 (nachträglicher Wegfall des Anspruchs aufgrund Unwirksamkeit der Minderung)

(III)Anspruch durchsetzbar

Erläuterung des Prüfschemas

3.3.3.5 Erläuterung des Prüfschemas

⊃ **Hinweis:** Im Folgenden soll auf die einzelnen Prüfpunkte genauer eingegangen werden. Hierbei werden **Besonderheiten** gegenüber dem Prüfschema bei dem Nacherfüllungsanspruch bzw. beim Rückzahlungsanspruch nach erklärtem Rücktritt hervorgehoben. Ergeben sich demgegenüber keine Unterschiede, wird auf die Ausführungen dort verwiesen (vgl. oben: 2. Teil, 1. Abschnitt, 3.3.2.1, 3.3.2.2 und 3.3.3.2, 3.3.3.3)!

Voraussetzungen des Rücktrittsrechts

A) Voraussetzungen des Rücktrittsrechts (Gliederungspunkt im Prüfschema (I), (1))

Aus der Formulierung „Statt zurückzutreten ..." in § 441 Abs. 1 S. 1 folgt, dass für die Minderung die Voraussetzungen des Rücktrittsrechts vorliegen müssen. Insoweit kann daher auf die Anmerkungen unter 2. Teil, 1. Abschnitt, 3.3.3.2 und 3.3.3.3 verwiesen werden.

Minderungserklärung

B) Minderungserklärung (Gliederungspunkt im Prüfschema (I), (2))

Wie bereits dargestellt, muss nach § 441 Abs. 1 S. 1 die Minderung erklärt, d.h. das Minderungsrecht ausgeübt werden, es handelt sich somit um ein Gestaltungsrecht.

C) Ausschlussgründe (Gliederungspunkt im Prüfschema (I), (3))

Heben Sie sich den insoweit bestehenden wesentlichen Unterschied zum Rücktritt hervor: Nach § 441 Abs. 1 S. 2 gilt der Ausschlussgrund des § 323 Abs. 5 S. 2 bei der Minderung nicht, d.h. die Minderung ist auch bei nur unerheblicher Pflichtverletzung (Mangel) möglich!

D) Einwendung aus § 218 Abs. 1 (Gliederungspunkt im Prüfschema (II))

Die besonders klausurrelevante Problematik der Unwirksamkeit der Minderung nach § 218 Abs. 1, der im Kaufrecht nach § 438 Abs. 5 anwendbar ist, werden wir später im Zusammenhang mit der Verjährung der Mängelrechte ausführlich darstellen, vgl. 2. Teil, 1. Abschnitt, 3.3.5. Vgl. auch Aufgabe 43!

3.3.4 Schadensersatzansprüche des Käufers

Die Regelung des § 437 Nr. 3 verweist für die Schadensersatzansprüche des Käufers bei Lieferung einer mangelhaften Sache auf die §§ 280, 281, 283, 311 a, 440.

➲ **Hinweis:** Aus dem Verweis in § 437 Nr. 3 auf die Regelung des § 284 wird deutlich, dass der Käufer auch anstelle des Schadensersatzes statt der Leistung Aufwendungsersatz verlangen kann.

➲ Aufgabe 46

Analysieren Sie den Regelungsgehalt der in § 437 Nr. 3 genannten Normen und versuchen Sie zu erklären, wie diese Normen bei der Schlechtleistung einzuordnen sind!

Lösung:

▶ **§ 280 Abs. 1** ist die zentrale Norm für den Schadensersatzanspruch im Leistungsstörungsrecht (Anspruchsgrundlage!).

▶ **§ 311 a Abs. 2** ist für die anfängliche Unmöglichkeit eine gegenüber § 280 Abs. 1 spezielle Regelung für den Schadensersatzanspruch statt der Leistung (Anspruchsgrundlage!). Diese Regelung ist bei der Schlechtleistung einschlägig, wenn die **Nacherfüllung anfänglich unmöglich** ist (**anfänglich unbehebbarer Mangel**).

▶ **§§ 280 Abs. 3, 281** nennt für den Schadensersatz statt der Leistung bei Verzögerung der Leistung (Abs. 1 S. 1, 1. Alt.) bzw. Schlechtleistung (Abs. 1 S. 1, 2. Alt.) als weitere Voraussetzung die vorherige erfolglose Fristsetzung (Recht zur zweiten Andienung). § 281 Abs. 1 S. 1, 2. Alt. ist bei der Schlechtleistung anwendbar, wenn die **Nacherfüllung** möglich ist (**behebbarer Mangel**), in diesem Fall macht das Erfordernis der vorherigen erfolglosen Fristsetzung Sinn!

▶ Diese Fristsetzung ist nach **§§ 280 Abs. 3, 283** für die nachträgliche Unmöglichkeit stets entbehrlich, da sie in diesem Fall auch sinnlos wäre. Diese Regelung ist bei der Schlechtleistung anwendbar, wenn der **Nacherfüllungsanspruch nachträglich unmöglich** geworden ist **(nachträglich unbehebbarer Mangel)**.

▶ **§ 440 erweitert** bei der Schlechtleistung im Kaufrecht für den Schadensersatzanspruch aus §§ 280 Abs. 1, Abs. 3, 281 **die Fälle der Entbehrlichkeit der Fristsetzung**. § 440 ergänzt also für das Kaufrecht den § 281 Abs. 2.

– – –

Prüffolge bei Schadensersatzansprüchen des Käufers

1. Frage: Schadensersatz statt oder neben der Leistung?

Aus dem Zusammenspiel der genannten Normen ergibt sich bei der Prüfung der Schadensersatzansprüche des Käufers zunächst folgende

1. Frage:
Begehrt der Käufer Schadensersatz **statt** der Leistung **oder** Schadensersatz **neben** der Leistung?

Diese Frage ist deshalb zu stellen, weil beim Schadensersatz statt der Leistung zusätzlich zu § 280 Abs. 1 über § 280 Abs. 3 weitere Voraussetzungen (der §§ 281 bzw. 283) zu berücksichtigen sind bzw. § 311 a Abs. 2 eingreift. Erinnern Sie sich an diese bereits besprochene Grundfrage!

– – –

Schadensersatz statt der Leistung

3.3.4.1 Schadensersatz statt der Leistung

Schadensersatz **statt** der Leistung ist der Schaden, der **an die Stelle der geschuldeten Leistung** tritt.

Schadensersatz statt der Leistung ist der Schaden, der sich **aus dem endgültigen Ausbleiben der Leistung** ergibt. Er umfasst **alle Schäden, die vermieden worden wären, wenn der Verkäufer im spätest möglichen Zeitpunkt noch nacherfüllt** hätte. **Nicht** vom Schadensersatz statt der Leistung erfasst (und somit als Schadensersatz **neben** der Leistung eingeordnet!) werden somit solche Schäden, die **vor diesem Zeitpunkt eingetreten** sind!

Umstritten ist in der Folge jedoch, auf **welchen Zeitpunkt** insoweit für die Einordnung als Schadensersatz statt der Leistung abzustellen ist. Eine Ansicht stellt entscheidend auf den Zeitpunkt ab, in dem die Nacherfüllung nach § 275 Abs. 1-3 unmöglich ist oder der Käufer nach erfolgloser Fristsetzung zur Nacherfüllung Schadensersatz statt der Leistung **verlangt**, wodurch nach § 281 Abs. 4 der Erfüllungsanspruch des Käufers erlischt.
Nach der vorzugswürdigen Gegenauffassung ist demgegenüber der **Zeitpunkt des erfolglosen Ablaufs der Frist zur Nacherfüllung** maßgeblich.

➲ **Hinweis:** Bei Entbehrlichkeit der Fristsetzung (z.B. gem. § 281 Abs. 2) ist nach dieser Ansicht der Zeitpunkt des Eintretens des Umstands, der die Fristsetzung entbehrlich macht, bzw. wenn von vornherein kein Nacherfüllungsanspruch bestand, der Zeitpunkt der Lieferung, maßgeblich!

Beispiele für den Schadensersatz statt der Leistung: der mangelbedingte Minderwert der Kaufsache; Kosten der Reparatur; die aus einem Deckungskauf entstehenden Mehrkosten; sonstige Vermögensnachteile, wie z.B. entgangener Gewinn, wenn sie auf dem endgültigen Ausbleiben der Leistung beruhen!

➲ **Weiterführender Hinweis:** Zum Teil wird in der Literatur für die Einordnung als Schadensersatz statt der Leistung weiterhin an den früheren, aus der Zeit vor der Schuldrechtsreform stammenden **Begrifflichkeiten des sog. Äquivalenzinteresses und des sog. Mangelschadens festgehalten.** Hiernach handelt es sich um Schadensersatz statt der Leistung, soweit das Interesse des Käufers betroffen ist, eine vollwertige, zum vorausgesetzten Gebrauch taugliche Sache zu erhalten (= Äquivalenzinteresse). Der Schadensersatzanspruch tritt an die Stelle der Leistung. Wie nach der Rechtslage bis zur Schuldrechtsreform sind danach nur Schäden an der Kaufsache selbst sowie die damit in Zusammenhang stehenden Vermögensnachteile erfasst (= Mangelschaden).
Es erscheint jedoch vorzugswürdig, sich bei Anwendung des neuen Schuldrechts nicht mehr an diesen früheren Begrifflichkeiten zu orientieren, da sie bei dem Aufsuchen der richtigen Anspruchsgrundlage oftmals untauglich sind und zudem durch das Festhalten an den alten Begriffen unter Umständen die Gefahr besteht, die Wertungen und Strukturen des neuen Schuldrechts nicht richtig zu erfassen!

➲ Wenn Sie mehr dazu wissen wollen:
Vgl. AS-Skript SchuldR AT 1, 16. Aufl. 2006, S. 136 ff.; Lorenz NJW 2002, 2497, 2500; Tiedtke/Schmitt BB 2005, 615, 617.

Haben Sie mit der **ersten Frage** (Schadensersatz „statt" oder „neben" der Leistung?) ermittelt, dass der Käufer Schadensersatz statt der Leistung begehrt, stellt sich nunmehr **zum Auffinden der richtigen Anspruchsgrundlage** folgende

2. Frage:
Ist die **Nacherfüllung möglich** oder **unmöglich?**

2. Frage: Nacherfüllung möglich oder unmöglich?

▶ Ist der **Nacherfüllungsanspruch möglich,** dann sind **§§ 437 Nr. 3, 280 Abs. 1, Abs. 3, 281 Abs. 1 S. 1, 2. Alt.** einschlägig (§ 280 Abs. 1 ist alleine die Anspruchsgrundlage!).

▶ Ist der **Nacherfüllungsanspruch unmöglich,** dann lautet die nächste

3. Frage:
Liegt eine **anfängliche** oder eine **nachträgliche Unmöglichkeit der Nacherfüllung** vor?

3. Frage: Nacherfüllung anfänglich oder nachträglich unmöglich?

▶ Bei **anfänglicher Unmöglichkeit** sind **§§ 437 Nr. 3, 311 a Abs. 2 S. 1** als Anspruchsgrundlage einschlägig.

▶ Bei **nachträglicher Unmöglichkeit** greift der Anspruch aus **§§ 437 Nr. 3, 280 Abs. 1, Abs. 3, 283** ein.

Bei der **Rechtsfolge, nämlich der Berechnung des zu leistenden Schadensersatzes**, stellt sich – und zwar unabhängig davon, ob als Anspruchsgrundlage § 280 Abs. 1, Abs. 3 i.V.m. § 281 oder § 311 a Abs. 2 oder § 280 Abs. 1, Abs. 3 i.V.m. § 283 heranzuziehen ist – schließlich folgende

4. Frage:
Begehrt der Geschädigte **sog. kleinen** oder **sog. großen Schadensersatz**?

4. Frage: kleiner oder großer Schadensersatz?

Kleiner Schadensersatz bedeutet, dass nur hinsichtlich des leistungsgestörten (mangelhaften) Teils Schadensersatz verlangt wird. Der Käufer behält dabei die Kaufsache. Die **Normenkette für die Anspruchsgrundlage** lautet, **wenn der Nacherfüllungsanspruch**

Kleiner Schadensersatz

▶ möglich ist: **§§ 437 Nr. 3, 280 Abs. 1, Abs. 3, 281 Abs. 1 S. 1, 2. Alt.,**

▶ anfänglich unmöglich ist: **§§ 437 Nr. 3, 311 a Abs. 2 S. 1,**

▶ nachträglich unmöglich ist: **§§ 437 Nr. 3, 280 Abs. 1, Abs. 3, 283 S. 1.**

In der Praxis wird jedoch bei einer Schlechtleistung dem Käufer der kleine Schadensersatz nur ausreichen, wenn es sich um abgrenzbare Mängel handelt, die ohne Schwierigkeiten behebbar sind. Bei umfangreichen Mängeln wird dagegen das Leistungsinteresse des Käufers regelmäßig dahin gehen, den **sog. großen Schadensersatz** zu fordern. Das Gesetz nennt den großen Schadensersatz „Schadensersatz **statt der ganzen** Leistung" (vgl. § 281 Abs. 1 S. 3). **Großer Schadensersatz** bedeutet, dass der Käufer die Sache zurückgibt und seinen gesamten, aus der Nichterfüllung entstehenden Schaden – d.h. also Schadensersatz hinsichtlich der gesamten Leistung – geltend macht. Diesen sog. großen Schadensersatz **kann der Käufer jedoch nicht verlangen (Ausschlussgrund!)**, wenn **die Pflichtverletzung (der Mangel) nur unerheblich** ist, vgl. **§§ 437 Nr. 3, 281 Abs. 1 S. 3.** Die **Normenkette für die Anspruchsgrundlage** lautet, **wenn der Nacherfüllungsanspruch**

Großer Schadensersatz (= „Schadensersatz statt der ganzen Leistung")

▶ möglich ist: **§§ 437 Nr. 3, 280 Abs. 1, Abs. 3, 281 Abs. 1 S. 3,**

▶ anfänglich unmöglich ist: **§§ 437 Nr. 3, 311 a Abs. 2 S. 3, 281 Abs. 1 S. 3,**

▶ nachträglich unmöglich ist: **§§ 437 Nr. 3, 280 Abs. 1, Abs. 3, 283 S. 2, 281 Abs. 1 S. 3.**

Schließlich ist zu beachten, dass § 437 Nr. 3 auch auf § 284 verweist. Hierdurch wird klargestellt, dass anstelle des Schadensersatzes statt der Leistung der Käufer bei Lieferung einer mangelhaften Sache auch **Ersatz seiner vergeblichen Aufwendungen** verlangen kann. **Beachte nochmals:** Dies ist kein Schadensersatzanspruch, da Aufwendungen als freiwillige, Schäden hingegen als unfreiwillige Vermögensopfer definiert sind! Jedoch folgt aus dem Merkmal „anstelle", dass die Voraussetzungen eines Schadensersatzanspruchs statt der Leistung erfüllt sein müssen.

Aufwendungsersatz, §§ 437 Nr. 3, 284

Wohl überwiegend wird die Ansicht vertreten, dass aus der Formulierung „oder" in § 437 Nr. 3 (ebenso wie aus der Formulierung „anstelle" i.S.d. § 284, siehe bereits oben, S. 57!) zu folgern ist, dass Aufwendungsersatz nur alternativ zum Schadensersatz statt der Leistung gefordert werden kann. Hingegen bezieht sich nach der Rspr. des BGH die Alternativität nur auf den konkreten einzelnen Schadensposten, den der Gläubiger nur entweder als Schadensersatz statt der Leistung oder als Aufwendung ersetzt verlangen können soll. Dies wird damit begründet, dass hierdurch lediglich eine doppelte Kompensation vermieden werden soll.

3.3.4.2 Schadensersatz neben der Leistung

Schadensersatz neben der Leistung

Schadensersatz **neben** der Leistung **erfasst die Schäden, die auch bei ordnungsgemäßer Nacherfüllung im spätest möglichen Zeitpunkt bestehen bleiben**, sodass eine **Fristsetzung nicht sinnvoll** ist.

Beim Schadensersatz neben der Leistung lassen sich **zwei Fallgruppen** unterscheiden:

Zunächst ist der sog. **einfache Schadensersatz** zu nennen, der gem. **§§ 437 Nr. 3, 280 Abs. 1** ersatzfähig ist. Einfacher Schadensersatz betrifft nur – aber nicht alle! – Schäden, die **zu einer Zeit entstehen, zu der noch eine Nacherfüllungsmöglichkeit besteht**. Er spielt daher keine Rolle, wenn der Verkäufer von vornherein nicht nacherfüllen kann!

Beispiele für den einfachen Schadensersatz neben der Leistung: Körperschäden, Eigentumsverletzungen sowie sonstige Vermögensnachteile, wie z.B. Nutzungsausfall, entgangener Gewinn etc., die auch bei ordnungsgemäßer Nacherfüllung im spätest möglichen Zeitpunkt bestehen blieben!

➲ **Weiterführender Hinweis:** Zum Teil wird in der Literatur auch für die Einordnung als Schadensersatz neben der Leistung weiterhin an den früheren, aus der Zeit vor der Schuldrechtsreform stammenden **Begrifflichkeiten des sog. Integritätsinteresses und des sog. Mangelfolgeschadens festgehalten.** Hiernach schützt der einfache Schadensersatz neben der Leistung das Interesse des Käufers am Erhalt unversehrter Rechtsgüter (= Integritätsinteresse). Er erfasst daher die Schäden, die dem Käufer durch die Mangelhaftigkeit außerhalb der Kaufsache an anderen Rechtsgütern dadurch entstehen, dass er sie im Vertrauen auf die Mangelfreiheit in Betrieb genommen hat (= Mangelfolgeschaden).

Wie oben bereits dargestellt, erscheint es jedoch vorzugswürdig, sich bei Anwendung des neuen Schuldrechts nicht mehr an diesen früheren Begrifflichkeiten zu orientieren, da sie bei dem Aufsuchen der richtigen Anspruchsgrundlage oftmals untauglich sind und zudem durch das Festhalten an den alten Begriffen unter Umständen die Gefahr besteht, die Wertungen und Strukturen des neuen Schuldrechts nicht richtig zu erfassen!

Einen **Sonderfall** des Schadensersatzes neben der Leistung bildet der **Ersatz des Verzögerungsschadens** nach **§§ 437 Nr. 3, 280 Abs. 1, Abs. 2, 286**, den der Käufer verlangen kann, wenn der Verkäufer **mit der Nacherfüllung** im Verzug ist.

Verzögerungsschaden

Beispiel: Rechtsverfolgungskosten, die dem Käufer durch die gerichtliche Geltendmachung des Nacherfüllungsanspruchs entstehen.

Hinweis: Zwar verweist § 437 Nr. 3 nicht ausdrücklich auf § 286. Allerdings verweist § 437 Nr. 3 auf § 280, dessen Abs. 2 wiederum auf § 286 verweist. § 286 ist daher bei Verzug mit der Nacherfüllung anwendbar!

Unterscheide: Führt eine Schlechtleistung bereits zu Schäden wegen fehlender Verwendungsmöglichkeit der gelieferten Sache (z.B. Betriebsausfallschaden), ist nach ganz h.M. **§§ 437 Nr. 3, 280 Abs. 1** einschlägig. Hingegen werden mit **§§ 437 Nr. 3, 280 Abs. 1, Abs. 2, 286** nur **weitergehende** Schäden infolge des Verzugs **mit der Nacherfüllungspflicht aus § 439 Abs. 1** erfasst.

Für die **Ermittlung der richtigen Anspruchsgrundlage bei Ersatzansprüchen des Käufers wegen mangelbedingter Schäden** ist somit **folgendes Prüfschema** zugrunde zu legen:

Übersicht zur Prüffolge bei Ersatzansprüchen wegen mangelbedingter Schäden im Kaufrecht

Übersicht: Ersatzansprüche wg. mangelbedingter Schäden im Kaufrecht

Ausgangspunkt: Rechtsgrundverweisung von **§ 437 Nr. 3**

1. Frage: Schadensersatz *statt* oder *neben* der Leistung?

statt | neben

▶ Schaden, der an die Stelle der geschuldeten Leistung tritt / der aus dem endgültigen Ausbleiben der Leistung resultiert / der durch Nacherfüllung noch zu verhindern ist

▶ § 280 Abs. 1 (einfacher Schadensersatz)
▶ §§ 280 Abs. 1, Abs. 2, 286 (Schäden wegen Verzögerung der Nacherfüllung)

2. Frage: Nacherfüllung *möglich* oder *unmöglich*?

▶ §§ 280 Abs. 1, Abs. 3, 281 Abs. 1
▶ Grds.: Fristsetzung erforderlich
▶ Ausnahme: entbehrlich gem. § 281 Abs. 2 oder § 440

3. Frage: *Anfänglich* oder *nachträglich* unmöglich?

▶ § 311 a Abs. 2 | ▶ §§ 280 Abs. 1, Abs. 3, 283

3. Frage: *Kleiner* oder *großer* Schadensersatz

▶ §§ 280 Abs. 1, Abs. 3, 281 Abs. 1 S. 1 | ▶ §§ 280 Abs. 1, Abs. 3, 281 Abs. 1 S. 3

4. Frage: *Kleiner* oder *großer* Schadensersatz

kleiner SE	großer SE	kleiner SE	großer SE
▶ § 311 a Abs. 2 S. 1	▶ § 311 a Abs. 2 S. 3 i.V.m. § 281 Abs. 1 S. 3	▶ §§ 280 Abs. 1, Abs. 3, 283 S. 1	▶ §§ 280 Abs. 1, Abs. 3, 283 S. 2 i.V.m. § 281 Abs. 1 S. 3

➲ Wenn Sie mehr wissen wollen:

Vgl. zu den Schadensersatzansprüchen des Käufers bei Lieferung einer mangelhaften Sache: AS-Skript SchuldR BT (Kaufrecht), 14. Aufl. 2006, S. 78 ff.

⊃ Aufgabe 47

Welcher Unterschied besteht zwischen dem Schadensersatzanspruch des Käufers „statt der Leistung" (§§ 437 Nr. 3, 280 Abs. 1, Abs. 3, 281 bzw. 283 oder §§ 437 Nr. 3, 311 a Abs. 2) und „neben der Leistung" (§§ 437 Nr. 3, 280 Abs. 1) im Hinblick auf die Pflichtverletzung bzw. den Bezugspunkt für das Vertretenmüssen?

Lösung:

Zu beachten ist, dass bei einem Schadensersatzanspruch infolge einer Pflichtverletzung diese den Bezugspunkt für das Vertretenmüssen darstellt! Daher ist bei den Schadensersatzansprüchen des Käufers wie folgt **zu unterscheiden**:

(I) **Schadensersatz neben der Leistung:** Im Rahmen des Anspruchs aus §§ 437 Nr. 3, 280 Abs. 1 ist nach allen Auffassungen die Pflichtverletzung in der Lieferung der mangelhaften Sache, d.h. in dem Verstoß gegen § 433 Abs. 1 S. 2 zu sehen. Dies ist auch der Bezugspunkt für das Vertretenmüssen, sodass es insoweit darauf ankommt, ob der Verkäufer den Mangel kannte oder kennen musste oder ihn schuldhaft verursacht hat.

Pflichtverletzung und Bezugspunkt des Vertretenmüssens beim Schadensersatz neben der Leistung

(II) **Schadensersatz statt der Leistung:** Beim Schadensersatz statt der Leistung ist zu beachten, dass es sich hierbei um den Schaden handelt, der aus der **Nichterfüllung** resultiert, weshalb als Bezugspunkt für die Haftung nicht allein der Mangel, sondern dessen Nichtbehebung heranzuziehen ist. Insoweit ist zu unterscheiden:

Pflichtverletzung und Bezugspunkt des Vertretenmüssens beim Schadensersatz statt der Leistung

▶ Bei dem Anspruch aus **§§ 437 Nr. 3, 311 a Abs. 2** ist für das Vertretenmüssen auf die unrichtige Einschätzung der eigenen Leistungsfähigkeit durch den Verkäufer, d.h. darauf abzustellen, ob er den (bereits anfänglich unbehebbaren) Mangel kannte oder seine Unkenntnis zu vertreten hat.

▶ Bei dem Anspruch aus **§§ 437 Nr. 3, 280 Abs. 1, Abs. 3, 283** ist für das Vertretenmüssen entscheidend, ob der Verkäufer die Umstände, die zur nachträglichen Unmöglichkeit der Nacherfüllung geführt haben, zu vertreten hat.

▶ Bei dem Anspruch aus **§§ 437 Nr. 3, 280 Abs. 1, Abs. 3, 281** ist **umstritten**, was als **Pflichtverletzung** und damit als **Bezugspunkt für das Vertretenmüssen** heranzuziehen ist. Dies ist deshalb fraglich, weil bei diesem Anspruch an sich **zwei Pflichtverletzungen** – nämlich die Lieferung der mangelhaften Sache („1. Pflichtverletzung") sowie das Unterlassen der Nacherfüllung („2. Pflichtverletzung") – vorliegen. Zum Teil wird in der Literatur als allein maßgebend angesehen, ob der Verkäufer die Nichtvornahme der Nacherfüllung im

101

Rahmen der Nacherfüllungsfrist zu vertreten hat. Nach wohl h.M. haftet der Verkäufer hingegen, wenn er (alternativ) entweder den Mangel oder das Unterlassen der Nacherfüllung zu vertreten hat.

➲ Wenn Sie mehr wissen wollen:
Vgl. zum Problemkreis des Vertretenmüssens des Verkäufers näher: Lorenz NJW 2007 1, 6 f m.w.N.

– – –

Wollen wir die vorstehend ermittelte **Prüffolge zum Auffinden der richtigen Normenkette** für die Schadensersatzansprüche im Kaufrecht **anhand des folgenden Fallbeispiels einüben**:

➲ Aufgabe 48

K kauft beim Autohändler V einen gebrauchten Audi A2. V versichert dem K, dass der Wagen sich in einem technisch einwandfreien Zustand befindet. Gleichwohl war die Bereifung – was V nicht wusste – fehlerhaft montiert. K verursacht daher einen schweren Unfall. Er verlangt von V Schadensersatz wegen folgender Kosten:

▶ entstandene Reparaturkosten

▶ Kosten für die neue Bereifung

▶ Kosten für das zerstörte Handy, das sich zum Zeitpunkt des Unfalls im Auto befand

▶ Heilbehandlungskosten.

V lehnt von Anfang an eine Reparatur des Fahrzeugs sowie die Lieferung eines Ersatzfahrzeugs ab.

(I) Ermitteln Sie die jeweilige Normenkette für die vertraglichen Schadensersatzansprüche und heben Sie hervor, welche Norm die Anspruchsgrundlage ist.

(II) Erstellen Sie eine Lösungsskizze!

Lösung:

Auffinden der Anspruchs-
grundlage

(I) Die Anspruchsgrundlage wird nach der begehrten Rechtsfolge ausgewählt. K verlangt Schadensersatz wegen einer Schlechtleistung des V. Ausgangspunkt ist somit die Verweisungsnorm des § 437 Nr. 3.
Bezüglich der **ersten beiden Schadensposten** wird Schadensersatz **statt** der Leistung begehrt, da dies Schäden sind, die aus dem endgültigen Ausbleiben der Leistung resultieren, die durch Nacherfüllung im spätest möglichen Zeitpunkt noch hätten verhindert werden können. Der Nacherfüllungsanspruch ist in Form der Nachbesserung noch möglich. Da K den Audi behalten will, verlangt er den sog. kleinen Schadensersatz (Definition s.o.). Normenkette ist daher §§ 437 Nr. 3,

280 Abs. 1, Abs. 3, 281 Abs. 1 S. 1, 2. Alt. Anspruchsgrundlage ist jedoch einzig § 280 Abs. 1 (das sollte in einer Klausur hervorgehoben werden!).

Bezüglich der **letztgenannten beiden Schadensposten** wird Schadensersatz **neben** der Leistung begehrt, da diese Schäden auch bei ordnungsgemäßer Nacherfüllung im spätest möglichen Zeitpunkt bestehen blieben. Die Normenkette ist daher §§ 437 Nr. 3, 280 Abs. 1. Anspruchsgrundlage ist § 280 Abs. 1.

(II) **Lösungsskizze:**

   (1) **§§ 437 Nr. 3, 280 Abs. 1, Abs. 3, 281 Abs. 1 S. 1, 2. Alt. (hinsichtlich der ersten beiden Schadensposten: Reparaturkosten, Kosten für die neue Bereifung)**

     (a) Die Voraussetzungen des § 437 Nr. 3 liegen vor, da ein wirksamer Kaufvertrag (§§ 433, 145 ff.) gegeben ist und der Pkw im Zeitpunkt der Übergabe (§ 446) einen Sachmangel nach § 434 Abs. 1 S. 2 Nr. 2 aufweist.

     (b) Voraussetzungen der §§ 280 Abs. 1, Abs. 3, 281 Abs. 1 S. 1, 2. Alt.:

     (aa) Ein wirksames Schuldverhältnis ist mit dem Kaufvertrag nach §§ 433, 145 ff. gegeben.

     (bb) Hieraus resultiert eine bestehende, fällige und durchsetzbare Pflicht des V aus § 433 Abs. 1 S. 2, den Audi A2 mangelfrei zu verschaffen, die dieser nicht wie geschuldet erfüllt hat (= „1. Pflichtverletzung").

     (cc) Fristsetzung zur Nacherfüllung nach § 281 Abs. 1 S. 1, 2. Alt.: Hier nach § 281 Abs. 2, 1. Alt. entbehrlich.

     (dd) (Weitere) Pflichtverletzung des V: Bei dem Anspruch aus §§ 437 Nr. 3, 280 Abs. 1, Abs. 3, 281 Abs. 1 S. 1, 2. Alt. ist als weitere Pflichtverletzung die Nichtvornahme der Nacherfüllung bis Fristablauf (im – hier gegebenen – Fall der Entbehrlichkeit der Nachfristsetzung gemäß § 281 Abs. 2: die Nichtvornahme der Nacherfüllung bis zu dem Zeitpunkt, in dem die Nacherfüllung entbehrlich geworden ist) erforderlich. Dies liegt hier vor.

     (ee) Fraglich ist, ob eine Exkulpation des V nach § 280 Abs. 1 S. 2 möglich ist. Insoweit ist umstritten, was Bezugspunkt für das Vertretenmüssen ist:

     ▶ Nach wohl h.A. muss ein Verschulden des Verkäufers entweder bzgl. des Mangels oder der unterlassenen Nacherfüllung vorliegen. Für das Verschulden hinsichtlich des Mangels kommt es darauf an, ob der Verkäufer den Mangel kannte oder kennen musste oder ihn schuldhaft verursacht hat. Folgt man dieser

103

Sichtweise, liegt bereits aus diesem Grund Verschulden des V vor, da er eine Garantie i.S.d. § 276 Abs. 1 S. 1 übernommen (verschuldensunabhängige Haftung wegen der Zusicherung des V) und daher den Mangel zu vertreten hat.

▶ Folgt man der Gegenansicht, ist beim Schadensersatz statt der Leistung (Nichterfüllungsschaden) gemäß §§ 437 Nr. 3, 280 Abs. 1, Abs. 3, 281 allein darauf abzustellen, ob der Verkäufer die Gründe, die zur Nichtvornahme der Nacherfüllung geführt haben, zu vertreten hat. Auch nach dieser – vorzugswürdigen – Auffassung liegt hier ein Verschulden des V vor: Wer nämlich die Mangelfreiheit zum Zeitpunkt der Ablieferung der Kaufsache i.S.d. § 276 Abs. 1 S. 1 garantiert, garantiert zugleich seine Fähigkeit zur Nacherfüllung innerhalb einer angemessenen Frist.

▶ Da beide Ansichten zum gleichen Ergebnis kommen, ist eine Stellungnahme, welcher Auffassung Folge zu leisten ist, hier entbehrlich.

Ergebnis: Ein Anspruch aus §§ 437 Nr. 3, 280 Abs. 1, Abs. 3, 281 Abs. 1 S. 1, 2. Alt. greift hinsichtlich der ersten beiden Schadensposten (Reparaturkosten, Kosten für die neue Bereifung) ein.

Schadensersatz neben der Leistung (Mangelfolgeschaden)

(2) **§§ 437 Nr. 3, 280 Abs. 1 (hinsichtlich der letzten beiden Schadensposten: Kosten für ein neues Handy, Heilbehandlungskosten)**

(a) Die Voraussetzungen des § 437 Nr. 3 liegen vor (s.o.).

(b) Voraussetzungen des § 280 Abs. 1:

(aa) Mit dem Kaufvertrag liegt das erforderliche Schuldverhältnis vor.

(bb) Mit dem Sachmangel i.S.d. § 434 Abs. 1 S. 2 Nr. 2 ist die Pflichtverletzung (Verstoß gegen § 433 Abs. 1 S. 2) gegeben.

(cc) Schließlich hat der V diese Pflichtverletzung auch zu vertreten, da eine Auslegung der übernommenen Garantie des V ergibt, dass diese von ihrem Zweck her auch den Nichteintritt von Körperschäden und Eigentumsverletzungen garantieren sollte.

Beachte: Im Rahmen der §§ 437 Nr. 3, 280 Abs. 1 ist nach allen Auffassungen die Lieferung der mangelhaften Sache, d.h. der Verstoß gegen § 433 Abs. 1 S. 2, Bezugspunkt für das Vertretenmüssen!

Ergebnis: Ein Anspruch aus §§ 437 Nr. 3, 280 Abs. 1 greift hinsichtlich der letzten beiden Schadensposten (Kosten für ein neues Handy, Heilbehandlungskosten) ein.

Delilktische Haftung

(3) **§ 823 Abs. 1**
Im Hinblick auf diesen gesetzlichen Anspruch aus Deliktsrecht **ist zu unterscheiden:**

104

(a) Hinsichtlich des Schadenspostens „neue Bereifung" scheidet ein Anspruch aus, da der Käufer die Sache insoweit nie in mangelfreiem Zustand erworben hat (keine Eigentumsverletzung). Betroffen ist ausschließlich das Äquivalenzinteresse des K.

(b) Hinsichtlich der Schadensposten neues Handy und Heilbehandlung greift der Anspruch hingegen ein, da andere Rechte bzw. Rechtsgüter als die mangelbehaftete Sache verletzt wurden. Betroffen ist das Integritätsinteresse des K.

(c) Hinsichtlich des Schadenspostens „Reparaturkosten" (mit Ausnahme der Kosten der neuen Bereifung) stellt sich das **Problem des sog. „weiterfressenden Mangels"**.

„Weiterfressender Mangel"

(aa) Zu sog. Weiterfresserschäden kommt es bei Mängeln, die sich an der Kaufsache nach Eigentumserwerb noch ausdehnen und so zu einem **Schaden** führen, **der mit dem anfänglichen Mangel nicht stoffgleich** ist.

(bb) In unserem Beispielsfall war der ursprüngliche Mangelunwert auf die fehlerhafte Bereifung begrenzt. Betroffen ist **bzgl. der Bereifung** das Äquivalenzinteresse des K, das nicht unter § 823 Abs. 1 fällt.

(cc) Das **Kfz** war jedoch **im Übrigen** mangelfrei. Eine Stoffgleichheit lag insoweit nicht vor. Betroffen ist bei den Reparaturkosten, die durch die Beschädigung des ursprünglich mangelfreien Teils des Kfz entstanden sind, das Integritätsinteresse des K. Dieses wird von § 823 Abs. 1 erfasst.

Ergebnis: Ein Anspruch aus § 823 Abs. 1 greift hinsichtlich der letzten beiden Schadensposten (Kosten für ein neues Handy, Heilbehandlungskosten) sowie bzgl. des ersten Schadenspostens (Reparaturkosten), nicht jedoch bzgl. des zweiten Schadenspostens (Kosten für die neue Bereifung) ein.

– – –

⊃ Aufgabe 49

Warum kann auch künftig für den Käufer wichtig sein, entsprechend der bisherigen Rechtsprechung zum sog. „weiterfressenden Mangel", neben einem vertraglichen Schadensersatzanspruch aus §§ 437 Nr. 3, 280 Abs. 1 noch einen gesetzlichen Anspruch aus § 823 Abs. 1 zuerkannt zu bekommen?

Lösung:

Bei dieser Frage kommt dem **Verjährungsrecht** entscheidende Bedeutung zu. Zu beachten ist, dass hierbei **weniger die Dauer der Frist** eine Rolle spielt **als vielmehr der Beginn der Frist**. Insoweit ist nämlich **zu unterscheiden**:

Bedeutung der Verjährung bei der Problematik des sog. „weiterfressenden Mangels"

105

(I) Der **vertragliche Anspruch** nach §§ 437 Nr. 3, 280 Abs. 1 verjährt nach § 438 Abs. 1 Nr. 3 grds. in zwei Jahren. Die Frist beginnt zu laufen **mit dem – objektiven – Umstand** der Ablieferung der beweglichen Sache bzw. bei Grundstücken der Übergabe, § 438 Abs. 2, und zwar **unabhängig von der subjektiven Kenntnis des Käufers** von den anspruchsbegründenden Umständen.

(II) Der **gesetzliche Anspruch** nach § 823 Abs. 1 verjährt nach § 195 in drei Jahren. Zu beachten ist allerdings, dass diese (regelmäßige) Verjährungsfrist **nach § 199 Abs. 1 Nr. 2 nicht zu laufen beginnt, bevor der Käufer von dem Mangel Kenntnis erlangt bzw. ohne grobe Fahrlässigkeit erlangen müsste.**

> Eine **objektiv beginnende** Frist bzgl. des deliktischen Schadensersatzanspruchs wegen Eigentumsverletzung **sieht lediglich die Regelung der Höchstfrist in § 199 Abs. 3 vor** (10 Jahre seit Entstehung bzw. 30 Jahre ab Begehung der unerlaubten Handlung).

(III) Da somit zwar zum einen die Dauer der Verjährungsfristen angenähert wurde, zum anderen jedoch aufgrund der unterschiedlichen Regelung des Beginns der Fristen durchaus auch künftig ein Anreiz besteht, auf den deliktsrechtlichen Anspruch auszuweichen, bleibt abzuwarten, wie die Rechtsprechung künftig die umstrittene Rechtsfigur des sog. „weiterfressenden Mangels" behandeln wird.

➲ Wenn Sie mehr wissen wollen:
Zur Problematik des sog. „Weiterfresserschadens" vgl. Tettinger JZ 2006, 639; Heßeler/Kleinhenz JuS 2007, 706.

– – –

3.3.4.3 Ausschluss der Schadensersatzansprüche

Beim **Ausschluss der Schadensersatzansprüche des Käufers** ist – neben den bereits beim Nacherfüllungsanspruch dargestellten Gesichtspunkten (gesetzlicher Ausschluss nach §§ 442, 445 oder § 377 Abs. 2 HGB; Grenzen für den rechtsgeschäftlichen Ausschluss nach § 475 bzw. bei AGB durch §§ 309 Nr. 8 b) und 307) – **auf Folgendes zu achten:**

▶ **Auch beim Verbrauchsgüterkauf ist nach § 475 Abs. 3** eine rechtsgeschäftliche Beschränkung oder ein rechtsgeschäftlicher Ausschluss **des Schadensersatzanspruchs** möglich (vgl. dazu näher unten: 2. Teil, 1. Abschnitt, 3.4.2.2).

▶ Beim rechtsgeschäftlichen Ausschluss bzw. bei rechtsgeschäftlicher Beschränkung **durch AGB** des Verkäufers ist hinsichtlich **Körperschäden** die **Regelung des § 309 Nr. 7 a)** zu beachten, wonach ein solcher Ausschluss oder eine solche Begrenzung **für solche Schäden unabhängig vom Verschulden unwirksam** ist. Für **alle anderen Schäden** ist bei einem Ausschluss oder einer Begrenzung der Haftung durch AGB des Verkäufers wegen einer **grob fahrlässigen Pflichtverletzung** die Regelung des **§ 309 Nr. 7 b)** zu beachten. Hervorzuheben ist, dass die Regelung der § 309 Nr. 7 a) und Nr. 7 b) sowohl beim Verkauf **neuer als auch gebrauchter Sachen** gilt!

3.3.5 Verjährung und Unwirksamkeit von Rücktritt bzw. Minderung

Verjährung und Unwirksamkeit von Rücktritt bzw. Minderung

3.3.5.1 Wirkung der Verjährung

Wirkung der Verjährung

Die Problematik der Verjährung eines Anspruchs ist in der Klausur **unter „Anspruch durchsetzbar" zu prüfen.** Im Obersatz ist auf die Einrede des **§ 214 Abs. 1** abzuheben. Machen Sie nicht den – typischen – Fehler und stellen auf § 438 ab. § 438 enthält Angaben über die Dauer und den Beginn der Verjährung, die Wirkung der Verjährung („Leistung zu verweigern" = Einrede) ist hingegen in § 214 Abs. 1 geregelt.

Der Obersatz lautet also: „Der Anspruch ... könnte wegen der Einrede der Verjährung nicht durchsetzbar sein, § 214 Abs. 1."

Wichtig ist auch, dass sich der Schuldner **auf diese Einrede berufen muss,** damit sie Berücksichtigung findet. (Erinnern Sie sich an den Unterschied zwischen Einrede und Einwendung!)

3.3.5.2 Anwendbarkeit der Verjährungsvorschriften

Anwendbarkeit der Verjährungsvorschriften

Nur Ansprüche unterliegen der Verjährung (vgl. § 194 Abs. 1)! Der Nacherfüllungs- und der Schadensersatzanspruch (§§ 437 Nr. 1, 439 bzw. §§ 437 Nr. 3, 280 ff.) sind als Ansprüche ausgestaltet.

Nur Ansprüche unterliegen der Verjährung, § 194

Rücktritt und Minderung nach § 437 Nr. 2 sind hingegen keine Ansprüche, sondern Gestaltungsrechte. Die **Verjährungsregelung des § 438 Abs. 1** erfasst daher auch folgerichtig **lediglich § 437 Nr. 1 und 3 (nicht Nr. 2!).**

Um nun einen gewissen Gleichlauf mit den Ansprüchen aus § 437 Nr. 1 und 3 (welche verjähren können) zu erreichen, hat der Gesetzgeber die Regelung des **§ 218 Abs. 1** geschaffen, welcher die Unwirksamkeit des Gestaltungsrechts „Rücktritt" anordnet. Zu dieser allgemeinen Regelung des § 218 gelangt man im Kaufrecht für den Fall des Rücktritts über die Verweisungsnorm des **§ 438 Abs. 4 S. 1,** für den Fall der Minderung über **§ 438 Abs. 5.**

Unwirksamkeit des Rücktritts nach § 218 Abs. 1

Verweisungsnorm des § 438 Abs. 4 S. 1 und Abs. 5 im Kaufrecht

Zur Regelung des (§ 438 Abs. 4 S. 1 bzw. Abs. 5 i.V.m.) § 218 ist Folgendes **zu beachten:**

▶ **§ 218 Abs. 1 S. 1 (2. Alt.)** findet Anwendung, wenn die **Nacherfüllung möglich** (d.h. der Mangel behebbar) ist, der Nacherfüllungsanspruch (tatsächlich) verjährt ist und der Verkäufer sich hierauf beruft.

▶ Ist die **Nacherfüllung unmöglich** (d.h. der Mangel anfänglich oder nachträglich unbehebbar, § 275 Abs. 1) oder **kann die Nacherfüllung verweigert werden** (§§ 275 Abs. 2 bzw. 3, 439 Abs. 3), besteht kein (durchsetzbarer) Nacherfüllungsanspruch, der verjähren könnte. § 218 Abs. 1 S. 1 greift hier also nicht ein. Diese Lücke füllt **§ 218 Abs. 1 S. 2** und stellt darauf ab, ob der Nacherfüllungsanspruch (fiktiv) verjährt wäre und der Verkäufer sich hierauf beruft.

▶ § 218 Abs. 1 ist als **rechtsvernichtende Einwendung** gegenüber dem Rückzahlungsanspruch des Käufers nach erklärtem Rücktritt bzw. Minderung nach § 346 Abs. 1 einzuordnen und daher **unter „Anspruch erloschen" zu prüfen.** Innerhalb der Prüfung des § 218 Abs. 1 ist dann inzident auf die Verjährung des (evtl. fiktiven) Nacherfüllungsanspruchs einzugehen.

▶ Hat der Verkäufer trotz Unwirksamkeit des Rücktritts bzw. der Minderung nach § 218 Abs. 1 den Kaufpreis erstattet, kann er ihn nach **§§ 218 Abs. 2, 214 Abs. 2** nicht mehr – gestützt auf die Unwirksamkeit des Rücktritts bzw. der Minderung – zurückfordern.

▶ **Nach erklärtem Rücktritt bzw. erklärter Minderung** entstehen Ansprüche aus §§ 346 ff. (bei der Minderung über § 441 Abs. 4). **Diese Ansprüche** unterfallen der **Regelverjährung des § 195 (Beginn: § 199 Abs. 1)** – insoweit ist also **nicht § 438 einschlägig.**

3.3.5.3 Die Verjährungsfrist des § 438

Verjährungsfrist des § 438

A) Der Grundsatz der §§ 195, 199

Grundsatz der §§ 195, 199

Die regelmäßige Verjährungsfrist ist in **§ 195** geregelt **(Dauer: drei Jahre).** Nach **§ 199 Abs. 1 beginnt** die Regelverjährung mit dem Schluss des Jahres, in dem der Anspruch entstanden ist (Nr. 1) und der Gläubiger von den den Anspruch begründenden Umständen und der Person des Schuldners Kenntnis erlangt hat oder ohne grobe Fahrlässigkeit hätte erlangen müssen (Nr. 2). Liegt das nach § 199 Abs. 1 Nr. 2 erforderliche subjektive Element **(sog. subjektives System)** für den Fristbeginn nicht vor, hätte das zur Folge, dass ein solcher Anspruch nie verjähren würde, da die Frist nie zu laufen beginnen würde! Deshalb gibt es als Korrektiv **die absoluten Höchstfristen des § 199 Abs. 2 bis 4**, durch die das subjektive System des § 199 Abs. 1 mit an objektive Regeln anknüpfenden Höchstfristen kombiniert wird. Wenn die maßgebende Höchstfrist abgelaufen ist, tritt – unabhängig von der Kenntnis bzw. grob fahrlässigen Unkenntnis des Gläubigers – Verjährung ein. Diese Höchstfrist trägt der Rechtssicherheit Rechnung und schützt den Schuldner.

Subjektives System

Kombination mit objektivem System

B) Die Ausnahme des § 438

Ausnahme des § 438

§ 438 ist eine gegenüber der Regelverjährung in §§ 195, 199 **besondere Regelung der Verjährung für die Mängelrechte des Käufers.**

I) Die Dauer der Verjährung (§ 438 Abs. 1)

Die Verjährungsfrist im Kaufrecht beträgt nach **§ 438 Abs. 1 Nr. 3 grundsätzlich zwei Jahre.** Ausnahmsweise kann sich eine Frist von **30 Jahren (Nr. 1)** bzw. von **fünf Jahren (Nr. 2)** ergeben.

⊃ **Hinweis:** Jetzt wird Ihnen sicherlich auch bewusst, weswegen wir bei der Darstellung der Mängelrechte des Käufers immer darauf geachtet haben, dass Sie die Verweisungsnorm des § 437 mitzitieren. Sie laufen dann nämlich nicht Gefahr, bei der Verjährung auf die allgemeine Regelung der §§ 195, 199 abzustellen, sondern haben stets die Sonderregelung des § 438 mit ihrer abweichenden Verjährungsdauer und ihrem abweichenden Verjährungsbeginn vor Augen!

Nach **§ 438 Abs. 1 Nr. 2 a)** gilt beim **Verkauf von Bauwerken** eine Verjährungsfrist von fünf Jahren. Unter einem **Bauwerk** ist eine unbewegliche, durch Verwendung von Arbeit und Material i.V.m. dem Erdboden hergestellte Sache zu verstehen. Ein Bauwerk ist also der Neubau, der Umbau bzw. die Reparatur am Gebäude, wenn diese für den Bestand oder die Erneuerung des Gebäudes von wesentlicher Bedeutung sind und die eingefügten Teile mit ihm fest verbunden werden.

⊃ **Hinweis:** Notieren Sie sich neben § 438 Abs. 1 Nr. 2 a) den **§ 309 Nr. 8 b) ff):** Für neu hergestellte Bauwerke kann die 5-Jahres-Frist nicht durch AGB verkürzt werden (sog. „AGB-Festigkeit"). Heben Sie sich in § 309 Nr. 8 b) im Einleitungssatz das Wort **„neu"** hervor!

Aufgrund der neuen Regelung des **§ 438 Abs. 1 Nr. 2 b)** gilt beim **Verkauf von Baumaterialien** ebenfalls eine Verjährungsfrist von fünf Jahren. Sinn und Zweck dieser Regelung ist ein sog. verjährungsrechtlicher Gleichlauf.

Warum ist das so?

Sinn und Zweck des § 438 Abs. 1 Nr. 2 b) soll an folgendem *Beispiel* verdeutlicht werden: Zwischen dem Besteller B und dem Unternehmer U besteht ein Werkvertrag hinsichtlich der Herstellung eines Bauwerks. U kauft beim Baustofflieferanten L mangelhaftes Baumaterial. Dieses Material verwendet U für das Bauwerk, das wegen dieses Einbaus mangelhaft wird (die Mangelhaftigkeit der Kaufsache ist also ursächlich für die Mangelhaftigkeit des Bauwerks).

Im Verhältnis B – U gilt hinsichtlich der Verjährung der Mängelrechte des B (vgl. § 634) die 5-Jahres-Frist des § 634 a Abs. 1 Nr. 2. Im Verhältnis U – L gilt hinsichtlich der Verjährung der Mängelrechte des U ebenso eine 5-Jahres-Frist nach § 438 Abs. 1 Nr. 2 b). Dem U soll also im Rahmen des Kaufvertrags gegenüber L eine Rückgriffsmöglichkeit erhalten bleiben, wenn er selbst im Rahmen des Werkvertrags in Anspruch genommen wird!

⊃ Aufgabe 50

Der Installateur I kauft beim Küchen- und Bädereinrichtungslieferanten V ein Keramik-Doppelwaschbecken. I baut dieses Waschbecken im Badezim-

---

Marginalien:

Dauer der Verjährung, § 438 Abs. 1

Grundsatz: 2 Jahre, § 438 Abs. 1 Nr. 3

5-Jahres-Frist beim Verkauf von Bauwerken, § 438 Abs. 1 Nr. 2 a

Definition des „Bauwerks"

5-Jahres-Frist beim Verkauf von Baumaterialien, § 438 Abs. 1 Nr. 2 b)

Zweck der Regelung des § 438 Abs. 1 Nr. 2 b)

mer des neu zu errichtenden Hauses des Bestellers B ein. Hiernach stellt sich heraus, dass das Waschbecken einen äußerlich nicht erkennbaren Materialfehler aufweist, sodass es wieder ausgebaut werden muss.

(I) Welche Rechte hat I gegen V?

(II) Wie ist die Rechtslage, wenn I das bei V gekaufte Waschbecken nicht in ein Gebäude einbaut, sondern nur bei sich lagert?

(III) Wie wäre die Rechtslage, wenn I das Waschbecken erst 2 Jahre bei sich lagert und dann in das neu gebaute Gebäude des B einbaut?

Lösung:

(I) I hat gegen V die Rechte gem. § 437. Die in § 437 Nr. 1 und 3 geregelten Ansprüche verjähren nach § 438 Abs. 1 Nr. 2 b) in fünf Jahren mit der Ablieferung der Sache (§ 438 Abs. 2). Sinn und Zweck des § 438 Abs. 1 Nr. 2 b) ist es, einen verjährungsrechtlichen Gleichlauf herbeizuführen: Bauhandwerker (vgl. § 634 a Abs. 1 Nr. 2) und Baustofflieferant (§ 438 Abs. 1 Nr. 2 b)) haften nunmehr gleich lange (fünf Jahre).

(II) Baut der Käufer (hier I) das Baumaterial nicht entsprechend seiner üblichen Verwendungsweise in ein Bauwerk ein, gilt nicht die Verjährungsfrist des § 438 Abs. 1 Nr. 2 b), sondern die 2-jährige Verjährungsfrist des § 438 Abs. 1 Nr. 3.

(III) In diesem Fall ist fraglich, ob für die Mängelrechte des Käufers die 2-jährige Verjährungsfrist des § 438 Abs. 1 Nr. 3 oder die 5-jährige Verjährungsfrist des § 438 Abs. 1 Nr. 2 b) einschlägig ist.

(1) Die Sache wurde für ein Bauwerk verwendet und hat dessen Mangelhaftigkeit verursacht. Vom Wortlaut her ist § 438 Abs. 1 Nr. 2 b) einschlägig.

Beim Einbau erst nach zwei Jahren ist fraglich, ob § 438 Abs. 1 Nr. 3 oder Nr. 2 b) eingreift

(2) Gleichwohl besteht folgendes Problem bei wörtlicher Auslegung: Wird die Sache nach zwei Jahren nicht eingebaut, tritt Verjährung nach der Frist des § 438 Abs. 1 Nr. 3 ein. Würde man mit dem Einbau nachträglich die Frist des § 438 Abs. 1 Nr. 2 b) zur Anwendung bringen, würde ein bereits verjährter Anspruch wieder aufleben. Daher lässt sich vertreten, dass der Wortlaut des § 438 Abs. 1 Nr. 2 b) zu weit gefasst ist. Im Hinblick auf den Sinn und Zweck könnte die Norm einschränkend dahingehend auszulegen sein (teleologische Reduktion), dass § 438 Abs. 1 Nr. 2 b) nur Anwendung findet, wenn die Sache innerhalb von zwei Jahren nach Ablieferung eingebaut wird.

➲ Wenn Sie mehr wissen wollen:
Vgl. Mansel NJW 2002, 89, 94; Lorenz/Riehm Rdnr. 551; a.A.: Erman/ Grunewald § 438 Rdnr. 7 a.E.

– – –

Nach **§ 438 Abs. 1 Nr. 1** beträgt schließlich **bei bestimmten Rechtsmängeln** die Frist 30 Jahre (wichtigster Fall ist das dingliche Recht eines Dritten, das diesen berechtigt, Herausgabe zu verlangen, Nr. 1 a)).

30-Jahres-Frist bei bestimmten Rechtsmängeln, § 438 Abs. 1 Nr. 1

II) Der Beginn der Verjährung (§ 438 Abs. 2)

Die Verjährung beginnt **bei Grundstücken mit der Übergabe, im Übrigen (d.h. insbesondere bei beweglichen Kaufsachen) mit der Ablieferung der Sache.** Anders als bei § 199 Abs. 1 ist also allein ein **objektiver Anknüpfungspunkt** für den Fristbeginn maßgebend, auf Kenntnis oder grob fahrlässige Unkenntnis des Käufers kommt es nicht an **(sog. objektives System).**

Beginn der Verjährung, § 438 Abs. 2

III) Der Sonderfall des arglistigen Verschweigens des Mangels durch den Verkäufer (§ 438 Abs. 3)

Sonderfall: Arglistiges Verschweigen des Mangels, § 438 Abs. 3

§ 438 Abs. 3 S. 1 sieht vor, dass sich im Falle des arglistigen Verschweigens des Mangels durch den Verkäufer die Verjährungsfrist in den Fällen des § 438 Abs. 1 Nr. 2 und 3 **hinsichtlich Beginn und Dauer nach der Regelverjährungsfrist**, d.h. den **§§ 195, 199** richtet. Der Grund für diese Regelung liegt darin, dass der arglistig Handelnde weniger schutzwürdig ist. Sinn und Zweck des § 438 Abs. 3 S. 1 ist daher eine Verlängerung der Verjährungsfrist.

§ 438 Abs. 3 S. 1: Geltung der Regelverjährung

Für den Fall, dass an sich die 5-Jahres-Frist des § 438 Abs. 1 Nr. 2 eingreifen würde, daneben aber auch Arglist des Verkäufers i.S.d. § 438 Abs. 3 S. 1 vorliegt, könnte es jedoch u.U. entgegen dieser Zielsetzung der Norm zu einer Verkürzung der Verjährungsfrist kommen: Denn § 195 sieht eine 3-Jahres-Frist mit Beginn nach dem sog. subjektiven System, § 438 Abs. 1 Nr. 2 hingegen zwar eine 5-Jahres-Frist, allerdings mit Beginn nach dem sog. objektiven System vor. Dies wird jedoch durch die in **§ 438 Abs. 3 S. 2** vorgesehene Ablaufhemmung verhindert: Die Verjährung tritt hiernach keinesfalls vor Ablauf der Frist des § 438 Abs. 1 Nr. 2 ein.

§ 438 Abs. 3 S. 2: Ablaufhemmung

3.4 Besonderheiten des Verbrauchsgüterkaufs (§§ 474 ff.)

Besonderheiten des Verbrauchsgüterkaufs, §§ 474 ff.

3.4.1 Anwendungsbereich

Anwendungsbereich

Die §§ 474–479 enthalten Sonderregeln für den **sog. Verbrauchsgüterkauf.** Das Vorliegen eines Verbrauchsgüterkaufs wird in der Klausurpraxis den Regelfall bilden. Wird in der Prüfung das Vorliegen eines Kaufvertrags geschildert, sollte man sich **stets zunächst die Frage stellen, ob ein Verbrauchsgüterkauf vorliegt** und – wenn dies der Fall ist – **welche Besonderheiten sich hieraus ergeben.**

Die §§ 474 ff. sind nach der Legaldefinition des **§ 474 Abs. 1 S. 1** nur anwendbar, wenn eine **bewegliche Sache** von einem **Unternehmer (§ 14)** an einen **Verbraucher (§ 13)** verkauft wird.

Das bedeutet, dass diese Sonderregeln **keine Anwendung** finden, wenn:

▶ ein Unternehmer an einen Verbraucher eine unbewegliche Sache verkauft;

▶ ein Unternehmer an einen Unternehmer eine Sache verkauft;

▶ ein Verbraucher an einen Verbraucher eine Sache verkauft;

▶ ein Verbraucher an einen Unternehmer eine Sache verkauft.

Eine Ausnahme vom Anwendungsbereich sieht **§ 474 Abs. 1 S. 2** vor für den Kauf einer **gebrauchten Sache** in einer **öffentlichen Versteigerung**, an **der der Verbraucher persönlich** teilnehmen kann. Über den Begriff der öffentlichen Versteigerung notieren Sie sich § 383 Abs. 3, dort findet sich eine Legaldefinition für die öffentliche Versteigerung.

Die §§ 474 ff. haben ferner **mittelbar Auswirkungen** auf **Kaufverträge zwischen Unternehmern**, wenn es um den **sog. Unternehmerrückgriff i.S.d. §§ 478, 479** geht (vgl. unten 3.4.2.5).

Einzelne besondere Fälle

3.4.2 Einzelne besondere Fälle

Regelung des § 474 Abs. 2

3.4.2.1 Die Regelung des § 474 Abs. 2

Gemäß § 474 Abs. 2 finden die Normen der §§ 445 **und** 447 beim Verbrauchsgüterkauf keine Anwendung. Sie haben sich daher neben § 445 und neben § 447 den § 474 Abs. 2 vermerkt. Da somit beim Versendungskauf, wenn dieser ein Verbrauchsgüterkauf ist, § 447 nicht anwendbar ist, geht die Gegenleistungsgefahr nicht bereits mit der Auslieferung an die Transportperson über, sondern nach **§ 446** erst mit Übergabe an den Käufer selbst bzw. Eintritt dessen Gläubigerverzugs!

↻ Vergleichen Sie zu § 447 nochmals die Ausführungen unter: **2. Teil, 1. Abschnitt, 1.3.2.1 B) II)**!

Regelung des § 475

3.4.2.2 Die Regelung des § 475

A) Die Regelung des § 475 Abs. 1 u. 3

§ 475 Abs. 1

Nach **§ 475 Abs. 1** kann von den §§ 433 bis 435, 437, 439 bis 443 sowie von den §§ 474 ff. vor Mitteilung des Mangels an den Unternehmer nicht abgewichen werden. Das bedeutet, dass beim Verbrauchsgüterkauf (*Beachte:* neuer oder gebrauchter Sachen!) die Mängelrechte des Käufers gegenüber dem Verkäufer vorweg (*Beachte:* eine nachträgliche Vereinbarung, insbes. durch Vergleich, ist also möglich!) durch rechtsgeschäftliche Vereinbarung (*Beachte:* Individualvereinbarung oder AGB!) weder ausgeschlossen noch eingeschränkt werden können. Dies stellt eine ganz erhebliche Einschränkung der Privatautonomie zum Schutze des Verbrauchers dar.

Wird eine **Vereinbarung unter Verstoß gegen § 475 Abs. 1** getroffen, ist diese **unwirksam**.

➲ **Hinweis:** Durch die Formulierung in § 475 Abs. 1 S. 1 „kann der Unternehmer sich nicht auf die abweichende Vereinbarung berufen" soll klargestellt werden, dass **nur diese Vereinbarung unwirksam**, der **Kaufvertrag im Übrigen aber wirksam** ist – d.h. die Regelung des § 139 (lesen!) nicht eingreift!

Allerdings sollten Sie sich neben Abs. 1 den **Abs. 3** notieren. Dieser Abs. 3 schränkt nämlich den Abs. 1 **für Schadensersatzansprüche** ein, d.h. der Anspruch auf Schadensersatz darf grundsätzlich ausgeschlossen oder eingeschränkt werden! Aus der Formulierung „unbeschadet der §§ 307–309" in § 475 Abs. 3 ergibt sich jedoch, dass eine solche Vereinbarung der Inhaltskontrolle für Allgemeine Geschäftsbedingungen unterliegt.

Im Falle eines rechtsgeschäftlichen Ausschlusses bzw. einer Einschränkung der Mängelrechte beim Verbrauchsgüterkauf gilt somit folgendes **Prüfschema**:

> **(I) Wenn Schadensersatzansprüche betroffen sind:**
>
> (1) Ein vorweg vereinbarter Ausschluss bzw. eine vorweg vereinbarte Einschränkung des Schadensersatzanspruchs ist nicht wegen § 475 Abs. 1 unzulässig, vgl. § 475 Abs. 3.
>
> (2) Es ist dann weiterzuprüfen, ob ein Ausschluss bzw. eine Einschränkung durch Allgemeine Geschäftsbedingungen (AGB) oder durch Individualvereinbarung vorliegt:
>
> ▸ Bei Individualvereinbarung sind die Grenzen insbes. der §§ 444, 138 zu beachten.
>
> ▸ Bei AGB sind die Grenzen des § 444 und zusätzlich die der §§ 307–309 (vgl. § 475 Abs. 3) zu berücksichtigen.
>
> **(II) Wenn sonstige Mängelrechte betroffen sind:**
> Ein vorweg vereinbarter Ausschluss bzw. eine vorweg vereinbarte Einschränkung der Mängelrechte ist unzulässig, vgl. § 475 Abs. 1 S. 1.

B) Die Regelung des § 475 Abs. 2, Abs. 3

§ 475 Abs. 2 regelt die **Erleichterung (Verkürzung) der Verjährung der Mängelrechte** beim Verbrauchsgüterkauf: Vor Mitteilung des Mangels können die dort genannten Verjährungsfristen (2 Jahre bei neuen Sachen, 1 Jahr bei gebrauchten Sachen) durch rechtsgeschäftliche Vereinbarung (Individualvereinbarung oder AGB) nicht wirksam unterschritten werden.

Zu beachten ist, dass eine solche **Erleichterung (Verkürzung) nicht nur im Fall der ausdrücklichen Verkürzung der Frist** gegeben ist, **sondern auch dann** vorliegt, wenn der **Verjährungsbeginn vorverlegt** wird, indem in der rechtsgeschäftlichen Vereinbarung nicht auf die Ablieferung (vgl. § 438 Abs. 2), sondern auf einen früheren Umstand (z.B. den Vertragsschluss) abgestellt wird. Aus diesem Grund legt § 475 Abs. 2 fest, dass die nicht zu unterschreitende Frist (von 2 Jahren bzw. 1 Jahr) ab dem gesetzlichen Verjährungsbeginn zu berechnen ist!

Bei Verstoß gegen § 475 Abs. 2 ist die Vereinbarung unwirksam, Kaufvertrag im Übrigen ist aber wirksam

Wird eine **Vereinbarung unter Verstoß gegen § 475 Abs. 2** getroffen, ist diese **unwirksam**!

⊃ Hinweis: In diesem Fall gilt die gesetzliche Verjährung. Der Kaufvertrag im Übrigen ist jedoch wirksam – § 139 greift nicht ein.

Einschränkung des § 475 Abs. 2 durch Abs. 3 für Schadensersatzansprüche

Auch neben Abs. 2 ist wiederum **Abs. 3** zu notieren, der **für den Schadensersatzanspruch** die rechtsgeschäftliche Vereinbarung des Ausschlusses bzw. der zeitlichen Begrenzung zulässt. Aus der Formulierung „unbeschadet der §§ 307- 309" in § 475 Abs. 3 ergibt sich jedoch, dass eine solche Vereinbarung der Inhaltskontrolle für Allgemeine Geschäftsbedingungen unterliegt.

Im Falle einer rechtsgeschäftlichen Verkürzung der Verjährung der Mängelrechte beim Verbrauchsgüterkauf gilt folgendes **Prüfschema**:

Prüfschema zu § 475 Abs. 2, Abs. 3

(I) Wenn Schadensersatzansprüche betroffen sind:

(1) Eine vorweg vereinbarte Erleichterung der Verjährung des Schadensersatzanspruchs ist nicht wegen § 475 Abs. 2 unzulässig, vgl. § 475 Abs. 3.

(2) Es ist dann weiterzuprüfen, ob eine Verkürzung der Verjährung durch AGB oder durch Individualvereinbarung vorliegt:

▶ Bei Individualvereinbarung: Verkürzung ist grundsätzlich möglich; Ausnahme: § 202 Abs. 1 (Vorsatzhaftung)!

▶ Bei AGB: Beachte § 202 Abs. 1 und zusätzlich §§ 307–309 (vgl. § 475 Abs. 3); insbes. ist die Regelung des § 309 Nr. 8 b) ff) (nur bei neuen Sachen) und auch die Regelung des § 309 Nr. 7 (Verkürzung der Verjährung = „Begrenzung der Haftung") zu beachten!

(II) Wenn sonstige Mängelrechte betroffen sind:

(1) Für den Nacherfüllungsanspruch sind die Mindestverjährungsfristen nach § 475 Abs. 2 zu beachten: bei neuen Sachen mindestens 2 Jahre, bei gebrauchten Sachen mindestens 1 Jahr. Die Ausnahmevorschrift des § 475 Abs. 3 ist nicht anwendbar!

(2) Für den Rücktritt und die Minderung gilt § 475 Abs. 2 nicht unmittelbar, da es sich nicht um Ansprüche (die allein der Verjährung unterliegen, § 194), sondern um Gestaltungsrechte handelt. Allerdings ist zu beachten, dass die Verjährung des Nacherfüllungsanspruchs über die Regelung des (§ 438 Abs. 4 S. 1 bzw. Abs. 5 i.V.m.) § 218 Abs. 1 mittelbar Auswirkungen auch auf den Rücktritt und die Minderung hat!

114

⮩ **Hinweis zum Verhältnis des § 475 zu § 309:** Wie sich aus dem Einleitungssatz des § 309 („Auch soweit eine Abweichung von den gesetzlichen Vorschriften zulässig ist, ist in AGB unwirksam ...") ergibt, **geht § 475 Abs. 1 und 2 für den Ausschluss bzw. die Beschränkung der Mängelrechte durch AGB dem § 309 vor.** Ist also in einer Prüfung bereits der § 475 Abs. 1 oder 2 einschlägig, ist nicht mehr auf die Wirksamkeit der Klausel nach § 309 einzugehen. Anders verhält es sich gerade aufgrund des eindeutigen Wortlauts („unbeschadet der §§ 307 bis 309") in dem Fall, in dem § 475 Abs. 3 eingreift!

3.4.2.3 Die Regelung des § 476

Regelung des § 476

Nach allgemeinen Beweislastgrundsätzen muss der Käufer die Voraussetzungen seines Gewährleistungsanspruchs beweisen (dies kann der allgemeinen Regel des § 363 entnommen werden) und damit insbesondere auch, dass der Mangel bereits im Zeitpunkt des Gefahrübergangs vorlag (vgl. § 434 Abs. 1 S. 1). § 476 regelt beim Verbrauchsgüterkauf eine **Beweislastumkehr zugunsten des Verbrauchers** bzgl. **solcher Mängel, die sich innerhalb von 6 Monaten nach der Lieferung zeigen,** indem bzgl. dieser Mängel **gesetzlich (widerlegbar) vermutet** wird, dass sie **bereits bei Gefahrübergang** vorlagen.

Beweislastumkehr zugunsten des Verbrauchers

⮩ **Hinweis:** Umstritten ist, ob § 476 **nur** eine **in zeitlicher Hinsicht** wirkende Vermutung beinhaltet, dass der Mangel, der sich innerhalb von sechs Monaten seit Gefahrübergang zeigt, bereits bei Gefahrübergang vorgelegen hat (so die mittlerweile gefestigte Rspr. des BGH) oder **auch** eine Vermutung **in sachlicher Hinsicht** dergestalt, dass, wenn sich innerhalb von sechs Monaten seit Gefahrübergang ein „Haupt- bzw. Folgemangel" zeigt, hiernach auch vermutet wird, dass bei Gefahrübergang bereits ein „Grundmangel" vorgelegen hat (so ein Teil der Lit.).

Zu beachten ist jedoch, dass **diese Vermutung nach § 476 letzter Halbs. nicht gilt,** wenn die Vermutung mit der Art der Sache oder der Art des Mangels nicht vereinbar ist.

Ausschluss der Vermutung nach § 476 letzter Halbs.

Beispiele für den Ausschluss der Vermutung nach § 476 letzter Halbs.:

▶ Aufgrund der **Art der Sache:** Insbesondere bei verderblichen Sachen oder solchen Sachen, die sich für eine solche Vermutung generell nicht eignen, da sie einem zu steten Wandel unterliegen. Hingegen ist nach h.M. bei gebrauchten Sachen (relevant ist hier v.a. der Kauf von Gebrauchtwagen) wie auch beim Kauf von Tieren nicht generell von einem Ausschluss der Vermutung auszugehen.

▶ Aufgrund der **Art des Mangels:** Dieser Ausschlussgrund kommt insbesondere beim Tierkauf in Betracht. Nach der Rspr. des BGH ist insoweit je nach der Art der Krankheit zwischen dem Zeitpunkt der Infektion (die einen Sachmangel begründet) und dem des Ausbruchs der Krankheit zu unterscheiden. Hiernach kann je nach der Dauer der Inkubationszeit die Vermutung ausgeschlossen sein.
Hingegen ist nach Ansicht des BGH die Vermutung des § 476 nicht schon nach Art des Mangels ausgeschlossen, wenn es sich um einen Mangel handelt, der jederzeit und spontan auftreten kann und daher an sich keinen hinreichend wahrscheinlichen Rückschluss auf sein Vorliegen bei Gefahrübergang zulässt (z.B. Beule in der Karosserie eines Pkw). Denn nach Ansicht des BGH basiert die Vermutung des § 476 gerade nicht auf der Vermutung, dass sich Herstellungsdefekte typischerweise innerhalb der ersten sechs Monate seit Gefahrübergang zeigen. Anders verhält es sich jedoch auch nach der Rspr. des BGH, wenn es sich um eine Beschädigung handelt, die auch einem fachlich nicht versierten Käufer hätte auffallen müssen. Allerdings setzt die Vermutung nach der Rspr. des BGH nicht voraus, dass der Verkäufer in Bezug auf den betreffenden Mangel bessere Erkenntnismöglichkeiten hat als der Käufer.

115

Regelung des § 477

3.4.2.4 Die Regelung des § 477

§ 477 Abs. 1 regelt die **inhaltlichen und formellen Anforderungen** an eine vom Hersteller, Verkäufer oder Dritten gegebene Garantie i.S.d. § 443. Nach **§ 477 Abs. 2** kann der Verbraucher verlangen, dass ihm die Garantie in Textform (vgl. § 126 b) mitgeteilt wird.

Folgen eines Verstoßes gegen die Anforderungen des § 477 Abs. 1 und 2

§ 477 Abs. 3 stellt klar, dass trotz eines Verstoßes gegen die Anforderungen des § 477 Abs. 1 und 2 die **Garantieerklärung wirksam** ist.

➲ Die Folge einer unklaren Fassung der Garantie kann jedoch die Anwendung der Unklarheitsregel (§ 305 c Abs. 2) oder ein Verstoß gegen das Transparenzgebot (§ 307 Abs. 1 S. 2) sein.

Als **Folge eines Verstoßes gegen die Pflichten aus Abs. 1 und Abs. 2** kann der Käufer jedoch bei (nach § 280 Abs. 1 S. 2 allerdings zu vermutendem) Verschulden des Unternehmers/Verkäufers einen **Schadensersatzanspruch gem. §§ 280 Abs. 1, 241 Abs. 2, ggf. i.V.m. § 311 Abs. 2** (Verletzung einer Schutz- und Aufklärungspflicht) geltend machen, der ausnahmsweise (nämlich dann, wenn die fehlerhafte Unterrichtung für den Vertragsabschluss ursächlich war) auch auf die Aufhebung des Vertrages gerichtet sein kann (§ 249 Abs. 1).

➲ **Hinweis:** Im Übrigen kann ein Verstoß gegen § 477 zu Unterlassungsansprüchen aus § 5 UWG (irreführende Werbung) bzw. zu Unterlassungs- und Schadensersatzansprüchen von Mitbewerbern aus der Generalklausel des § 3 UWG führen sowie einen Unterlassungsanspruch gem. § 2 UKlaG begründen.

Unternehmerrückgriff nach §§ 478, 479

3.4.2.5 Der Unternehmerrückgriff nach §§ 478, 479

Im systematischen Kontext zu den Verbraucherschutzvorschriften der §§ 474 ff. steht der **Unternehmerrückgriff (§§ 478, 479)**:

Zweck der Regelungen der §§ 478, 479

A) Sinn und Zweck der Regelungen der §§ 478, 479

▶ Der Unternehmer soll einen Ausgleich dafür erhalten, dass er sich (wegen § 475) gegenüber dem Verbraucher seiner Haftung (in seiner Rolle als Verkäufer) wegen eines Mangels nicht durch vertraglichen Ausschluss entziehen kann.

▶ Dies wird dadurch erreicht, dass **zum einen** der Regress des Unternehmers (in seiner Rolle als Käufer) gegen seinen Verkäufer, den sog. Lieferanten, erleichtert wird **(vgl. § 478 Abs. 1)** und **zum anderen** der Unternehmer einen eigenen Aufwendungsersatzanspruch gegen den Lieferanten erhält **(vgl. § 478 Abs. 2)**.

Regelung des § 478 Abs. 1

§ 478 Abs. 1 ist keine eigene Anspruchsgrundlage

B) Die Regelung des § 478 Abs. 1

§ 478 Abs. 1 stellt **keine eigene Anspruchsgrundlage** dar, gewährt also keinen selbstständigen Rückgriffsanspruch, **modifiziert aber die Mängelrechte des Unternehmers** (in seiner Rolle als Käufer) **gegenüber dem Lieferanten aus § 437 zugunsten des Unternehmers.**

116

Insoweit sind **3 Erleichterungen** zu nennen:

I) Entbehrlichkeit der vorherigen erfolglosen Fristsetzung zur Nacherfüllung, § 478 Abs. 1

Sinn und Zweck der Regelung: Weil **für den Unternehmer als Wiederverkäufer die Nacherfüllung i.d.R. nicht von Interesse** ist, ist insoweit die ansonsten (nach § 323 Abs. 1 bzw. § 441 Abs. 1 S. 1 oder § 281 Abs. 1) erforderliche Fristsetzung entbehrlich.

II) Beweislastumkehr im Hinblick auf das Vorliegen des Mangels zur Zeit des Gefahrübergangs auf den Unternehmer, §§ 478 Abs. 1, Abs. 3, 476

Sinn und Zweck der Regelung: Die Anwendung der Vermutung des § 476 (mit der in § 478 Abs. 3 genannten Maßgabe) ist deshalb sachlich gerechtfertigt, weil (wie sich aus dem Erfordernis „neu hergestellte Sache" in § 478 Abs. 1 ergibt) der **Unternehmer die Sache selbst bis zur Weiterveräußerung an den Verbraucher nicht benutzt haben darf.** Daher ist, wenn sich der Mangel innerhalb von 6 Monaten nach Gefahrübergang (i.d.R. Übergabe der Sache, § 446) **auf den Verbraucher** zeigt (der die Sache als Erster benutzt), die Vermutung sachgerecht, dass der Mangel bereits beim Gefahrübergang **auf den Unternehmer** vorlag.

III) Ablaufhemmung, § 479 Abs. 2

Sinn und Zweck der Regelung: Durch die Regelung einer Ablaufhemmung für die Verjährung in § 479 Abs. 2 soll verhindert werden, dass die Mängelansprüche des Unternehmers (in seiner Rolle als Käufer) gegen den Lieferanten bereits (gem. § 438 Abs. 1; Beginn gem. § 438 Abs. 2 mit Ablieferung der Sache **an den Unternehmer**) verjährt sind, wenn der Unternehmer seinerseits vom Verbraucher auf Gewährleistung in Anspruch genommen wird – es soll also eine **sog. „Regressfalle" verhindert** werden. Gem. § 479 Abs. 2 **S. 1** endet wegen der dort vorgesehenen Ablaufhemmung die Verjährung (der Gewährleistungsansprüche des Unternehmers gegen den Lieferanten aus § 437) frühestens zwei Monate nach der Erfüllung der Mängelansprüche des Verbrauchers durch den Unternehmer. Allerdings muss natürlich auch der Lieferant vor einer „Endloshaftung" geschützt werden, weshalb § 479 Abs. 2 **S. 2** für die Ablaufhemmung ein absolutes Ende nach Ablauf von fünf Jahren seit Ablieferung der Sache an den Unternehmer vorsieht.

C) Die Regelung des § 478 Abs. 2

§ 478 **Abs. 2** regelt eine **eigene Anspruchsgrundlage**, einen **echten selbstständigen Rückgriffsanspruch gegen den Lieferanten auf Aufwendungsersatz.**

Auch für diesen Rückgriffsanspruch (der also kein Mangelrecht des Unternehmers in seiner Rolle als Käufer gegen den Lieferanten aus § 437 darstellt) gelten für den Unternehmer günstige Regelungen:

Drei Erleichterungen

Vorherige Fristsetzung entbehrlich, § 478 Abs. 1

Beweislastumkehr, §§ 478 Abs. 1, Abs. 3, 476

Ablaufhemmung, § 479 Abs. 2

Regelung des § 478 Abs. 2

§ 478 Abs. 2 ist eigene Anspruchsgrundlage

Geltung der Vermutung des § 476 gemäß § 478 Abs. 3

I) Bzgl. der gemäß § 478 Abs. 2 a.E. erforderlichen Voraussetzung des Vorliegens des Mangels zur Zeit des Gefahrübergangs auf den Unternehmer **gilt gemäß § 478 Abs. 3 auch hier die Vermutung des § 476** (mit der in § 478 Abs. 3 genannten, oben bereits dargestellten Maßgabe).

Besondere Verjährungsregelung des § 479 Abs. 1

II) Bzgl. der **Verjährung des Anspruchs aus § 478 Abs. 2 wurde mit § 479 Abs. 1** eine **besondere Regelung** getroffen, da § 438 insoweit nicht anwendbar ist. Es handelt sich ja nicht um ein Mangelrecht des Unternehmers gegen den Lieferanten, sondern um einen selbstständigen Rückgriffsanspruch – weshalb ohne die besondere Regelung des § 479 Abs. 1 die §§ 195, 199 Anwendung finden würden! Insoweit gilt eine 2-Jahres-Frist ab Ablieferung der Sache an den Unternehmer. Auch hier **gilt jedoch die Ablaufhemmung gemäß § 479 Abs. 2**, d.h. der Unternehmer hat **nach der kostenträchtigen Erfüllung des Nacherfüllungsanspruchs des Verbrauchers (§§ 437 Nr. 1, 439) zwei Monate** Zeit, den Rückgriffsanspruch geltend zu machen – gegebenenfalls die Verjährung des Anspruchs (z.B. durch Klageerhebung gem. § 204) zu hemmen.

Geltung der Ablaufhemmung des § 479 Abs. 2

D) Sowohl im Fall der §§ 438 Abs. 1, 437 als auch bei dem Aufwendungsersatzanspruch nach § 438 Abs. 2 sind eine vor Mitteilung des Mangels vereinbarte **vertragliche Erleichterung (= Verkürzung) der Verjährung bzw. eine vertragliche Haftungsbeschränkung gem. § 478 Abs. 4 S. 1 unwirksam**, „wenn dem Rückgriffsgläubiger **kein gleichwertiger Ausgleich** eingeräumt wird" (als Beispiel für einen „gleichwertigen Ausgleich" ist etwa zu nennen: Preisermäßigung im Rahmen pauschaler Abrechnung, weitreichender Stundung oder durch Rabatte). Dies gilt allerdings gem. § 478 Abs. 4 S. 2 – vorbehaltlich einer AGB-Prüfung nach § 307 – nicht für Schadensersatzansprüche!

Beschränkte Abdingbarkeit, § 478 Abs. 4

Prüfschema für den Anspruch des Unternehmers aus § 478 Abs. 2:

Prüfschema zu § 478 Abs. 2

(I) Anspruch entstanden:

(1) Wirksamer Verbrauchsgüterkauf zwischen Unternehmer und Verbraucher i.S.d. § 474 Abs. 1 über neu hergestellte, nicht gebrauchte Sache.

(2) Mangel der Sache

(3) Durchsetzbarer Nacherfüllungsanspruch des Verbrauchers gegen den Unternehmer

(4) Aufwendungen des Unternehmers zur Nacherfüllung

(5) Vorhandensein des Mangels z.Z. des Gefahrübergangs auf den Unternehmer
   ▶ **Beachte:** Vermutung der §§ 478 Abs. 3, 476!

(6) Kein Ausschluss des Anspruchs
- ▶ Insbesondere durch vertragliche Regelung
- ▶ **Beachte:** Eingeschränkte Abdingbarkeit nach § 478 Abs. 4!
- ▶ Gesetzlicher Ausschluss: z.B. § 377 Abs. 2 HGB (vgl. § 478 Abs. 6

(II) Anspruch erloschen

(III) Anspruch durchsetzbar:

- ▶ Insbesondere: Verjährung, § 214 Abs. 1

- ▶ Verjährungsfrist des § 479 Abs. 1; bei Verkürzung durch vertragliche Vereinbarung beachte § 478 Abs. 4!

- ▶ **Beachte:** Ablaufhemmung des § 479 Abs. 2!

➲ Wenn Sie mehr wissen wollen:
Vgl. zum Unternehmerregress näher: AS-Skript SchuldR BT (Kaufrecht), 14. Aufl. 2006, S. 182 ff.

3.5 Die Parallele zum Werkvertragsrecht

Parallele zum Werkvertragsrecht

Das Schlechtleistungsrecht im Werkvertragsrecht ist nahezu parallel zu dem des Kaufrechts geregelt. Vergleichen Sie hierzu die **Katalogvorschrift für die Rechte des Bestellers bei Erstellung eines mangelhaften Werks des § 634** mit der Katalognorm des Kaufrechts in § 437! Das bedeutet, dass auch im Werkvertragsrecht eine **Abstufung der Rechte des Bestellers** besteht: **Vorrangig** besteht ein **Nacherfüllungsanspruch** des Bestellers (§§ 634 Nr. 1, 635), **nachrangig** ein **Rücktrittsrecht** (§§ 634 Nr. 3, 323, 326 Abs. 5) oder **Minderungsrecht** (§§ 634 Nr. 3, 638) und **Ansprüche auf Schadensersatz bzw. Ersatz vergeblicher Aufwendungen** (§§ 634 Nr. 4, 280 ff.).

Abgestufte Rechte des Bestellers

Sie sehen also, dass Sie **Ihr nunmehr für das Kaufrecht erworbenes Wissen auf das Werkvertragsrecht übertragen** können.

Es gilt also der tröstliche oder bittere Satz: Einmal gelernt, zweimal gewusst – oder einmal nicht gelernt, zweimal nicht gewusst!

➲ **Hinweis:** Insbesondere können Sie auch die **Übersichten von S. 84, 89 und S. 94** im Werkvertragsrecht anwenden – mit der Maßgabe, dass anstelle des § 437 die Regelung des § 634 als Verweisungsnorm und anstelle der §§ 434, 435 die Regelung des § 633 Abs. 2 und 3 für den Mangel heranzuziehen ist.

Hervorzuheben sind jedoch **zwei Besonderheiten im Werkvertragsrecht** gegenüber dem Kaufrecht:

Zwei Besonderheiten gegenüber dem Kaufrecht

- ▶ Nach **§§ 634 Nr. 1, 635 Abs. 1** hat **der Unternehmer** das Wahlrecht, ob er den Mangel beseitigen oder ein neues Werk herstellen will (im Kaufrecht hat hingegen **der Käufer** das Wahlrecht, vgl. §§ 437 Nr. 1, 439 Abs. 1).

Wahlrecht des Unternehmers

Recht zur Selbstvornahme und Aufwendungsersatzanspruch

▶ Nach **§§ 634 Nr. 2, 637** besteht für den Besteller nach erfolgloser Fristsetzung zur Mängelbeseitigung ein (im Kaufrecht nicht existierendes) **Recht zur Selbstvornahme** sowie ein spezieller **Aufwendungsersatzanspruch**. Auch insoweit ist der **sog. Vorrang der Nacherfüllung** zu beachten, da nach § 637 Abs. 1 für die Selbstvornahme und den Aufwendungsersatz grundsätzlich Voraussetzung ist, dass dem Unternehmer zuvor eine Frist zur Nacherfüllung gesetzt wurde und diese erfolglos abgelaufen ist. Die Fristsetzung ist jedoch unter den Voraussetzungen des § 637 Abs. 2 S. 1 i.V.m. § 323 Abs. 2 und § 637 Abs. 2 S. 2 entbehrlich.

Nebenpflichtverletzung

4. Nebenpflichtverletzung

4.1 Einleitung

Im 1. Teil (1. Abschnitt, 2.1.2) haben wir uns im Überblick bereits mit den Nebenpflichten i.S.d. § 241 Abs. 2 befasst. Als **Ausprägung der Nebenpflichten** hatten wir die **Schutzpflichten, die Aufklärungspflichten (Aufklärungs-, Offenbarungs- bzw. Hinweispflicht) sowie die Leistungstreuepflichten** erwähnt.

Im Folgenden wollen wir uns mit der **typischen Klausurthematik bei einer solchen Nebenpflichtverletzung** des Schuldners beschäftigen.

Kernfrage: Welche Rechte hat der Gläubiger der verletzten Nebenpflicht?

Die **Kernfrage** lautet dabei: **Welche Rechte hat der Gläubiger der verletzten Nebenpflicht?**

Rücktritt, Schadensersatz (statt/neben der Leistung), Aufwendungsersatz

Auch hier gilt – wie schon bei den anderen Pflichtverletzungen Unmöglichkeit, Verzögerung und Schlechtleistung kennen gelernt –, dass als Folge der (Neben-)Pflichtverletzung die vertraglichen Rechte **Rücktritt und Schadensersatz** in Betracht kommen. Beim **Schadensersatzanspruch** ist wiederum **zu unterscheiden**, ob der Gläubiger Schadensersatz **neben** der Leistung oder Schadensersatz **statt** der Leistung begehrt. Anstelle des Schadensersatzes statt der Leistung kann der Gläubiger den Aufwendungsersatzanspruch nach § 284 wählen.

⟳ **Hinweis:** All dies müsste Ihnen vom System her von den bereits erörterten Pflichtverletzungen vertraut sein – überprüfen Sie sich selbst!

Die vertraglichen Sekundäransprüche des Gläubigers bei einer Nebenpflichtverletzung lauten also:

▶ Schadensersatz oder

▶ Aufwendungsersatz und

▶ Rückgewähransprüche

4.2 Auswirkungen in der Fallprüfung

4.2.1 Schadensersatzansprüche

4.2.1.1 Schadensersatz neben der Leistung (§ 280 Abs. 1)

Begehrt der Gläubiger wegen der Nebenpflichtverletzung Schadensersatz **neben** der Leistung, ist **§ 280 Abs. 1 alleine** als **Anspruchsgrundlage** heranzuziehen.

4.2.1.2 Schadensersatz statt der Leistung (§§ 280 Abs. 1, Abs. 3, 282)

Begehrt der Gläubiger wegen der Nebenpflichtverletzung Schadensersatz **statt** der Leistung, ist **neben den Voraussetzungen der Anspruchsgrundlage des § 280 Abs. 1 über § 280 Abs. 3 die zusätzliche Voraussetzung des § 282** zu prüfen. Nach § 282 muss dem Gläubiger eine Leistung des Schuldners nicht mehr zuzumuten sein.

⊃ Aufgabe 51

L schließt mit V einen Vertrag, wonach er in dessen 4-Zimmer-Wohnung Laminatböden verlegen soll. L führt die übernommene Arbeit zwar ordentlich aus, beim Transport der Laminatteile in die Wohnung beschädigt er jedoch immer wieder aus Unachtsamkeit die im Flur stehenden Einrichtungsgegenstände, beim Zuschneiden der Laminatteile am Küchenboden macht er zudem tiefe Kerben in die Bodenfliesen.

(I) Wonach kann V von L Ersatz der Schäden an den Einrichtungsgegenständen bzw. dem Küchenboden verlangen?

(II) Angenommen, V hat, nachdem trotz Abmahnung des L die Schäden einen für ihn unerträglichen Umfang angenommen haben, nunmehr den X mit der Durchführung der Arbeiten beauftragt, der jedoch einen um 500 € höheren Preis verlangt. Kann V in diesem Fall i.H.v. 500 € Schadensersatz von L verlangen?

Lösung:

(I) Insoweit verlangt V **Schadensersatz neben der Leistung**, da er nach wie vor die Erfüllung durch L begehrt. Als Anspruchsgrundlage ist hier § 280 Abs. 1 heranzuziehen.

    (1) **Voraussetzungen des § 280 Abs. 1:**

        (a) Das erforderliche **Schuldverhältnis** ist mit dem Werkvertrag gegeben.

        (b) Aus dem Werkvertrag resultiert für L nach § 241 Abs. 2 die Nebenpflicht, sich bei Abwicklung des Vertrags so zu verhalten, dass

Leben, Körper, Eigentum und sonstige Rechtsgüter des V nicht verletzt werden. L hat das Eigentum des V verletzt. Eine **Pflichtverletzung** des L ist somit gegeben.

(c) Das **Vertretenmüssen des L** wird nach § 280 Abs. 1 S. 2 gesetzlich vermutet. Eine Exkulpation des L kommt wegen seines fahrlässigen Handelns nach § 276 Abs. 1, 2 nicht in Betracht.

(2) **Rechtsfolge:** V kann Ersatz der durch die Pflichtverletzung entstandenen Schäden an Einrichtung und Küchenboden verlangen.

Schadensersatz statt der Leistung

(II) Hier verlangt V mit den Mehrkosten des Deckungsgeschäfts den **sog. Schadensersatz statt der Leistung**, daher ist als Anspruchsgrundlage **§§ 280 Abs. 1, Abs. 3, 282** heranzuziehen.

(1) **Voraussetzungen des § 280 Abs. 1:**

(a) Schuldverhältnis: Werkvertrag, s.o.

(b) Pflichtverletzung: Verletzung einer nicht leistungsbezogenen Nebenpflicht i.S.d. § 241 Abs. 2, s.o.

(c) Vertretenmüssen: Keine Exkulpation, § 280 Abs. 1 S. 2, s.o.

(2) **Voraussetzungen des § 282** (über § 280 Abs. 3):

Nach § 282 ist weitere Voraussetzung, wenn der Gläubiger wegen der Nebenpflichtverletzung Schadensersatz statt der Leistung verlangt, die **Unzumutbarkeit** der Leistung für den Gläubiger: Diese ist hier gegeben, da die Leistung des L zwar ordnungsgemäß war, aber infolge der verursachten Schäden unter Begleitumständen erbracht wurde, die für den V nicht mehr erträglich waren.

(3) **Rechtsfolge:** V kann Ersatz des Nichterfüllungsschadens i.H.v. 500 € gem. §§ 280 Abs. 1, Abs. 3, 282 verlangen.

– – –

Aufwendungsersatzansprüche, § 284

4.2.2 Aufwendungsersatzansprüche, § 284

Anstelle des Schadensersatzes statt der Leistung (§§ 280 Abs. 1, Abs. 3, 282) kann der Gläubiger einen Aufwendungsersatzanspruch nach § 284 geltend machen. Vergleichen Sie zu § 284 die Ausführungen unter 2. Teil, 1. Abschnitt, 1.3.3.2.

Rückgewähransprüche, §§ 346 ff.

Gesetzliches Rücktrittsrecht nach § 324

4.2.3 Rückgewähransprüche, §§ 346 ff.

Im Falle einer Nebenpflichtverletzung besteht ein **gesetzliches Rücktrittsrecht aus § 324**. Ebenso wie bei § 282 kommt es auf das Kriterium der **Unzumutbarkeit** an. Die Wirkungen des erklärten Rücktritts sind in §§ 346 ff. geregelt, der **Rückgewähranspruch** ergibt sich aus **§ 346 Abs. 1.**

2. Abschnitt: Rechtsgeschäftsähnliche Schuldverhältnisse

Kommen wir zu den **rechtsgeschäftsähnlichen** Schuldverhältnissen. Lesen Sie dazu **§ 311 Abs. 2 und Abs. 3**!

1. Die Regelung des § 311 Abs. 2

1.1 Nebenpflichtverletzung im vorvertraglichen Bereich, §§ 311 Abs. 2, 241 Abs. 2

Nach § 311 Abs. 2 kann ein **Schuldverhältnis bereits vor Vertragsschluss** durch bestimmte **„geschäftliche Kontakte"**, insbesondere durch Aufnahme von Vertragsverhandlungen oder durch Anbahnung eines Vertrags **zustande kommen**. Bei diesem „rechtsgeschäftsähnlichen" Schuldverhältnis bestehen zwar **noch keine Leistungspflichten i.S.d. § 241 Abs. 1, aber Nebenpflichten nach § 241 Abs. 2**. Dies sind insbesondere:

▶ Schutzpflichten

▶ Aufklärungspflichten

▶ die Pflicht, Schäden infolge des Abbruchs von Vertragsverhandlungen zu vermeiden

➲ Aufgabe 52

Welche Ansprüche hat der Gläubiger bei Verletzung einer solchen Pflicht aus § 241 Abs. 2 aus einem rechtsgeschäftsähnlichen Schuldverhältnis i.S.d. § 311 Abs. 2?

Lösung:

(I) In diesem Fall ist ein Schadensersatzanspruch nach **§§ 280 Abs. 1, 311 Abs. 2, 241 Abs. 2** zu prüfen:

▶ § 280 Abs. 1 ist hierbei die Anspruchsgrundlage.

▶ § 311 Abs. 2 ist eine Hilfsnorm, die beim Tatbestandsmerkmal „Schuldverhältnis" in § 280 Abs. 1 anzusetzen ist.

▶ § 241 Abs. 2 ist eine Hilfsnorm, die beim Tatbestandsmerkmal „Pflichtverletzung" in § 280 Abs. 1 anzusprechen ist.

(II) Schadensersatz statt der Leistung kann hingegen nicht verlangt werden, da im vorvertraglichen Bereich des § 311 Abs. 2 noch keine Leistungspflichten i.S.d. § 241 Abs. 1 bestehen.

(III) Ein Rücktrittsrecht (mit der Folge von Rückgewähransprüchen nach §§ 346 ff.) kommt mangels eines gesetzlichen Rücktrittsrechts nicht in Betracht. Die §§ 323 ff. setzen einen „gegenseitigen Vertrag" voraus (nachlesen!) und sind daher enger als die §§ 280 ff., die von einem „Schuldverhältnis" sprechen. Zurücktreten kann man eben nur von einem Vertrag (der im vorvertraglichen Bereich gerade noch nicht vorliegt). Schadensersatzansprüche sind dagegen auch bei anderen Schuldverhältnissen möglich!

– – –

Aufnahme von Vertrags-
verhandlungen, § 311
Abs. 2 Nr. 1

1.2 § 311 Abs. 2 Nr. 1 (Aufnahme von Vertragsverhandlungen)

Die Aufnahme von Vertragsverhandlungen setzt eine Kommunikation zwischen den Parteien voraus. Das vorvertragliche Schuldverhältnis entsteht durch den Beginn der Vertragsverhandlungen und dauert bis zur Beendigung der Verhandlungen bzw. bis zum Vertragsschluss.

Vertragsanbahnung,
§ 311 Abs. 2 Nr. 2

1.3 § 311 Abs. 2 Nr. 2 (Vertragsanbahnung)

Die Nr. 2 erfasst die Fälle der Anbahnung des Vertrags, bei denen – anders als bei Nr. 1 – bloße räumliche Nähebeziehungen ausreichen („Möglichkeit zur Einwirkung"), konkrete Verhandlungen müssen noch nicht geführt worden sein.

Zu beachten ist aber, dass eine „Vertragsanbahnung" voraussetzt, dass auch ein Vertragsschluss ins Auge gefasst wurde. Nicht ausreichend ist dagegen das Betreten von Geschäftsräumen zu geschäftsfremden Zwecken, wie z.B. zum Aufwärmen an kalten Tagen oder zum Schutz vor Regen.

„Linoleumrollen-" und
„Gemüseblatt-Fall"

Beispiele: Der Kunde K **mit fester Kaufabsicht** wird im Kaufhaus vor Aufnahme von Vertragsverhandlungen mit dem Verkäufer von einer umstürzenden Linoleumrolle erfasst oder rutscht dort auf einem Gemüseblatt aus und verletzt sich. K hat bei Verschulden des Kaufhausinhabers einen Schadensersatzanspruch nach §§ 280 Abs. 1, 311 Abs. 2, 241 Abs. 2.

Anders würde es sich verhalten, wenn K **nur deshalb** das Kaufhaus betreten hat, **um sich vor Regen zu schützen**. In diesem Fall kann er bei einer Schädigung keinen Anspruch aus §§ 280 Abs. 1, 311 Abs. 2, 241 Abs. 2 geltend machen.

➲ Aufgabe 53

In den „Linoleumrollen- und Gemüseblattfällen" besteht i.d.R. bereits gegenüber dem fahrlässig handelnden Kaufhausangestellten ein gesetzlicher Anspruch nach § 823 Abs. 1. Warum kann es für den Geschädigten dennoch wichtig sein, auch auf einen rechtsgeschäftsähnlichen Anspruch nach §§ 280 Abs. 1, 311 Abs. 2, 241 Abs. 2 zurückgreifen zu können?

Lösung:

(I) Der Anspruch nach §§ 280 Abs. 1, 311 Abs. 2, 241 Abs. 2 richtet sich gegen den Kaufhausinhaber, der für das Fehlverhalten seines Angestellten (Erfüllungsgehilfe) nach § 278 einzustehen hat. Der Angestellte kann möglicherweise die Schäden selbst nicht begleichen, der Kaufhausinhaber ist ein besserer, da solventerer Anspruchsgegner.

(II) Der Kaufhausinhaber haftet im Übrigen meist nicht nach §§ 823 ff.:

Der Anspruch aus § 823 Abs. 1 scheidet i.d.R. aus, da ein eigenes Organisationsverschulden des Kaufhausinhabers meist nicht vorliegt. § 278 setzt ein bestehendes Schuldverhältnis voraus und ist bei der Haftungsbegründung des § 823 Abs. 1 nicht in Ansatz zu bringen.

§ 831 ist nicht einschlägig, wenn sich der Kaufhausinhaber nach § 831 Abs. 1 S. 2 exkulpieren kann.

– – –

1.4 § 311 Abs. 2 Nr. 3 (ähnliche geschäftliche Kontakte)

Ähnliche geschäftliche Kontakte, § 311 Abs. 2 Nr. 3

Die Nr. 3 hebt generalklauselartig auf die Fallgruppe der ähnlichen geschäftlichen Kontakte ab. Hiermit sind Fälle gemeint, in denen sich z.B. noch kein Vertrag angebahnt hat, aber ein solcher vorbereitet werden soll.

➲ **Hinweis:** Vor dem 01.01.2002 waren die in § 311 Abs. 2 angesprochenen Fälle gesetzlich nicht geregelt, aber gewohnheitsrechtlich anerkannt. Die Rechtsfigur hieß **„culpa in contrahendo"**. Eine genaue Abgrenzung der drei Nummern in § 311 Abs. 2 ist oft nicht möglich und auch nicht erforderlich. Zentraler Haftungsgrund ist die Inanspruchnahme und die Gewährung von Vertrauen zwischen möglichen Vertragspartnern.

2. Die Regelung des § 311 Abs. 3

Regelung des § 311 Abs. 3

2.1 Schuldverhältnis zu Personen, die nicht selbst Vertragspartei werden sollen (§§ 311 Abs. 3, 241 Abs. 2)

Schuldverhältnis zu Dritten, §§ 311 Abs. 3, 241 Abs. 2

Nach § 311 Abs. 3 S. 1 kann ein **rechtsgeschäftsähnliches Schuldverhältnis mit Pflichten nach § 241 Abs. 2** auch zu Personen entstehen, die nicht selbst Vertragspartei werden sollen.

2.2 Der Fall der Haftung eines Dritten

Haftung des Dritten

Mit der Regelung des § 311 Abs. 3 sollten vor allem die Fälle der **Haftung eines Dritten**, der zwar an der Vertraganbahnung beteiligt war, aber nicht Partner des beabsichtigten Vertrags werden sollte, geregelt werden. Der Dritte, der eine Nebenpflicht i.S.d. 241 Abs. 2 aus dem rechtsgeschäftsähnlichen Schuldverhältnis nach § 311 Abs. 3 verletzt, **haftet nach §§ 280 Abs. 1, 311 Abs. 3, 241 Abs. 2**.

➲ **Hinweis:** Bis zum 01.01.2002 hatten sich **für die Haftung eines Dritten aus „culpa in contrahendo"** die im Folgenden dargestellten **zwei Fallgruppen** herausgebildet, die nunmehr nach h.M. in der Literatur vom Gesetz erfasst werden.

2.2.1 Inanspruchnahme besonderen persönlichen Vertrauens durch den Dritten

Inanspruchnahme besonderen persönlichen Vertrauens durch den Dritten

§ 311 Abs. 3 S. 2 nennt als **nicht abschließendes** Beispiel („insbesondere"): Ein Dritter, der selbst nicht Vertragspartei werden soll, nimmt z.B. als Stellvertreter oder Sachwalter **in besonderem Maße Vertrauen für sich in Anspruch** und beeinflusst dadurch erheblich die Vertragsverhandlungen oder den Vertragsschluss (sog. „Sachwalterhaftung"). Dies kann z.B. dadurch geschehen, dass der Dritte auf die eigene außergewöhnliche Sachkunde, seine persönliche Zuverlässigkeit und die eigene Einflussmöglichkeit auf die Vertragsabwicklung hinweist.

↪ **Weiterführender Hinweis:** Die Regelung des § 311 Abs. 3 S. 2 soll nach dem Willen des Gesetzgebers der Rechtsprechung deutlich machen, dass die Haftung von Gutachtern, Sachverständigen oder anderen Sachwaltern mit einer Haftung nach §§ 280 Abs. 1, 311 Abs. 3, 241 Abs. 2 gelöst werden kann. Nach bisheriger Ansicht der Rechtsprechung sind diese Fälle nämlich über die Annahme eines (stillschweigenden) Auskunftsvertrags zwischen Geschädigtem und Gutachter bzw. eines Gutachtervertrags mit dem Besteller mit Schutzwirkung für den Geschädigten als Dritten zu lösen!

↪ Wenn Sie mehr wissen wollen:

Vgl. zum Problemkreis der sog. Sachwalterhaftung/Berufshaftung näher: MünchKomm/Emmerich § 311 Rdnr. 227 ff.

Eigenes wirtschaftliches Interesse des Dritten

2.2.2 Eigenes wirtschaftliches Interesse des Dritten

Eine weitere (bis zum 01.01.2002 für die Haftung eines Dritten nach „culpa in contrahendo" anerkannte) Fallgruppe, die zwar nicht in das Gesetz übernommen wurde, aber nunmehr unter die (nicht abschließende) Regelung des **§ 311 Abs. 3 S. 1** subsumiert werden kann, ist folgende:

Ein Stellvertreter hat ein **eigenes wirtschaftliches Interesse** am Vertragsschluss, sodass bei wirtschaftlicher Betrachtungsweise in Wahrheit er der Vertragspartner ist. Ein bloß mittelbares wirtschaftliches Interesse des Vertreters am Abschluss des Vertrags – etwa das Provisionsinteresse des Handelsvertreters oder das Interesse, das jeder Gesellschafter an den Geschäften „seiner" Gesellschaft hat – reicht allerdings nicht aus. Er muss vielmehr eine so enge Beziehung zum Gegenstand der Vertragsverhandlungen haben, dass er wirtschaftlich praktisch in eigener Sache beteiligt ist („Quasipartner"; „procurator in rem suam").

↪ **Weiterführender Hinweis:** Nach anderer Ansicht in der Literatur kann diese Fallgruppe auf § 311 Abs. 2 Nr. 3 (Generalklausel der „ähnlichen geschäftlichen Kontakte") gestützt werden (vgl. Lorenz/Riehm, Lehrbuch zum neuen Schuldrecht, Rdnr. 376; hiergegen Schwab JuS 2002, 872, 873, der insoweit § 311 Abs. 3 S. 1 heranzieht).

Berechtigung des Dritten

2.3 Der Fall der Berechtigung eines Dritten

Vom Wortlaut des § 311 Abs. 3 S. 1 („ ... Schuldverhältnis ... *zu* Personen ... , die nicht selbst Vertragspartei werden sollen") werden neben dem vorstehend dargestellten Fall der Haftung eines Dritten aus dem rechtsgeschäftsähnlichen Schuldverhältnis jedoch **auch die Fälle der Berechtigung eines Dritten** aus einem solchen Schuldverhältnis erfasst.

Somit bildet die Regelung des § 311 Abs. 3 S. 1 nunmehr auch eine **gesetzliche Grundlage für das Rechtsinstitut des Vertrags mit Schutzwirkung für Dritte**, das durch die Rechtsprechung weiterentwickelt werden soll.

⊃ Wenn Sie mehr wissen wollen:
Vgl. zum Rechtsinstitut des Vertrags mit Schutzwirkung für Dritte näher: AS-Skript SchuldR AT 2, 17. Aufl. 2007, S. 117 ff. Vgl. zu den Problemkreisen der Sachwalterhaftung und des Vertrags mit Schutzwirkung für Dritte im Zusammenhang mit § 311 Abs. 2 und 3 näher: AS-Skript SchuldR AT 1, 16. Aufl. 2006, S. 21 f.

3. Abschnitt: Gesetzliche Schuldverhältnisse

Wie wir im ersten Teil ausgeführt haben, entstehen gesetzliche Schuldverhältnisse unabhängig vom Willen der Parteien aufgrund einer gesetzlichen Anordnung. Wenden wir uns den wichtigsten gesetzlichen Schuldverhältnissen zu:

▶ Jemand nimmt ungefragt – erwünscht oder unerwünscht – **fremde Angelegenheiten** wahr. Dies kann zu einem gesetzlichen Schuldverhältnis aus **Geschäftsführung ohne Auftrag** (GoA – §§ 677 ff.) führen.

Ausgangssituation bei der GoA

▶ Der **rechtsgrundlose Erwerb eines Vorteils** durch die **Leistung** eines anderen oder den **Eingriff** in fremde Rechtspositionen kann ein gesetzliches Schuldverhältnis aus **ungerechtfertigter Bereicherung** (§§ 812 ff.) entstehen lassen. Hierbei geht es darum, dem Anspruchsgegner eine ungerechtfertigte Vermögens*mehrung* wieder abzunehmen.

Ausgangssituation bei ungerechtfertigter Bereicherung

▶ **Jemand verletzt** durch sein Verhalten absolut geschützte Rechte (z.B. Eigentum) oder **Rechtsgüter** (z.B. Gesundheit) eines anderen, oder er verstößt gegen Schutzgesetze, die zugunsten eines anderen bestehen. Dies kann ein gesetzliches Schuldverhältnis aus **unerlaubter Handlung** (§§ 823 ff.) auslösen. Hierbei geht es darum, eine Vermögens*minderung* auszugleichen.

Ausgangssituation bei der unerlaubten Handlung

Übersicht: Die wichtigsten gesetzlichen Schuldverhältnisse

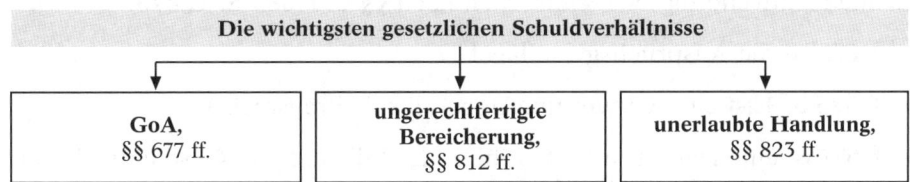

Die wichtigsten gesetzlichen Schuldverhältnisse		
GoA, §§ 677 ff.	ungerechtfertigte Bereicherung, §§ 812 ff.	unerlaubte Handlung, §§ 823 ff.

1. Geschäftsführung ohne Auftrag, §§ 677 ff.

1.1 Einführung: Bedeutung, Funktion und Grundbegriffe der GoA

1.1.1 Die Interessenlage

Die Interessenlage bei der GoA

Die §§ 677 ff. regeln im Kernbereich den Fall, dass jemand ohne vertragliche Absprache und ohne sonstige Legitimation Belange eines anderen wahrnimmt. Dies kann demjenigen, in dessen Angelegenheiten er tätig wird, u.U. im Nachhinein durchaus recht sein, wie das nachfolgende Beispiel verdeutlicht.

⊃ Aufgabe 54: „Bestellte Ware"

A befindet sich im Urlaub. Nachbar N, der mit A im gleichen Haus wohnt, nimmt – ohne von A beauftragt zu sein – aus Gefälligkeit ein von A bestelltes Paket entgegen und legt die Paketgebühr aus. Kann N von A Erstattung des verauslagten Betrags verlangen? Kann A von N die Herausgabe des Pakets verlangen? Lesen Sie dazu bitte die §§ 681, 683. Überlegen Sie dabei zunächst, wie der Fall zu beurteilen wäre, wenn A den N beauftragt hätte. Lesen Sie dazu bitte die §§ 662, 667, 670.

Lösung:

Rechtslage bei Erteilung eines Auftrags

Hätte A den N vor Urlaubsantritt beauftragt (§ 662), das Paket entgegenzunehmen und die Gebühr auszulegen, wären die Rechtsbeziehungen der Parteien nach Vertragsrecht zu beurteilen. In diesem Fall könnte N von A Ersatz seiner Auslagen nach § 670 verlangen, und N müsste das Paket nach § 667 an A herausgeben (nicht nach § 985, da es an der nach § 929 S. 1 erforderlichen Einigung sowie an der Übergabe an A fehlt).

Aufwendungsersatz bei berechtigter GoA

Aber dem A war es durchaus recht, dass N das Paket für ihn auch ohne Auftrag (vgl. **§ 677**) entgegengenommen hat. Die Annahme des Pakets entsprach seinem Interesse und seinem mutmaßlichen Willen. Also ist es sachgerecht, dass N von A Ersatz seiner Auslagen „wie ein Beauftragter" verlangen kann. Zu diesem Zweck verweist **§ 683 S. 1** auf **§ 670**. N hat also gegen A einen Aufwendungsersatzanspruch nach **§§ 677, 683 S. 1, 670**:

- ▶ § 670 ist die Anspruchsgrundlage!
- ▶ § 683 S. 1 ist eine Verweisungsnorm (ins Auftragsrecht).
- ▶ § 677 ist eine Definitionsnorm (hins. der Pflichten des Geschäftsführers), keine Anspruchsgrundlage.

⊃ **Kommentierungshinweis:** Unterstreichen Sie in § 683 S. 1 die Worte **„Ersatz seiner Aufwendungen"** und schreiben Sie § 670 an den Rand.

Andererseits möchte A natürlich von N auch das Paket ausgehändigt bekommen. Der entsprechende Anspruch steht ihm nach **§§ 677, 681 S. 2, 667** zu:

▶ § 667 ist die Anspruchsgrundlage!

▶ § 681 S. 2 ist eine Verweisungsnorm (ins Auftragsrecht).

▶ § 677 ist eine Definitionsnorm (hins. der Pflichten des Geschäftsführers).

Herausgabeanspruch bei GoA

– – –

⊃ Warum ist das so?

Entspricht die Übernahme der Geschäftsbesorgung dem Willen des Geschäftsherrn, so ist die Interessenlage genauso zu beurteilen, als wenn A den N beauftragt hätte. Also werden beide Parteien vom Gesetz so behandelt, als hätten sie zuvor einen Vertrag abgeschlossen.

Andererseits musste der Gesetzgeber auch den umgekehrten Fall regeln, wie folgendes Beispiel verdeutlicht:

⊃ Aufgabe 55: „Unbestellte Ware"

Angenommen, das Paket war von A nicht bestellt worden und er kann mit seinem Inhalt auch nichts anfangen. Kann N, der in gutem Glauben gehandelt hat, diesmal auch von A Auslagenersatz verlangen?

Lösung:

Im Unterschied zur vorherigen Aufgabe entspricht diesmal die Annahme des von A nicht bestellten Pakets durch N nicht dem Willen des A. § 683 S. 1 findet daher keine Anwendung. Nach **§ 684 S. 1**, der auf die **§§ 812 ff.** verweist, kann N somit nur dann von A Aufwendungsersatz verlangen, **wenn A hierdurch bereichert** ist (lesen Sie hierzu § 818 Abs. 3), insbes. eigene Aufwendungen erspart hat. Dies ist nicht der Fall. Somit kann N von A nicht verlangen, dass dieser ihm die Paketgebühr ersetzt. Sein guter Glaube nützt ihm nichts. Er kann sich allenfalls an den Absender des Pakets halten.

Rechtslage bei unberechtigter GoA

– – –

⊃ Warum ist das so?

Wer unbeauftragt fremde Angelegenheiten wahrnimmt, muss das Risiko dafür tragen, dass seine Tätigkeit dem anderen nicht erwünscht ist. Schließlich weiß er ja, dass er ohne vorherige Absprache tätig wird.

Andererseits soll sich der „Geschäftsherr" (derjenige, für den er tätig wird) nicht auf seine Kosten bereichern und ihm dann, wenn dies der Fall ist, Ersatz schulden. Außerdem hat der Geschäftsherr die Möglichkeit, die Ge-

Interessenabwägung des Gesetzgebers

schäftsführung nachträglich zu genehmigen. Für diesen Fall schuldet er nach §§ 684 S. 2, 683 S. 1, 670 vollen Aufwendungsersatz.

Übersicht: Berechtigte und unberechtigte GoA

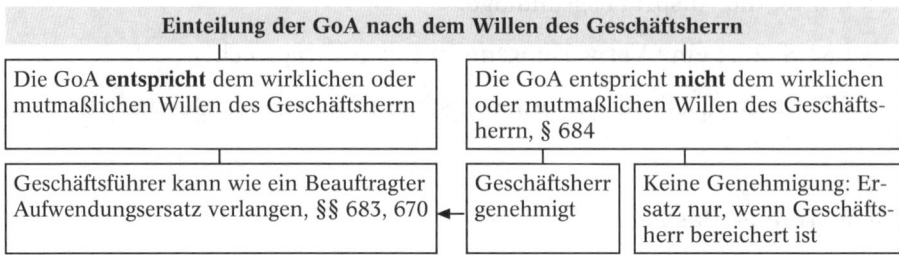

Einteilung der GoA nach dem Willen des Geschäftsherrn	
Die GoA **entspricht** dem wirklichen oder mutmaßlichen Willen des Geschäftsherrn	Die GoA entspricht **nicht** dem wirklichen oder mutmaßlichen Willen des Geschäftsherrn, § 684
Geschäftsführer kann wie ein Beauftragter Aufwendungsersatz verlangen, §§ 683, 670 ◄—	Geschäftsherr genehmigt / Keine Genehmigung: Ersatz nur, wenn Geschäftsherr bereichert ist

Dogmatische Einordnung der berechtigten GoA

Da die **berechtigte** GoA (§ 683) die Parteien weitgehend so stellt, als wenn sie einen Vertrag nach §§ 662 ff. (Auftrag) abgeschlossen hätten, wird sie auch den **„vertragsähnlichen"** gesetzlichen Schuldverhältnissen (ähnlich wie §§ 122, 179) zugerechnet.

1.1.2 Grundbegriffe der GoA

Im Folgenden werden wir zunächst die Grundbegriffe der GoA definieren.

1.1.2.1 Geschäftsführer i.S. der §§ 677 ff. ist derjenige, der das Geschäft für den Geschäftsherrn besorgt.

Weiter Geschäftsbesorgungsbegriff

1.1.2.2 Geschäftsbesorgung ist jedes aktive Handeln. Dieser Begriff geht sehr weit. Ausgenommen ist danach nur bloßes Unterlassen.

1.1.2.3 Für einen anderen

§ 677 verlangt, dass der Geschäftsführer das Geschäft „für einen anderen" besorgt. Da nach **§ 687 Abs. 1** die Regeln der GoA keine Anwendung finden, wenn jemand ein fremdes Geschäft in der irrigen Meinung führt, dass es sein eigenes sei, wird hieraus abgeleitet, dass die GoA nur dann zur Anwendung kommt, wenn jemand ein fremdes Geschäft mit Fremdgeschäftsführungswillen besorgt. Dabei wird zwischen objektiv und subjektiv fremden Geschäften unterschieden.

A) Objektiv fremdes Geschäft

Rechtskreistheorie

Ein vom Geschäftsführer geführtes Geschäft ist objektiv fremd, wenn es zu einem fremden Rechts- oder Interessenkreis (dem des Geschäftsherrn) gehört. Wann dies der Fall ist, bestimmt sich nach der gesetzlichen Güter- und Pflichtenzuordnung **(Rechtskreistheorie)**.

▶ *Gesetzliche Güterzuordnung*

Das Gesetz ordnet bestimmten Personen einzelne Rechte und Rechtsgüter sowie die damit verbundenen Befugnisse zu.

➲ Aufgabe 56: „Rechtskreistheorie"

Lesen Sie bitte § 903 S. 1. Welche Aussage können Sie der Vorschrift im Hinblick auf § 677 entnehmen?

Lösung:

Da nach § 903 der Eigentümer mit seiner Sache nach Belieben verfahren kann, stellt jede Handlung, die ein Dritter an der Sache an seiner Stelle vornimmt, für den Dritten ein objektiv fremdes Geschäft dar.

Nach der gesetzlichen Güterzuordnung sind daher z.B. die Veräußerung, Erhaltung oder Belastung fremder Sachen sowie deren Weitergabe an Dritte objektiv fremde Geschäfte.

– – –

Aber auch Hilfeleistung zugunsten gefährdeter oder kranker Personen fällt hierunter, da nach der gesetzlichen Güterzuordnung jeder für die Erhaltung seiner Rechtsgüter selbst verantwortlich ist.

▶ *Gesetzliche Pflichtenzuordnung*

Wer nach dem Gesetz oder aufgrund eines Vertrags Verpflichtungen hat, muss diese grundsätzlich selbst erfüllen. Tut dies an seiner Stelle ein Dritter, so nimmt er damit ein fremdes Geschäft wahr.

Beispiele: Erfüllung fremder Schulden, Beseitigung gefährlicher Zustände an Bauwerken oder im Straßenverkehr.

➲ **Wichtig:** Bei objektiv fremden Geschäften wird der Fremdgeschäftsführungswille vermutet.

B) Objektiv neutrales Geschäft – subjektiv fremdes Geschäft

Bestimmte Geschäfte, wie z.B. der Kauf einer Sache, sind nach dem Gesetz niemandem speziell zugewiesen. Diese objektiv neutralen Geschäfte werden zu „subjektiv" fremden Geschäften, wenn der Fremdgeschäftsführungswille im Zeitpunkt der Vornahme des Geschäfts nach außen erkennbar hervorgetreten ist.

Erkennbarkeit des Fremdgeschäftsführungswillens bei neutralen Geschäften

1.1.2.4 Geschäftsherr ist derjenige, in dessen Rechts- oder Interessenkreis die Geschäftsführung fällt. Die Tätigkeit des Geschäftsführers muss der Sorge des Geschäftsherrn obliegen.

1.1.2.5 Aufwendungen i.S.d. §§ 683, 670 sind freiwillige Vermögensopfer.

Diese sind bei berechtigter und bei genehmigter GoA ersatzfähig, wenn der Geschäftsführer sie den Umständen nach für erforderlich halten durfte.

Sachaufwand / Zeitaufwand

▶ Unter § 670 fällt grundsätzlich nur der Sachaufwand. Der Zeitaufwand ist im Rahmen des § 670 normalerweise nicht zu ersetzen. Dies folgt daraus, dass der Geschäftsführer nach § 683 S. 1 „wie ein Beauftragter" Ersatz seiner Aufwendungen verlangen kann. Nach § 662 bekommt aber ein Beauftragter seinen Zeitaufwand gerade nicht ersetzt (vgl. „unentgeltlich" in § 662).

Ausnahme: Professionelle GoA

Zeitaufwand bei professioneller GoA

Von „**professioneller GoA**" spricht man dann, wenn die Tätigkeit des Geschäftsführers seinem beruflichen Tätigkeitskreis zuzurechnen ist. Gehört die GoA zum beruflichen Tätigkeitskreis des Geschäftsführers, so wendet man **§ 1835 Abs. 3 analog** an (bitte lesen). Danach zählt bei der professionellen GoA ausnahmsweise auch der Zeitaufwand zu den Aufwendungen i.S.d. § 670.

Beispiel: Der Arzt A kommt zufällig an einen Unfallort und versorgt das Unfallopfer O. A erhält von O gemäß §§ 677, 683 S. 1, 670 nicht nur den Sachaufwand (z.B. Verbandsmaterial) ersetzt, sondern auch eine Vergütung für die aufgewendete Arbeitszeit (wegen § 1835 Abs. 3 analog).

Schäden

▶ Auch fallen unter § 670 grundsätzlich **nicht** die Schäden, die der Geschäftsführer bei seiner Tätigkeit erleidet, da es sich hierbei um unfreiwillige Vermögensopfer handelt.

Gefährliche GoA

Ausnahme: Gefährliche GoA

Bei der „gefährlichen GoA" werden dem Geschäftsführer auch „risikotypische Begleitschäden" ersetzt. Dies wird auf eine analoge Anwendung des § 110 HGB gestützt. Der Anspruch beschränkt sich aber auf eine angemessene Entschädigung.

↪ Wenn Sie mehr wissen wollen:
AS-Skript SchuldR BT 3, 14. Aufl. 2005, S. 23 ff.

1.2 Arten der GoA und Anspruchsgrundlagen

Wie Sie vielleicht bemerkt haben, hat die GoA einen gefährlich weiten Anwendungsbereich (Geschäftsbesorgung kann „jedes aktive Handeln" sein). Dies führt dazu, dass die GoA in der Klausur häufig übersehen wird. Damit es Ihnen nicht so ergeht, verschaffen wir uns jetzt einen Überblick über die Arten der GoA sowie die einzelnen Anspruchsgrundlagen.

1.2.1 Die Arten der GoA

Zu unterscheiden ist die **echte** und die **unechte** GoA.

Echte und unechte GoA

1.2.1.1 Die echte GoA, § 677

Die echte GoA ist in § 677 geregelt. Sie setzt voraus:

(1) Geschäftsbesorgung

(2) für einen anderen

(3) ohne Auftrag oder sonstige Berechtigung

Hinweis: § 677 ist keine Anspruchsgrundlage.

Zu (1): Zum Begriff der **„Geschäftsbesorgung"** s.o. (Grundbegriffe der GoA, 1.1.2)

Zu (2): für einen anderen
Das entscheidende Tatbestandsmerkmal der „echten" GoA ist der **Fremdgeschäftsführungswille** (Abgrenzung zu § 687 Abs. 1).

Zur Bestimmung des Fremdgeschäftsführungswillens sind **fünf Grundregeln** zu beachten:

Bestimmung des Fremdgeschäftsführungswillen

Die 5 Grundregeln des § 677

Grundregeln der GoA

1. Beim **„objektiv fremden"** Geschäft wird der Fremdgeschäftsführungswille **vermutet**.

2. Der Geschäftsführer braucht – über § 686 hinaus – **den Geschäftsherrn nicht zu kennen** (GoA für den, den es angeht).

3. Durch die GoA können auch **mehrere Geschäftsherren** betroffen sein.

4. Die gleichzeitige Wahrnehmung **eigener Belange** schließt die GoA nicht aus („auch fremdes Geschäft").

5. Dies gilt auch dann, wenn der Geschäftsführer **Dritten gegenüber vertraglich verpflichtet** ist (sehr str.).

Gehört das Geschäft bereits äußerlich erkennbar zu einem fremden Rechts- oder Interessenkreis, liegt ein „objektiv fremdes Geschäft" vor.

Bei solchen Geschäften wird der Fremdgeschäftsführungswille widerlegbar vermutet. Ein Eigeninteresse des Geschäftsführers schließt den Fremdgeschäftsführungswillen nicht aus.

Vermutung des Fremdgeschäftsführungswillens bei objektiv fremden Geschäften

➲ Wenn Sie mehr wissen wollen:
BGHZ 40, 31; 70, 389.

Zu (3): ohne Auftrag oder sonstige Berechtigung

▶ **ohne „Auftrag":**
Das bedeutet, dass der Geschäftsführer nicht im Hinblick auf eine bestehende vertragliche Pflicht zum Handeln gegenüber dem Geschäftsherrn
tätig wird.

Beispiel: A repariert die Uhr des B aufgrund eines mit ihm geschlossenen Werkvertrags. Hier sind die Regeln der GoA nicht anwendbar.

▶ **ohne „sonstige Berechtigung":**
Dieses Tatbestandsmerkmal des § 677 ist dann erfüllt, wenn keine sonstige Legitimation zum Tätigwerden (z.B. als Insolvenzverwalter) vorliegt.

Unterfälle der echten GoA

Echte GoA

Liegt eine echte GoA vor, so sind zwei Unterfälle zu unterscheiden (vgl.
hierzu auch Aufgabe 54):

▶ die berechtigte GoA (§ 683)

▶ die unberechtigte GoA (§ 684)

A) Berechtigte GoA i.S.d. § 683

Verhältnis Wille/Interesse

Berechtigte GoA ist dann gegeben, wenn die **Übernahme** des Geschäfts (also nicht die Art und Weise seiner Ausführung!) dem **Willen** und dem **Interesse** des Geschäftsherrn entspricht. Zum Interesse gehört all das, was für
den Geschäftsherrn objektiv nützlich ist. Dabei ist entgegen dem Gesetzeswortlaut zunächst zu prüfen, ob der **tatsächliche** Wille des Geschäftsherrn
feststellbar ist. Dieser ist auch dann maßgeblich, wenn die Übernahme der
Geschäftsbesorgung objektiv nicht im Interesse des Geschäftsherrn liegt
(Grund: Privatautonomie). Das Interesse des Geschäftsherrn spielt nur
dann eine Rolle, wenn ein tatsächlicher Wille nicht feststellbar ist. In diesem
Fall wird vom Interesse auf den mutmaßlichen Willen geschlossen.

Merken Sie sich hierzu als Eselsbrücke „zweimal In": **In**diz für den mutmaßlichen Willen ist das **In**teresse.

➲ Aufgabe 57: „Verwarnung"

Vater V bemerkt bei einem Besuch bei seiner Tochter T auf deren Schreib-
tisch eine nicht bezahlte gebührenpflichtige Verwarnung. Da es in seiner Fa-
milie unüblich ist, Schulden nicht zu begleichen, nimmt er die Verwarnung
unbemerkt an sich und überweist den Geldbetrag. Liegt hier berechtigte
GoA vor? Kann V von T Ersatz des überwiesenen Betrags verlangen?

Lösung:

Begleichung fremder
Schulden

Die Begleichung einrede- und einwendungsfrei bestehender Schulden ist für
T objektiv nützlich, entspricht also ihrem Interesse. Somit kann der Rückschluss gezogen werden, dass sie auch dem mutmaßlichen Willen der T ent-

spricht. Die Überweisung des Geldes ist daher ein Fall der berechtigten GoA.

Grundsätzlich kann V somit von T gem. §§ 677, 683 S. 1, 670 Aufwendungsersatz verlangen.

Beachte aber **§ 685**. Danach ist der Aufwendungsersatzanspruch des V ausgeschlossen, wenn die Überweisung des Geldbetrags in Schenkungsabsicht zugunsten der T erfolgte. „Geschenkte" GoA

Der berechtigten GoA steht die zunächst unberechtigte, aber nachträglich genehmigte GoA gleich (vgl. § 684 S. 2). Genehmigte GoA

Widerspricht die Geschäftsübernahme dem Willen des Geschäftsherrn, so kann sie unter den Voraussetzungen des **§ 679** (Pflicht des Geschäftsherrn im öffentlichen Interesse, gesetzliche Unterhaltspflicht) gleichwohl berechtigte GoA darstellen. Der entgegenstehende Wille des Geschäftsherrn ist dann unbeachtlich. Unbeachtlichkeit des entgegenstehenden Willens

– – –

B) Unberechtigte GoA i.S.d. § 684 S. 1

Die „unberechtigte GoA" ist ebenfalls ein Unterfall der „echten GoA" und liegt dann vor, wenn die Voraussetzungen des § 683 S. 1 nicht erfüllt sind und der Geschäftsherr die Geschäftsführung nicht nach § 684 S. 2 genehmigt hat. Die unberechtigte GoA führt zu einer Schlechterstellung des Geschäftsführers. Die Aufwendungen sind dem Geschäftsführer nur dann zu ersetzen, wenn der Geschäftsherr durch diese bereichert ist. Dabei enthält § 684 S. 1 nach h.M. einen **Rechtsfolgenverweis** auf die §§ 812 ff.

Bei **„Übernahmeverschulden"** trifft den Geschäftsführer eine Schadensersatzpflicht nach **§ 678** (Anspruchsgrundlage!). Auf ein **„Ausführungsverschulden"** des Geschäftsführers kommt es dabei nicht an. Übernahmeverschulden

1.2.1.2 Die unechte GoA, § 687

Eine „unechte" GoA i.S.d. § 687 liegt dann vor, wenn der Geschäftsführer ein **objektiv fremdes** Geschäft **als eigenes** führt. In diesem Fall fehlt ihm der für die echte GoA i.S.d. § 677 erforderliche Fremdgeschäftsführungswille. Unechte GoA

Bei der unechten GoA sind zwei Unterfälle zu unterscheiden, nämlich

▶ die vermeintliche Eigengeschäftsführung (§ 687 Abs. 1) und

▶ die angemaßte GoA (§ 687 Abs. 2).

A) Vermeintliche Eigengeschäftsführung i.S.d. § 687 Abs. 1 liegt dann vor, wenn dem Geschäftsführer bereits das Bewusstsein fehlt, ein fremdes Geschäft zu führen. Hier stellt § 687 Abs. 1 klar, dass die §§ 677 bis 686 keine Anwendung finden.

Beispiel:

Keine Anwendung der GoA bei vermeintlicher Eigengeschäftsführung

A meint (gutgläubig), Eigentümer einer Eigentumswohnung zu sein, und vermietet diese an M. In Wirklichkeit gehört die Wohnung dem E.

Die Vermietung der fremden Wohnung ist für A ein objektiv fremdes Geschäft, welches er irrtümlich als eigenes geführt hat (kein Fremdgeschäftsführungswille!). Es liegt ein Fall der unechten vermeintlichen GoA vor (§ 687 Abs. 1). Die Verpflichtung des A zur Herausgabe der Miete an E richtet sich nach den §§ 987 ff., da E Eigentümer und A unrechtmäßiger Besitzer ist.

B) Angemaßte GoA i.S.d. § 687 Abs. 2 liegt dann vor, wenn der Geschäftsführer zwar weiß, dass er ein objektiv fremdes Geschäft führt, aber nicht den Willen hat, es als fremdes zu führen und auch weiß, dass er dazu nicht berechtigt ist.

Beispiele:

▶ D hat das Fahrrad des E gestohlen und veräußert es an den Hehler H.

▶ R fertigt von der „RÜ-CD" der Fa. Alpmann u. Schmidt Raubkopien an und veräußert diese mit Gewinn an Jura-Studenten.

In den Fällen der angemaßten GoA kann der Geschäftsherr die Ansprüche aus §§ 681 S. 2, 667 bzw. § 678 geltend machen (vgl. § 687 Abs. 2 S. 1). In obigen Beispielen müssen die Beteiligten daher insbesondere die erzielten Erlöse an den Geschäftsherrn abführen.

1.2.2 Die wichtigsten Anspruchsgrundlagen der GoA mit Aufbauschema

▶ Bei der Auswahl der Anspruchsgrundlagen ist wiederum zwischen **echter** und **unechter** GoA zu unterscheiden.

   – Bei der **echten** GoA kommt es darauf an, ob **berechtigte** oder **unberechtigte** GoA vorliegt.

   – Bei der **unechten** GoA muss zwischen **§ 687 Abs. 1** und **Abs. 2** unterschieden werden.

▶ In allen Fällen sind die Ansprüche des Geschäfts**führers** von denen des Geschäfts**herrn** zu trennen.

System der Anspruchsgrundlagen

Daraus ergibt sich folgendes Anspruchsgrundlagensystem der GoA:

1.2.2.1 Ansprüche bei echter GoA (§ 677)

A) Ansprüche bei (echter) berechtigter GoA (§ 683)

▶ *Ansprüche des Geschäftsführers*

   – Aufwendungsersatz gem. §§ 677, 683, **670**.

   – Anspruch auf Befreiung von einer Verbindlichkeit, welche zum Zwecke der GoA begründet wurde, §§ 677, 683, 670, **257**.

136

Beispiel: N bemerkt eines Morgens eine zerbrochene Glasscheibe im Haus seines Nachbarn A, welcher sich im Urlaub befindet. N beauftragt im eigenen Namen den Glasermeister G mit der Reparatur.

N kann von A gem. §§ 677, 683 S.1, 670 Aufwendungsersatz verlangen, wenn er die Rechnung des G bezahlt hat. Hat N noch nicht gezahlt, kann er von A verlangen, dass dieser an seiner Stelle die Rechnung bezahlt (§§ 677, 683 S. 1, 670, 257).

Aufbauschema: Aufwendungsersatz nach §§ 677, 683, 670

Die Voraussetzungen aller drei Vorschriften sind hintereinander zu prüfen

(I) Voraussetzungen des § 677

    (1) Geschäftsbesorgung

    (2) für den Anspruchsgegner

    (3) ohne Auftrag oder sonstige Berechtigung

(II) Voraussetzungen des § 683

    (1) Übernahme der Geschäftsbesorgung

    (2) entspricht dem tatsächlichen Willen des Geschäftsherrn oder seinem mutmaßlichen Willen (+), wenn interessengemäß

(III) Voraussetzungen des § 670

    (1) Aufwendungen des Geschäftsführers

    (2) zum Zwecke der GoA

    (3) die er den Umständen nach für erforderlich halten durfte

▶ *Ansprüche des Geschäftsherrn*

Gem. §§ 677, 681 S. 2, **667** hat der Geschäftsführer das aus der Geschäftsbesorgung Erlangte herauszugeben.

Beispiel: A hat seine Uhr bei B zur Reparatur gegeben. C, der davon weiß und der dem B gut bekannt ist, holt die inzwischen reparierte Uhr ab. Gem. §§ 677, 681 S. 2, 667 muss er dem A die Uhr herausgeben.

Aufbauschema: Herausgabeanspruch aus §§ 677, 681 S. 2, 667

(I) Voraussetzungen des § 677 (vgl. oben)

(II) Voraussetzung des § 667: Etwas aus der Geschäftsbesorgung erlangt

Gemäß §§ 280 Abs. 1, Abs. 3, 283 schuldet der Geschäftsführer dem Geschäftsherrn Schadensersatz, wenn ihm die Herausgabe schuldhaft unmöglich wird (so etwa, wenn C im vorigen Beispiel die Uhr infolge von Fahrlässigkeit verlieren würde).

Liegt „Ausführungsverschulden" des Geschäftsführers vor, so ist er dem Geschäftsherrn nach § 280 Abs. 1 schadensersatzpflichtig (wegen Verletzung der Sorgfaltspflicht aus § 677).

Schadensersatz bei „Ausführungsverschulden"

➲ Aufgabe 58: „In den Grund gebohrt"

Hobbysegler A gerät auf dem Bodensee in einen Sturm, der ihm die Takelage zerfetzt. Sein Boot ist manövrierunfähig. Motorbootfahrer B bemerkt die Probleme des A und will ihn ins Schlepptau nehmen. Dabei beschädigt er grob fahrlässig das Boot des A. Kann A von B Schadensersatz verlangen?

Lösung:

Ausführungsverschulden
Beachte § 680

B haftet dem A wegen Ausführungsverschuldens nach § 280 Abs. 1. (§ 678 ist nicht einschlägig, da das Abschleppen dem Willen des A entsprach.) Die Haftungsprivilegierung des § 680 nützt ihm nichts, da er grob fahrlässig gehandelt hat (daneben greift noch § 823 Abs. 1 ein, da die hier vorliegende **berechtigte** GoA den B nicht berechtigt, das Schiff des A zu beschädigen).

– – –

B) Ansprüche bei (echter) unberechtigter GoA, § 684 S. 1

▶ *Ansprüche des Geschäftsführers*

Hier richtet sich der Anspruch des Geschäfts**führers** auf Aufwendungsersatz nach §§ 684 S. 1, 812 ff., d.h. der Anspruch besteht nur insoweit, als der Geschäftsherr hierdurch bereichert ist (vgl. § 818 Abs. 3). Dabei ist § 684 S. 1 nach h.M. ein Rechts**folgen**verweis auf §§ 812 ff.

Beispiel: N bemerkt eine zerbrochene Fensterscheibe im Hause des abwesenden A und lässt diese durch den Glaser G reparieren. A will aber das Haus in Kürze abreißen lassen, was dem N nicht bekannt war. Kann N von A Aufwendungsersatz verlangen?

Ein Anspruch aus §§ 677, 683 S. 1, 670 steht dem N nicht zu, da die Reparatur nicht im Interesse des A lag und daher auch nicht seinem mutmaßlichen Willen entsprach. Es liegt vielmehr eine unberechtigte GoA i.S.d. § 684 vor. Somit kommt es wegen des Verweises in das Bereicherungsrecht darauf an, ob A bereichert ist. Nach diesen Maßstäben erhält N seine Aufwendungen nicht ersetzt, weil A das Haus abreißen lassen will und somit durch die Reparatur der Glasscheibe keine Kosten erspart (d.h. nicht bereichert ist).

▶ *Ansprüche des Geschäftsherrn*

Übernahmeverschulden

Hier ist zunächst der Schadensersatzanspruch wegen **Übernahme**verschuldens aus § 678 zu nennen.

Beachte aber: In den Fällen der §§ 679, 684 S. 2 ist § 678 unanwendbar.

Beispiel: A und B zechen gemeinsam im Gasthaus „Zur blauen Sau". A ist mittlerweile volltrunken (2,6‰), während B wenigstens noch gehen kann (1,5‰). B kann den A nur dadurch von der Autofahrt abhalten, dass er selbst das Steuer übernimmt. Durch Verschulden eines Dritten kommt es später zu einem Unfall, bei dem A schwer verletzt wird. Da der andere Unfallbeteiligte Unfallflucht begangen hat, verlangt A von B Schadensersatz nach § 678.

Der BGH (NJW 1972, 475) hat im vorliegenden Fall das Übernahmeverschulden mit Hinweis auf § 680 verneint (nur leichte Übernahmefahrlässigkeit des B, weil er sich wegen der Eile schnell entscheiden musste).

Ein Schadensersatzanspruch aus § 280 Abs. 1 wegen **Ausführungs**verschuldens steht dem Geschäftsherrn nach h.M. nicht zu, weil der Geschäftsführer eine unberechtigte GoA zu unterlassen hat und somit keine Pflicht nach § 677 zur sorgfältigen Ausführung der GoA entsteht (daher auch Schadensersatz nach § 678).

Übersicht: Die wichtigsten Ansprüche bei echter GoA

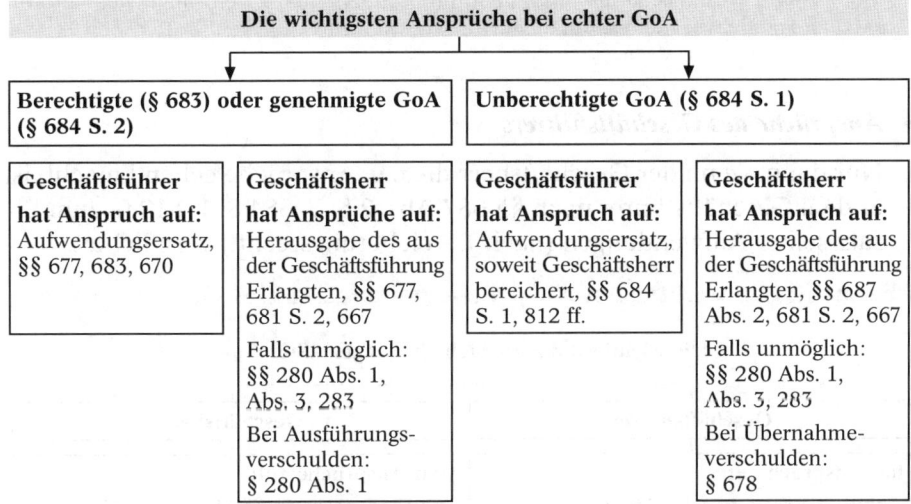

Die wichtigsten Ansprüche bei echter GoA			
Berechtigte (§ 683) oder genehmigte GoA (§ 684 S. 2)		**Unberechtigte GoA (§ 684 S. 1)**	
Geschäftsführer **hat Anspruch auf:** Aufwendungsersatz, §§ 677, 683, 670	**Geschäftsherr** **hat Ansprüche auf:** Herausgabe des aus der Geschäftsführung Erlangten, §§ 677, 681 S. 2, 667 Falls unmöglich: §§ 280 Abs. 1, Abs. 3, 283 Bei Ausführungsverschulden: § 280 Abs. 1	**Geschäftsführer** **hat Anspruch auf:** Aufwendungsersatz, soweit Geschäftsherr bereichert, §§ 684 S. 1, 812 ff.	**Geschäftsherr** **hat Anspruch auf:** Herausgabe des aus der Geschäftsführung Erlangten, §§ 687 Abs. 2, 681 S. 2, 667 Falls unmöglich: §§ 280 Abs. 1, Abs. 3, 283 Bei Übernahmeverschulden: § 678

1.2.2.2 Ansprüche bei unechter GoA, § 687

Unechte GoA

A) Vermeintliche Eigengeschäftsführung nach § 687 Abs. 1

Hier gelten die allgemeinen Regeln (§§ 812 ff.; 823 ff.), da die Regeln der GoA nicht anwendbar sind.

B) Angemaßte GoA, § 687 Abs. 2:

▶ Ansprüche des Geschäftsherrn

Gem. §§ 687 Abs. 2, 681 S. 2, 667 ist der Geschäftsführer zur **Herausgabe des** aus der Geschäftsführung (tatsächlich) **Erlangten** verpflichtet.

⊃ Aufgabe 59: „Gestohlenes Collier"

D hat bei einem Einbruch ins Juweliergeschäft des E ein Brillantcollier gestohlen. Er veräußert es für 2.000 € an den Hehler H. Hat E gegen D einen Erlösherausgabeanspruch bzw. Schadensersatzanspruch aus GoA?

Lösung:

Die Veräußerung des Colliers erfüllt den Tatbestand der angemaßten GoA (§ 687 Abs. 2). D ist gemäß §§ 681 S. 2, 667 dem E zur Herausgabe des Erlöses verpflichtet.

Erlösherausgabe

Schadensersatz

Nach §§ 687 Abs. 2, 678 haftet der Geschäftsführer dem Geschäftsherrn auf **Schadensersatz**. Das nach § 678 erforderliche Übernahmeverschulden liegt bei angemaßter GoA regelmäßig vor.

Wenn der tatsächliche Wert des Colliers z.B. 5.000 € beträgt, kann E von D (anstelle des Erlöses) 5.000 € gemäß §§ 687 Abs. 2, 678 verlangen.

➲ **Beachte:** Daneben haftet D auch aus §§ 989, 990; 992, 823. Der Anspruch aus § 687 Abs. 2 wird ausnahmsweise nicht durch die §§ 989 ff. verdrängt, weil der vorsätzlich Handelnde nicht schutzbedürftig ist.

– – –

▶ *Ansprüche des Geschäftsführers*

Nur dann, wenn der Geschäftsherr die o.g. Ansprüche geltend macht, ist er dem Geschäftsführer nach §§ 687 Abs. 2 S. 2, 684 S. 1, 812 ff. zum Ersatz seiner Aufwendungen (nach Bereicherungsrecht!) verpflichtet.

Übersicht: Die wichtigsten Ansprüche bei angemaßter GoA

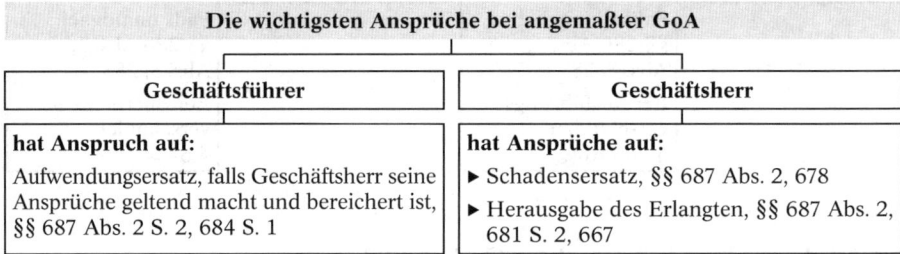

➲ Wenn Sie mehr wissen wollen:
AS-Skript SchuldR BT 3, 14. Aufl. 2005, S. 51 ff.

2. Bereicherungsrecht, §§ 812 ff.

2.1 Einführung: Bedeutung und Funktion des Bereicherungsrechts

Zweck der §§ 812–822

Die §§ 812–822 bezwecken die Rückabwicklung von ungerechtfertigt erlangten Vermögensvorteilen. Die Fragestellung bei diesen Vorschriften lautet daher nicht, um was der Anspruchsteller geschädigt ist oder was er aufgewendet hat, sondern **welchen ungerechtfertigten Vorteil der Anspruchsgegner erlangt hat**. Ferner ist streng danach zu unterscheiden, auf welche Weise der Anspruchsgegner den ungerechtfertigten Vorteil erlangt hat. Das Gesetz sieht dabei zwei Möglichkeiten vor, nämlich durch **Leistung** des Anspruchstellers oder **in sonstiger Weise**.

2.2 Die Systematik der §§ 812–822

Bevor wir uns den Problemen dieses Rechtsinstituts zuwenden, wollen wir zunächst das Handwerkszeug kennen lernen, das uns der Gesetzgeber im

Bereicherungsrecht zur Verfügung stellt. Für die Rechtsanwendung ist es wichtig, die genaue Funktion der einzelnen Vorschriften zu kennen.

2.2.1 Einteilung der Normen

Die §§ 812–822 enthalten vier Normengruppen: Anspruchsgrundlagen, Gegennormen, rechtsfolgenergänzende Normen und Definitionsnormen (zum Unterschied dieser Normengruppen und seiner Bedeutung für die Rechtsanwendung vgl. Grundlagen Zivilrecht 1, 5. Aufl. 2008, S. 11–16).

➲ Aufgabe 60: „Normengruppen"

Lesen Sie die §§ 812–822 und unterteilen Sie diese nach den o.g. Normengruppen.

Übersicht: Ihr „Werkzeugkasten" im Bereicherungsrecht

Einteilung des Bereicherungsrechts

Anspruchs- grundlagen	Gegennormen	Rechtsfolgenergän- zende Normen	Definitions- norm
§ 812 Abs. 1 S. 1, 1. Alt.	§ 813 Abs. 2	§ 818 Abs. 1	§ 812 Abs. 2
§ 812 Abs. 1 S. 1, 2. Alt.	§ 814	§ 818 Abs. 2	
§ 812 Abs. 1 S. 2, 1. Alt.	§ 815	§ 818 Abs. 4	
§ 812 Abs. 1 S. 2, 2. Alt.	§ 817 S. 2	§ 819	
§ 813 Abs. 1 S. 1	§ 818 Abs. 3	§ 820	
§ 816 Abs. 1 S. 1	§ 821		
§ 816 Abs. 1 S. 2			
§ 816 Abs. 2			
§ 817 S. 1			
§ 822			

➲ **Anmerkungen:** § 821 ist eine Gegennorm zu **anderen Anspruchsgrundlagen außerhalb des Bereicherungsrechts**, während es sich bei den anderen Gegennormen um solche handelt, welche sich **gegen Bereicherungsansprüche** richten. Bei den §§ 818 Abs. 4, 819, 820 könnte man vom Wortlaut her zweifeln, ob sie nicht eher den Anspruchsgrundlagen zuzurechnen sind. Ihr rechtsfolgenergänzender Charakter ergibt sich jedoch daraus, dass sie eine bereicherungsrechtliche Anspruchsgrundlage voraussetzen (vgl. z.B in § 818 Abs. 4: „ … der Empfänger" – gemeint ist damit „der Bereicherungsschuldner").

– – –

2.2.2 Die Einteilung der Anspruchsgrundlagen

➲ Aufgabe 61: „Kondiktionenbestimmung"

Die bereicherungsrechtlichen Anspruchsgrundlagen werden auch als „Kondiktionen" bezeichnet. Teilen Sie die gefundenen Anspruchsgrundlagen nach der Art des ungerechtfertigten Erwerbs in Leistungs- und Nichtleistungskondiktionen ein.

Leistungs- und Nichtleistungskondiktionen

Übersicht: Einteilung der Anspruchsgrundlagen

Leistungskondiktionen	Nichtleistungskondiktionen
§ 812 Abs. 1 S. 1, 1. Alt.	§ 812 Abs. 1 S. 1, 2. Alt.
§ 812 Abs. 1 S. 2, 1. Alt.	§ 816 Abs. 1 S. 1
§ 812 Abs. 1 S. 2, 2. Alt.	§ 816 Abs. 1 S. 2
§ 813 Abs. 1 S. 1	§ 816 Abs. 2
§ 817 S. 1	§ 822

– – –

2.2.3 Die Zuordnung von Anspruchsgrundlagen und Gegennormen

Anspruchsgrundlagen
und Gegennormen

Bei der Anwendung des Gesetzes müssen Sie (schon wegen der **Beweislast**) zwischen den **Anspruchsgrundlagen** und den dazugehörenden **Gegennormen** unterscheiden. Das ist auch im Bereicherungsrecht nicht anders. Im Bereicherungsrecht müssen Sie noch zusätzlich darauf achten, dass nicht alle Gegennormen für alle Anspruchsgrundlagen passen.

⊃ Aufgabe 62: „Norm und Gegennorm"

Bitte sehen Sie sich die Gegennormen genauer an. Welchen Anspruchsgrundlagen sind die Gegennormen zuzuordnen?

Übersicht: Anspruchsgrundlagen und Gegennormen im BereicherungsR

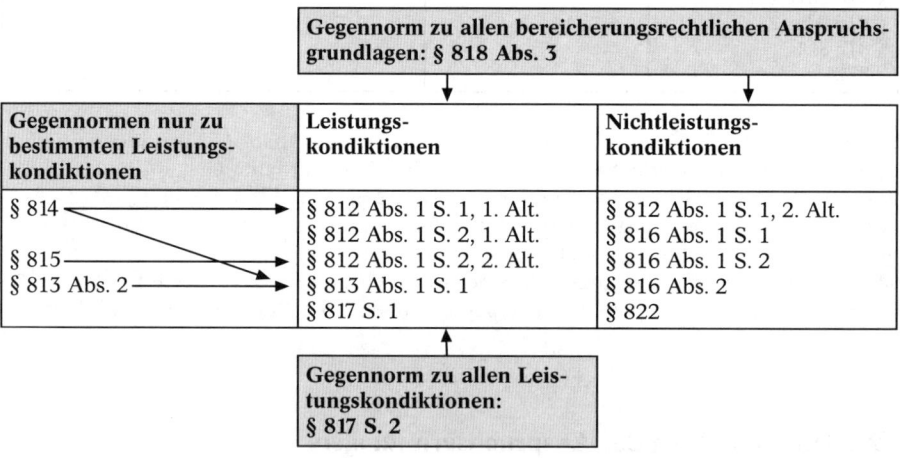

– – –

2.3 Die Anspruchsgrundlagen

2.3.1 Die Leistungskondiktionen

2.3.1.1 § 812 Abs. 1 S. 1, 1. Alt. (sog. „condictio indebiti")

Aufbauschema: Der Anspruch aus § 812 Abs. 1 S. 1, 1. Alt.

> **(1) etwas erlangt**
>
> **(2) durch Leistung des Anspruchstellers**
>
> (Zweck: Erfüllung einer vermeintlichen Verbindlichkeit)
>
> **(3) ohne Rechtsgrund**

§ 812 Abs. 1 S. 1, 1. Alt. setzt voraus, dass der Anspruchsgegner **etwas** durch **Leistung** des Anspruchstellers **ohne rechtlichen Grund** erlangt hat.

Zu (1): etwas erlangt
Dies kann jeder Vermögensvorteil sein.

Beispiele: Eigentums- oder Besitzerwerb, Kontogutschrift, Befreiung von einer Verbindlichkeit, Erlangung einer günstigen Grundbuchposition etc.

Zu (2): durch Leistung des Anspruchstellers
Nach heute h.M. setzt eine Leistung eine **bewusste (gewollte)** und **zweckgerichtete Mehrung fremden Vermögens** voraus:

Der Leistungsbegriff der h.M.

▶ *Bewusste (gewollte) Vermögensmehrung*

Der Bereicherungsgläubiger muss also zunächst einmal wissen, dass er das Vermögen des Anspruchsgegners vermehrt hat.

⊃ Aufgabe 63: „Treue Hühner"

Der Bauer B vereinbart mit seinem Nachbarn, dem Bauern N, dass dieser während des Urlaubs von B dessen Hühner mitfüttern solle. N sperrt die Hühner des B vereinbarungsgemäß mit in seinen Hühnerstall, wo sie auch gefüttert werden. Nach der Rückkehr des B kehren die Hühner jedoch immer wieder zum Hühnerhof des N zurück und holen sich dort ihr Futter. Als N einige Zeit später diesen Vorgang bemerkt, verlangt er von B Ersatz für das von den Hühnern nach Ablauf der Urlaubszeit gefressene Futter. Liegt eine „Leistung" im bereicherungsrechtlichen Sinne vor?

Lösung:

Hier ist dem N **nicht** bewusst gewesen, dass er das Vermögen des B vermehrt. In Betracht kommt somit keine **Leistungs**kondiktion, sondern allenfalls eine **Nichtleistungs**kondiktion. Nach h.M. ist das Leistungsbewusstsein ein rein tatsächliches Bewusstsein und unterliegt nicht den für

Rechtsnatur des „Leistungsbewusstseins"

Willenserklärungen geltenden Regeln. (Wichtig: Danach kann auch ein Minderjähriger Leistender sein!)

– – –

➲ Wenn Sie mehr wissen wollen:
AS-Skript SchuldR BT 3, 14. Aufl. 2005, S. 62.

Problematisch ist das Leistungsbewusstsein auch in den Fällen, in denen die Gewährung einer „Leistung" erschlichen wird.

Schwarzfahrt

Beispiel: „Schwarzfahrt" mit dem Bus

Geht man in diesen Fällen davon aus, dass der Betreiber des Busunternehmens einen „generellen Leistungswillen" gegenüber allen Fahrgästen hat, so liegt eine Leistung des Busunternehmers vor. Richtiger erscheint es aber, von einer Nichtleistungskondiktion auszugehen, da der Busunternehmer nur an die Fahrgäste mit gültigem Fahrausweis leisten will.

➲ Wenn Sie mehr wissen wollen:
Harder, NJW 1990, 857, Minderjähriger Schwarzfahrer; Stacke, NJW 1991, 875, Der minderjährige Schwarzfahrer: Sind ihm wirklich Tür und Tor geöffnet?

▶ *Zweckbestimmung*

Leistungszweck

Ferner setzt der Leistungsbegriff voraus, dass die Zuwendung **„zweckgerichtet"** erfolgt. Durch die Zweckbestimmung wird dem Empfänger klar, warum ihm etwa eine Sache zugewandt wird (lesen Sie dazu § 366 Abs. 1).

Empfängerhorizont maßgeblich

Wer an wen zu welchem Zweck leistet, beurteilt sich aus der Sicht **eines sorgfältigen Empfängers**. Arg.: Schutzbedürftigkeit des Empfängers. Dies kann zu Problemen führen, wenn **mehr als zwei Personen** beteiligt sind.

Im Falle der Leistungskondiktion nach § 812 Abs. 1 S. 1, 1. Alt. besteht der Leistungszweck darin, **eine vermeintliche Verbindlichkeit zu erfüllen (causa solvendi)**.

Übersicht: Die Leistung i.S.d. § 812 Abs. 1 S. 1, 1. Alt.

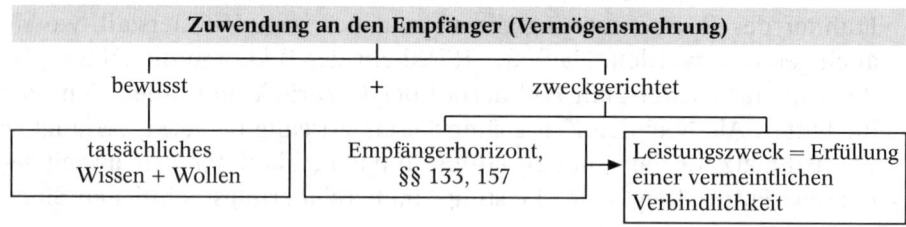

Rechtsgrundlosigkeit der Vermögensverschiebung

Zu (3): ohne Rechtsgrund
Dritte Voraussetzung des § 812 Abs. 1 S. 1, 1. Alt. ist, dass die Leistung **„ohne Rechtsgrund"** stattgefunden hat. Dies trifft dann zu, wenn der Leistungszweck, eine Verbindlichkeit zu erfüllen, verfehlt wurde.

144

Dies ist in **zwei Fällen** gegeben, nämlich wenn

▶ die zugrunde liegende **Verbindlichkeit nicht bestand**

▶ oder die erstrebte **Erfüllungswirkung** trotz bestehender Verpflichtung **nicht eingetreten** ist.

⊃ Aufgabe 64: „Der Weinkenner"

K kauft, nachdem er verschiedene Weine bei V probiert hat, bei diesem 50 Flaschen eines bestimmten Weins zu 2 € die Flasche. Infolge eines Versehens seines Auslieferungsfahrers liefert V jedoch 50 Flaschen anderen Weins zu 50 € die Flasche. K erkennt die Verwechslung sofort und freut sich. Kann V die 50 gelieferten Flaschen Wein herausverlangen?

Lösung:

(I) Ein Anspruch aus **§ 985** scheidet aus, weil V dem K die Flaschen mit dem Willen hat aushändigen lassen, den Kaufvertrag zu erfüllen und Eigentum hieran zu übertragen. Daher ist das Eigentum gem. § 929 S. 1 auf K übergegangen.

(II) Anspruch aus **§ 812 Abs. 1 S. 1, 1. Alt.**:

 (1) K hat Eigentum und Besitz an den Flaschen erlangt.

 (2) Dies geschah auch zum Zwecke der Erfüllung des Kaufvertrags.

 (3) Der Erwerb erfolgte auch **ohne Rechtsgrund**, wenn die **Erfüllungswirkung nicht eingetreten** ist.

Aliudlieferung

 Zwar steht nach **§ 434 Abs. 3** die Falschlieferung einem Sachmangel gleich, sodass man daran denken könnte, dass der Kaufvertrag erfüllt worden ist. Jedoch stehen Falschlieferungen **nur dann** einem Sachmangel gleich, wenn der Verkäufer mit Erfüllungswillen an den Käufer geliefert hat und aus dessen Sicht der Verkäufer mit der Lieferung auch seine Verpflichtung aus dem Kaufvertrag erfüllen wollte (siehe nochmals oben 2. Teil, 1. Abschnitt, 3.3.2.2 B) I)). Erkennt hingegen der Käufer sofort, dass eine Verwechslung vorliegt, tritt keine Erfüllung ein. Die Lieferung erfolgt dann **ohne Rechtsgrund**, da der Kaufvertrag **nur für die geschuldete** Lieferung Rechtsgrund sein kann.

 (4) Der Anspruch ist auch nicht nach § 241 a Abs. 1 ausgeschlossen, vgl. auch § 241 a Abs. 2.

Ergebnis: V kann somit Herausgabe der Flaschen nach § 812 Abs. 1 S. 1, 1. Alt. verlangen.

– – –

2.3.1.2 § 812 Abs. 1 S. 2, 1. Alt. (sog. „condictio ob causam finitam")

Aufbauschema: Der Anspruch aus § 812 Abs. 1 S. 2, 1. Alt.

(1) **etwas erlangt**

(2) **durch Leistung des Anspruchstellers**
(Zweck: Erfüllung einer Verbindlichkeit)

(3) **Wegfall des Rechtsgrundes**

Nachträglicher Wegfall des Rechtsgrundes

Voraussetzung dieses Anspruchs ist, dass jemand etwas durch Leistung des Anspruchstellers zunächst mit Rechtsgrund erworben hat, der Rechtsgrund aber **nachträglich wegfällt**.

Beispiel: V verkauft und übereignet sein Grundstück an K. Im notariellen Kaufvertrag wird eine auflösende Bedingung i.S.d. § 158 Abs. 2 dergestalt vereinbart, dass der Kaufvertrag „hinfällig" sein soll, wenn V innerhalb eines Monats einen anderen Käufer findet, der mehr zu zahlen bereit ist. Dies gelingt dem V, sodass er von K das Grundstück nach § 812 Abs. 1 S. 2, 1. Alt. wieder herausverlangt.

2.3.1.3 § 812 Abs. 1 S. 2, 2. Alt. (sog. „condictio causa data, causa non secuta" bzw. „condictio ob rem")

Aufbauschema: § 812 Abs. 1 S. 2, 2. Alt.

(1) **etwas erlangt**

(2) **durch Leistung des Anspruchstellers** (sonstiger Zweck)

(3) **Zweckverfehlung**

Rechtslage bei Verfehlung sonstiger Leistungszwecke

Die Kondiktion nach § 812 Abs. 1 S. 2, 2. Alt. greift dann ein, wenn jemand etwas durch Leistung des Anspruchstellers erworben hat, nach dem „Inhalt des Rechtsgeschäfts" damit ein besonderer Zweck verfolgt und dieser Zweck verfehlt wurde.

⬤ Aufgabe 65: „Schwarzkauf"

K hat Interesse am Grundstück des P. Um Notarkosten zu sparen, schließen sie einen notariellen Kaufvertrag zum Kaufpreis von 50.000 €. Mündlich vereinbaren sie einen Kaufpreis von 200.000 €. Der Notar, der angesichts des niedrigen Kaufpreises Verdacht schöpft, weist die Parteien darauf hin, dass ein notarieller Kaufvertrag mit unrichtigem Kaufpreis als Scheingeschäft (§ 117 Abs. 1) und die verdeckte mündliche Absprache mangels Beurkundung (§§ 117 Abs. 2, 311 b Abs. 1 S. 1, 125 S. 1) nichtig sei. K und P betonen aber, dass es mit dem Kaufpreis schon seine Richtigkeit habe. Später überweist K dem P die 200.000 € in der dem P bekannten Erwartung, dass dieser nunmehr das Grundstück (freiwillig) übereignet. P denkt aber gar nicht daran und weigert sich auch, den Kaufpreis zurückzuzahlen.

Kann K von P Rückzahlung des Kaufpreises verlangen?

146

Lösung:

K kann von P gemäß § 812 Abs. 1 **S. 2, 2. Alt.** Rückzahlung des Kaufpreises verlangen.

K und P war die Nichtigkeit ihrer Absprachen bekannt, sodass K an P (aus Sicht des sorgfältigen Empfängers) **nicht zur Erfüllung einer Verbindlichkeit**, sondern **zur Herbeiführung eines rechtlich nicht geschuldeten Erfolgs** (freiwillige Grundstücksübereignung mit der Folge einer Heilung des Kaufvertrags nach **§ 311 b Abs. 1 S. 2**) gezahlt hat.

Daher steht auch **§ 814** dem Anspruch nicht entgegen, da diese Vorschrift voraussetzt, dass **(aus Empfänger**sicht, s.o.) zur **Erfüllung einer** (vermeintlichen) **Verbindlichkeit** geleistet wurde.

— — —

§ 814 nur anwendbar, wenn aus Empfängersicht eine Verbindlichkeit erfüllt werden sollte

2.3.1.4 § 813 Abs. 1

Aufbauschema: Der Anspruch aus § 813

> **(1) etwas erlangt**
>
> **(2) durch Leistung des Anspruchstellers**
> (Zweck: Erfüllung einer Verbindlichkeit)
>
> **(3) dauernde Einrede**

§ 813 Abs. 1 stellt eine den § 812 Abs. 1 S. 1, 1. Alt. erweiternde Anspruchsgrundlage dar. Dem Fall des Nichtbestehens der Schuld steht es danach gleich, wenn die Schuld zwar besteht, aber mit einer dauernden Einrede behaftet ist.

Rechtslage bei Bestehen einer dauernden Einrede

Beispiel: H (59 kg) wird schuldlos in einen Unfall verwickelt. Der andere Unfallbeteiligte B (120 kg) hatte ihm die Vorfahrt genommen, sodass der Unfall für H ein unabwendbares Ereignis war (mit der Folge, dass H dem B auch nicht aus § 7 Abs. 1 StVG bzw. § 18 Abs. 1 StVG haftet, vgl. §§ 17 Abs. 3, 18 Abs. 3 StVG). B verlangt gleichwohl unter Androhung von Prügel von H ein Schuldanerkenntnis. H unterschreibt, weil er angesichts der „Argumente" des B meint, in seiner Eigenschaft als Kfz-Halter in jedem Fall unterschreiben und zahlen zu müssen. Das von H unterschriebene Anerkenntnis hat den Wortlaut: „Hiermit erkenne ich an, dem B 1.000 € zu schulden". Kann H von B für den Fall, dass er diesem die 1.000 € gezahlt hat, diesen Betrag zurückverlangen?

Herausgabe eines Schuldanerkenntnisses

H hat ein sog. „abstrakt konstitutives" Schuldanerkenntnis i.S.d. §§ 311 Abs. 1, 781 unterschrieben (**beachte:** § 781 ist nur Formvorschrift, daher ist § 311 Abs. 1 mitzuzitieren). B hat somit etwas, nämlich das Schuldanerkenntnis, von H erlangt.

Dies geschah, wie § 812 Abs. 2 (Definitionsnorm) klarstellt, durch Leistung. H wollte damit auch eine Verbindlichkeit erfüllen. Da H aber zur Abgabe eines Schuldanerkenntnisses nicht verpflichtet war, kann er es von B gem. § 812 Abs. 1 S. 1, 1. Alt. wieder herausverlangen.

Bis zur Herausgabe des Schuldanerkenntnisses durch B steht dem H gegenüber dem Anspruch des B aus dem Schuldanerkenntnis (§§ 311 Abs. 1, 781) gem. § 821 die sog. „Bereicherungseinrede" (u.U. auch nach § 853 die Arglisteinrede) zu. H muss also den formell existierenden Anspruch des B aus dem Schuldanerkenntnis nicht erfüllen.

Erfüllt jedoch wie im vorliegenden Beispiel H diesen Anspruch in Unkenntnis seiner Einrede, kann er die 1.000 € nach § 813 Abs. 1 zurückverlangen, da dem Anspruch des B aus §§ 311 Abs. 1, 781 die dauernde Einrede aus § 821 entgegensteht.

147

2.3.1.5 § 817 S. 1 (sog. „condictio ob turpem vel iniustam causam")

Aufbauschema: Der Anspruch aus § 817 S. 1

> **(1) etwas erlangt**
>
> **(2) durch Leistung** (Zweck: Empfänger soll durch die Annahme gegen das Gesetz oder die guten Sitten verstoßen)
>
> **(3) Gesetzes- oder Sittenverstoß des Empfängers**

Entscheidend ist, dass nur der Empfänger gegen das Gesetz oder die guten Sitten verstößt

Diese Anspruchsgrundlage greift dann ein, wenn der Zweck der Leistung so bestimmt ist, dass **der Empfänger** durch die Annahme der Leistung gegen das **Gesetz** oder gegen die guten Sitten verstößt. Zu beachten ist, dass **nur dem Empfänger** ein solcher Verstoß zur Last fallen darf, da sonst die Rückforderung nach § 817 S. 2 ausgeschlossen ist.

Beispiel: Jurastudent S verfällt nach der 5. Examensklausur in tiefe (krankhafte) Schwermut. Er lässt sich vom Amtsarzt Dr. A seine Erkrankung bestätigen. Nachdem er beim nächsten Anlauf sein Examen (wider Erwarten) bestanden hat, übersendet er dem A mit besten Grüßen eine Kiste „2002er Volkacher Lieblich, Trockenbeerenauslese".
Kann S von A die Rückgabe des Weins verlangen?

S kann den Wein nach § 817 S. 1 herausverlangen, weil A durch die Annahme gegen das Gesetz (§ 331 StGB) verstößt. Der Anspruch ist nicht nach § 817 S. 2 ausgeschlossen, weil dem S kein Gesetzesverstoß zur Last fällt.

Demgegenüber greift nach h.M. die condictio indebiti nach § 812 Abs. 1 S. 1, 1. Alt. nicht ein, weil in den Fällen des § 331 StGB das zugrunde liegende Kausalgeschäft (§ 516) wirksam ist (vgl. Koppensteiner-Kramer, Ungerechtfertigte Bereicherung, S. 73 ff. m.w.N.).

Bedeutung des § 817 S. 1 neben der condictio indebiti

§ 817 S. 1 hat eine gegenüber der condictio indebiti nach § 812 Abs. 1 S. 1, 1. Alt. besondere rechtliche Bedeutung, wenn

▶ das Kausalgeschäft wirksam ist

▶ oder zwar unwirksam ist, jedoch die Rückforderung nach § 814 ausgeschlossen ist.

↪ Wenn Sie mehr wissen wollen:
AS-Skript SchuldR BT 3, 14. Aufl. 2005, S. 60–112.

2.3.2 Die Nichtleistungskondiktionen

Gemeinsamkeit aller Nichtleistungskondiktionen

Im Bereicherungsrecht sind **fünf** Nichtleistungskondiktionen zu unterscheiden. Ihnen ist gemeinsam, dass der Anspruchsgegner einen vermögenswerten Vorteil **anders als durch Leistung** ohne rechtlichen Grund erlangt hat.

▶ Die generelle Regelung ist die **allgemeine Nichtleistungskondiktion** nach § 812 Abs. 1 S. 1, 2. Alt. Hierbei unterscheidet man heute drei Unterfälle, nämlich die **Eingriffs**kondiktion, die **Verwendungs**kondiktion und die **Rückgriffs**kondiktion.

▶ **Spezielle Nichtleistungskondiktionen** enthalten die §§ 816 Abs. 1 S. 1, 816 Abs. 1 S. 2, 816 Abs. 2 und 822.

Übersicht: Die Nichtleistungskondiktionen

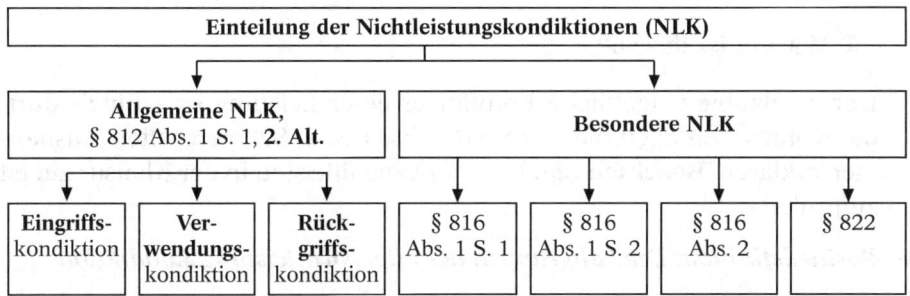

2.3.2.1 Die allgemeine Nichtleistungskondiktion, § 812 Abs. 1 S. 1, 2. Alt.

Aufbauschema: Der Anspruch aus § 812 Abs. 1 S. 1, 2. Alt.

Allgemeine Nichtleistungskondiktion als Grundmodell

(1) etwas erlangt

(2) in sonstiger Weise auf Kosten des Anspruchstellers

(3) ohne Rechtsgrund

Die allgemeine Nichtleistungskondiktion setzt voraus, dass der Anspruchsgegner etwas **in sonstiger Weise** auf Kosten des Anspruchstellers erlangt hat. Das Tatbestandsmerkmal „in sonstiger Weise" ist sowohl negativ als auch positiv zu definieren.

▶ *Negativdefinition: Verhältnis zum Erwerb „durch Leistung"*

Negativ definiert bedeutet „in sonstiger Weise": **anders als durch Leistung**. Hieraus leitet die h.M. den **Grundsatz vom Vorrang der Leistungsbeziehung** ab.

Abgrenzung des Erwerbs in sonstiger Weise vom Leistungserwerb

➲ Aufgabe 66: „Finanzschwacher Einzelhändler"

P erwirbt im Geschäft des W ein HiFi-Gerät und bezahlt es. W hat das Gerät unter Eigentumsvorbehalt vom Großhändler G erworben. Da über das Vermögen des W drei Wochen später das Insolvenzverfahren eröffnet wird, verlangt G von P das Gerät heraus.

Lösung:

Ein **Eigentumsherausgabeanspruch** des G gegen P aus **§ 985** besteht nicht, da P das Gerät zumindest gutgläubig gem. §§ 929, 932 erworben hat.

Ein Anspruch aus **§ 816 Abs. 1 S. 2** bzw. **§ 822** (bitte lesen) besteht nicht, da P das Gerät **entgeltlich** erworben hat.

149

Wichtig: Grundsatz vom Vorrang der Leistungsbeziehung

Ein Anspruch aus **§ 812 Abs. 1 S. 1, 2. Alt.** scheidet ebenfalls aus, da P die Sache **durch Leistung des Händlers W** und somit **nicht in sonstiger Weise** auf Kosten des Großhändlers G erworben hat.

– – –

➲ Warum ist das so?

Ratio legis

Der gutgläubig-entgeltliche Empfänger einer Leistung ist schutzbedürftig, woraus sich auch die in §§ 816 Abs. 1 S. 2, 822 geregelten Ausnahmen erklären. **Beachten Sie:** Diese Spezialfälle sind in der Klausur zuerst zu prüfen.

▶ *Positivdefinition: Die Fallgruppen der allg. Nichtleistungskondiktion*

A) Die Eingriffskondiktion

Zuweisungsgehaltstheorie

Die **Eingriffs**kondiktion setzt rechtsgrundlosen Erwerb durch „**Eingriff**" voraus. Die heute **herrschende Lehre vom Zuweisungsgehalt** bejaht einen Eingriff dann, **wenn in einen Bereich eingegriffen wurde, der dem Berechtigten zur ausschließlichen Nutzung zugewiesen ist.**

Beispiel 1: B heizt seinen Kamin versehentlich mit dem Feuerholz des H.

Beispiel 2: K, der Inhaber einer Fensterfabrik ist, benutzt bei der Herstellung von Fensterrahmen ein Kunststoffhohlprofil, das als Gebrauchsmuster für die Fa. E geschützt ist.

In beiden Fällen ist nach der Lehre vom Zuweisungsgehalt eine Eingriffskondiktion gegeben, weil die Nutzung des Holzes in Beispiel 1 nach der Rechtsordnung dem H (vgl. § 903) zugewiesen ist und in Beispiel 2 der Inhaber eines Gebrauchsmusters über dessen wirtschaftliche Nutzung allein zu befinden hat. Es wurde in beiden Fällen in den Zuweisungsgehalt eines fremden absoluten Rechts rechtsgrundlos eingegriffen, sodass der daraus erlangte Vorteil (seinem Wert nach, vgl. § 818 Abs. 2) herauszugeben ist.

Entscheidend ist nur der objektive Eingriff, nicht dessen Rechtswidrigkeit

Nach der Lehre vom Zuweisungsgehalt ist es für das Vorliegen eines Eingriffs irrelevant, ob das Verhalten des Anspruchsgegners rechtswidrig ist.

B) Die Verwendungskondiktion

Die Verwendungskondiktion (als Unterfall des § 812 Abs. 1 S. 1, 2. Alt.) kommt dann in Betracht, **wenn der Anspruchsgegner durch Verwendungen des Anspruchstellers auf dessen Kosten einen ungerechtfertigten Vorteil erlangt hat.**

Beispiel: Obstbauer (O) besprüht seine Obstbäume vom Flugzeug aus mit Schädlingsbekämpfungsmitteln. Versehentlich besprüht er dabei auch den Obstbestand seines Nachbarn (N). Dadurch bleibt es dem N erspart, dies selbst zu tun. Kann O von N Ersatz der Aufwendungen verlangen, die ihm durch das Besprühen der Bäume des N entstanden sind?

Abgrenzung zur GoA und zum E-B-V

O hat **keinen** Anspruch aus **Geschäftsführung ohne Auftrag (§§ 677, 683, 670)**, da er allenfalls ein fremdes Geschäft in der Meinung geführt hat, dass es sein eigenes sei (§ 687 Abs. 1 S. 1).

Ansprüche aus einem **Eigentümer-Besitzer-Verhältnis (§§ 994 ff.)** scheiden aus, weil O keinen Besitz an den Bäumen des N hatte.

150

In Betracht kommen nur **Bereicherungsansprüche**. Dabei kann es sich **nicht** um eine **Leistungskondiktion** handeln, weil O keine bewusste und zweckgerichtete Vermögensmehrung bei N vorgenommen hat, und eine **Eingriffskondiktion** scheitert schon daran, dass O nicht in das Vermögen des N eingegriffen hat. Vielmehr handelt es sich um einen Fall der **Verwendungskondiktion**.

§ 812 Abs. 1 S. 1, 2. Alt. ist für die Verwendungskondiktion so zu lesen: „Wer durch die von einem anderen vorgenommene Verwendung auf dessen Kosten etwas ohne rechtlichen Grund erlangt, ist ihm zur Herausgabe (bzw. zum Wertersatz) verpflichtet".

C) Die Rückgriffskondiktion (auch: Auslagenkondiktion)

Die Rückgriffskondiktion nach § 812 Abs. 1 S. 1, 2. Alt. kommt in Betracht, **wenn der Schuldner durch Handlungen des Anspruchstellers von einer Verbindlichkeit gegenüber einem Dritten befreit wurde**.

Befreiung von einer Verbindlichkeit

Voraussetzung ist, dass der Rückgriffsberechtigte **objektiv und subjektiv auf eine fremde Schuld gezahlt hat**, da sonst der Schuldner **nicht** nach §§ 362, 267 von seiner Verpflichtung gegenüber dem Dritten frei geworden ist und somit **nichts erlangt** hat. Allerdings ist zu beachten, dass die Rückgriffskondiktion **subsidiär** ist und dann nicht eingreift, wenn der Rückgriff speziell geregelt ist. So greift die Rückgriffskondiktion beispielsweise **nicht** ein, wenn die Zahlung auf fremde Schuld den Tatbestand der **GoA** erfüllt.

Verhältnis Rückgriffskondiktion – GoA

Beispiel: G verkauft dem S ein Motorrad unter Eigentumsvorbehalt. Dem D steht gleichfalls eine Forderung gegen S zu. D hat inzwischen ein Zahlungsurteil gegen S erwirkt und vollstreckt in das Motorrad. Um einer Drittwiderspruchsklage (§ 771 ZPO – bitte lesen) des G zuvorzukommen, zahlt D den noch offenen Restkaufpreis an G.

Dem D steht gegen S eine **Rückgriffskondiktion** aus **§ 812 Abs. 1 S. 1, 2. Alt.** zu, da S in sonstiger Weise auf Kosten des D Befreiung von einer Verbindlichkeit aus dem Kaufvertrag mit G erlangt hat.

Speziellere Ansprüche aus **GoA** scheitern am fehlenden **Fremdgeschäftsführungswillen** des D. D wollte mit der Zahlung kein Geschäft des S führen, sondern lediglich die Drittwiderspruchsklage des G abwenden. Der widerleglich vermutete Fremdgeschäftsführungswille bei objektiv fremden Geschäften ist hier zu verneinen.

Auch der **speziellere Zessionsregress** nach **§ 268 Abs. 3** ist hier nicht einschlägig, weil hier nicht der Fall der Befriedigung des die Zwangsvollstreckung betreibenden Gläubigers durch einen ablösungsberechtigten Dritten vorliegt.

Zessionsregress

2.3.2.2 Die speziellen Nichtleistungskondiktionen

A) § 816 Abs. 1 S. 1

Aufbauschema: Der Anspruch aus § 816 Abs. 1 S. 1

> **(1) entgeltliche Verfügung eines Nichtberechtigten**
>
> **(2) dem Berechtigten gegenüber wirksam**
>
> **(3) Verfügender hat aufgrund der Verfügung etwas erlangt**

<table>
<tr><td>Zweck d. § 816 Abs. 1 S. 1</td><td>Der Zweck der Vorschrift besteht darin, dem Berechtigten einen Ausgleich für Vermögensverluste zu verschaffen, die dieser infolge der Vorschriften über den gutgläubigen Erwerb durch Dritte (insbesondere §§ 892, 932 ff., 2366 ff.) erleidet.</td></tr>
</table>

Beispiel für § 816 Abs. 1 S. 1: B hat dem N sein Fahrrad (Wert: 150 €) für eine Wochenendtour ausgeliehen. N, der in Geldschwierigkeiten ist, veräußert das Fahrrad für 200 € an den gutgläubigen G.

Zu (1): entgeltliche Verfügung eines Nichtberechtigten
Erste Voraussetzung ist, dass ein **Nichtberechtigter über einen Gegenstand verfügt** hat.

▸ Eine **Verfügung** liegt vor, wenn ein bestehendes Recht aufgehoben, übertragen, belastet oder inhaltlich verändert wird.

▸ **Nichtberechtigter** ist derjenige, der – ohne dazu befugt zu sein – über ein fremdes Recht **im eigenen Namen** verfügt (weder Eigentümer noch mit **vorheriger** Zustimmung des Eigentümers Verfügungsberechtigter i.S.d. § 185 Abs.1).

§ 816 Abs. 1 S. 1 betrifft nur die entgeltliche Verfügung

▸ Der Verfügung muss ein **entgeltliches Kausalgeschäft** zugrunde liegen. Diese Anspruchsvoraussetzung kann im Umkehrschluss (argumentum e contrario) zu § 816 Abs. 1 S. 2 gefolgert werden. Dort wird nämlich ein unentgeltliches Kausalgeschäft vorausgesetzt (das Gesetz spricht in einer gewissen Unschärfe von einer unentgeltlichen Verfügung).

Zu (2): dem Berechtigten gegenüber wirksam
Die Verfügung muss **gegenüber dem Berechtigten wirksam** sein.

▸ Ob dies der Fall ist, richtet sich nach den Vorschriften über den **gutgläubigen Erwerb** vom Nichtberechtigten. In dem oben genannten Beispiel liegt die anspruchsauslösende Verfügung nicht in dem Abschluss des Kaufvertrags zwischen N und G, sondern erst in der Übereignung, welche N im eigenen Namen zugunsten des G vornimmt (§§ 929 ff.). Ob die Verfügung, hier also die Übereignung, dem B gegenüber wirksam ist, richtet sich nach den §§ 932 ff.

Gutgläubiger Erwerb oder Genehmigung

▸ Greifen die Gutglaubensvorschriften, wie z.B. im Falle des § 935, nicht ein, so kann der Berechtigte die Verfügung **genehmigen** (§ 185 Abs. 2) und damit die Verfügung wirksam machen. Obwohl die Genehmigung nach § 184 Abs. 1 rückwirkende Kraft hat, wird dadurch der Nichtberechtigte nicht zum Berechtigten, sondern lediglich seine Verfügung wirksam i.S.d. § 816 Abs. 1.

Zu (3): Verfügender hat aufgrund der Verfügung etwas erlangt
Der Verfügende muss schließlich „**aus der Verfügung etwas erlangt**" haben. Der Wortlaut des § 816 Abs. 1 S. 1 ist allerdings missverständlich. Im vorgenannten Ausgangsbeispiel hat N die 200 € nämlich bei wortgetreuer Gesetzesanwendung nicht „**aus seiner Verfügung**", also der von ihm vorge-

152

nommenen Übereignung erlangt (daraus hat nur G etwas erlangt, nämlich das Eigentum am Fahrrad, vgl. §§ 929, 932), sondern erst aus der Gegenverfügung des G (Übereignung des Geldes). Ob das **commodum ex negotiatione** unter § 816 Abs. 1 S. 1 fällt, ist umstritten.

Behandlung des commodum ex negotiatione ist streitig

▶ Nach der „**Wertherausgabetheorie**" hat N nur die **Befreiung von einer Verbindlichkeit aus dem Kaufvertrag** mit G erlangt. Diese entspricht, da sie nicht in Natur herausgegeben werden kann, gem. **§ 818 Abs. 2** dem Wert des Fahrrads, also 150 €.

Wertherausgabetheorie

▶ Nach der herrschenden „**Gewinnherausgabetheorie**" hat N den Kaufpreis in der tatsächlich erzielten Höhe (200 €) an B herauszugeben. Dieser Ansicht ist zu folgen, da § 816 Abs. 1 S. 1 ein Fall der Eingriffskondiktion ist. N greift durch die Veräußerung des Fahrrads in den Zuweisungsgehalt des Eigentums des B ein. Gem. § 903 steht nämlich das Recht, die Sache gewinnbringend zu verwerten, allein dem verfügungsberechtigten Eigentümer zu. Diese Möglichkeit der gewinnbringenden Verwertung wird ihm aber durch die Veräußerung durch N genommen. Dem B steht somit gegen N ein Anspruch i.H.v. 200 € zu.

H.M.: Gewinnherausgabetheorie

➲ Wenn Sie mehr wissen wollen.
Medicus, BR Rdnr. 720 ff.

B) § 816 Abs. 1 S. 2

Aufbauschema: Der Anspruch aus § 816 Abs. 1 S. 2

> **(1) unentgeltliche Verfügung eines Nichtberechtigten**
>
> **(2) dem Berechtigten gegenüber wirksam**
>
> **(3) Anspruchsgegner hat aufgrund der Verfügung etwas erlangt**

Behandlung unentgeltlicher Verfügungen

Im Unterschied zu § 816 Abs. 1 S. 1 muss es sich aber um eine **unentgeltliche** Verfügung handeln. **Unentgeltlichkeit** liegt dann vor, wenn der Empfänger weder eine Gegenleistung erbracht hat noch erbringen muss.

➲ Wenn Sie mehr wissen wollen:
AS-Skript SchuldR BT 3, 14. Aufl. 2005, S. 122 f.

C) § 816 Abs. 2

Aufbauschema: Der Anspruch aus § 816 Abs. 2

> **(1) Leistungsbewirkung an einen Nichtberechtigten**
>
> **(2) dem Berechtigten gegenüber wirksam**

Zweck des § 816 Abs. 2: Ausgleich bei Leistung an den Falschen

Der **Zweck** dieser Vorschrift besteht darin, dem Inhaber einer Forderung, die unberechtigt von einem Dritten eingezogen wurde, einen Ausgleich zu verschaffen, wenn der Schuldner aufgrund schuldnerschützender Vorschriften gegenüber dem Forderungsinhaber frei geworden ist (**kurz gesagt**: Jemand hat an den Falschen geleistet).

➲ Aufgabe 67: „Zahlung an den Falschen"

G 1 hat eine ihm gegen S zustehende Forderung an G 2 abgetreten. Auf Anforderung des G 1 leistet S, der von der Abtretung nichts weiß, an den früheren Gläubiger G 1. Hat G 2 gegen G 1 einen Anspruch aus § 816 Abs. 2 auf Herausgabe des Erlangten?

Lösung:

Da **G 2** aufgrund der wirksamen Forderungsabtretung nach § 398 Inhaber der Forderung war, hat S versehentlich an den Falschen geleistet. S wurde nicht nach § 362 Abs. 1 von seiner Leistungspflicht durch Erfüllung befreit. Allerdings greift zu seinen Gunsten die Schuldnerschutzvorschrift des **§ 407 Abs. 1** (lesen!).

Schuldnerschutz nach § 407

Die Leistung des S an G 1 wurde so gegenüber G 2 wirksam. G 2 hat gegen G 1 einen Herausgabeanspruch aus § 816 Abs. 2.

– – –

D) § 822

Aufbauschema: Der Anspruch aus § 822

> **(1) Ein Kondiktionsschuldner wendet das Erlangte unentgeltlich einem Dritten zu**
>
> **(2) Der Kondiktionsschuldner wird infolgedessen nach § 818 Abs. 3 dem Anspruchsteller gegenüber frei**

Die Kondiktion aus § 822 soll einen schuldrechtlichen Ausgleich für den Fall schaffen, dass ein zwar **berechtigter** (im Unterschied zu § 816 Abs. 1 S. 2), aber **rechtsgrundloser** Zwischenerwerber unentgeltlich das Erlangte einem Dritten zugewandt hat.

Unentgeltlicher Erwerber ist nicht schutzwürdig

Beispiel: A veräußert seine Stereoanlage an B. Der Kaufvertrag A–B ist nichtig, die Übereignung jedoch wirksam (Abstraktionsprinzip!). B übereignet die Anlage schenkweise an seine Freundin C. Kann A von C die Herausgabe der Anlage verlangen?

A könnte gegen C einen Herausgabeanspruch aus § 822 haben. Der Kondiktionsschuldner (= rechtsgrundlose Erwerber) B hat die Anlage unentgeltlich an C übereignet und ist infolgedessen gegenüber A nach § 818 Abs. 3 (Wegfall der Bereicherung) frei geworden. Da das Gesetz von der fehlenden Schutzbedürftigkeit des unentgeltlichen Erwerbers ausgeht (Parallelfall § 816 Abs. 1 S. 2), kann A von C die Herausgabe verlangen.

154

2.4 Die bereicherungsrechtlichen Gegennormen

2.4.1 Spezielle Ausschlusstatbestände gegenüber Leistungskondiktionen

2.4.1.1 Gegenüber einzelnen Leistungskondiktionen

A) § 814

§ 814 setzt voraus, dass zum Zwecke der **Erfüllung einer** (vermeintlichen) **Verbindlichkeit** geleistet wurde. Die Vorschrift ist somit auf die Leistungskondiktion nach § 812 Abs. 1 S. 1, **1. Alt.** und § 813 anwendbar. Sie greift dann ein, wenn entweder dem Leistenden das **Fehlen des Rechtsgrundes** im Zeitpunkt der Leistung **positiv bekannt** war oder die Leistung einer **sittlichen Pflicht** (z.B. rechtsgrundlose Zahlung von Unterhalt an arme Angehörige) oder einer **auf den Anstand zu nehmenden Rücksicht** entsprach (z.B. Zahlung üblicher Trinkgelder).

Anwendungsbereich des § 814

§ 814 ist eine spezielle Ausprägung des Verbots widersprüchlichen Verhaltens (venire contra factum proprium). Der Passus „gewusst hat" in § 814 ist daher eng auszulegen: Der Kondiktionsgläubiger muss Tatsachen- und Rechtsfolgenkenntnis haben.

§ 814 als Fall des venire contra factum proprium

B) § 815

§ 815 ist nur auf die **condictio ob rem** nach § 812 Abs. 1 **S. 2, 2. Alt**. anwendbar. Er greift in zwei Fällen ein, nämlich wenn der Eintritt des erstrebten Erfolgs von Anfang an unmöglich war und der Leistende dies gewusst hat oder wenn der Leistende den Erfolgseintritt treuwidrig vereitelt hat.

Anwendungsbereich des § 815

2.4.1.2 Ausschlusstatbestand gegenüber allen Leistungskondiktionen, § 817 S. 2

Nach ihrem Wortlaut ist diese Vorschrift nur gegenüber dem Anspruch aus § 817 S. 1 und nur dann anzuwenden, wenn den Parteien ein (bewusster) Gesetzes- oder Sittenverstoß zur Last gelegt werden kann.

Anwendungsbereich des § 817 S. 2

Die h.M. wendet § 817 S. 2 entgegen seinem Wortlaut auch auf alle sonstigen Leistungskondiktionen an.

§ 817 S. 2 wird ferner in einem Erst-Recht-Schluss auch auf die Fälle erstreckt, in denen ausschließlich der Leistende bewusst gegen ein gesetzliches Verbot oder gegen die guten Sitten verstößt (z.B. BGHZ 44, 1, 6).

Beispiel: Die G-Kreditbank gewährt dem K einen Kredit über 40.000 € für 12 Monate zu einem effektiven Jahreszins von 60%. K verweigert die Rückzahlung mit dem (zutreffenden) Hinweis, der Vertrag sei gem. § 138 Abs. 2 wegen Wuchers nichtig. Muss K das Darlehen zurückzahlen?

Die Bedeutung des § 817 S. 2 beim Wucherdarlehen

Lösung:

Ein vertraglicher Rückzahlungsanspruch aus § 488 Abs. 1 S. 2 steht der G-Bank wegen § 138 Abs. 2 nicht zu.

In Betracht kommt aber ein gesetzlicher Rückzahlungsanspruch aus § 812 Abs. 1 S. 1, 1. Alt., der jedoch nach § 817 S. 2 ausgeschlossen sein könnte.

§ 817 S. 2 schließt aber nicht die Rückforderung des Darlehens an sich, sondern nur die Rückforderung „des Geleisteten" aus.

➲ **Überlegen Sie!** Worin besteht die Leistung einer Bank beim Darlehen?

Die „Leistung" eines Darlehensgebers besteht nur in der zeitweiligen Überlassung **der Nutzungsmöglichkeit** des Geldes.

Somit schließt § 817 S. 2 nur die Rückforderung des Darlehens **vor Ablauf der vereinbarten Nutzungszeit** (hier 12 Monate) aus. Die G-Bank erhält somit ihr Geld erst nach Ablauf von 12 Monaten zurück.

➲ Wenn Sie mehr wissen wollen:
AS-Skript SchuldR BT 3, 14. Aufl. 2005, S. 109 ff.

2.4.2 Wegfall der Bereicherung, § 818 Abs. 3

Wichtigster Anspruchsausschlussgrund: § 818 Abs. 3

Der (nicht verschärft) haftende Bereicherungsschuldner soll nur das herausgeben bzw. dem Werte nach ersetzen, was als Bereicherung noch in seinem Vermögen vorhanden ist. Daraus rechtfertigt sich die Haftungsbegrenzung nach § 818 Abs. 3. Danach besteht eine Herausgabe- bzw. Wertersatzpflicht nicht, soweit der Empfänger nicht oder nicht mehr bereichert ist. § 818 Abs. 3 gilt für alle Anspruchsgrundlagen des Bereicherungsrechts.

Einordnung des § 818 Abs. 3 in das Gesamtsystem

Aufbauhinweis für die Klausur:
Die Vorschrift wird häufig erst bei den Rechtsfolgen des Bereicherungsanspruchs erörtert. Dies ist an sich ungenau, da § 818 Abs. 3 eine Einwendung darstellt. Ist eine Bereicherung von vornherein nicht eingetreten, so handelt es sich um eine **rechtshindernde Einwendung**. Ist die Bereicherung erst nachträglich weggefallen, so ist § 818 Abs. 3 eine **rechtsvernichtende Einwendung**. Gleichwohl kann es sinnvoll sein, § 818 Abs. 3 im Zusammenhang mit den **Rechtsfolgen** zu prüfen, wenn dadurch eine unnötige Gliederungstiefe bei der Darstellung vermieden wird.

Folgende Fallgruppen sind zu unterscheiden:

Fall 1: Der ersatzlose Wegfall des Erlangten

Dieser Fall liegt dann vor, wenn und soweit das Erlangte (inkl. Nutzungen und Surrogaten) nicht mehr im Vermögen des Empfängers vorhanden ist.

Beachte: Bei entgeltlicher Weitergabe keine ersatzlose Entreicherung

Zu beachten ist aber, dass § 818 Abs. 3 den Bereicherungsschuldner nur dann befreit, wenn dieser „ersatzlos" entreichert ist. Dies ist z.B. nicht der Fall, wenn der Bereicherungsschuldner die Sache weiterveräußert hat, da er in diesem Falle bei unberechtigter Verfügung gem. § 816 Abs. 1 S. 1 Erlösherausgabe und ansonsten nach § 818 Abs. 2 Wertersatz schuldet.

Fall 2: *Vermögensnachteile im Zusammenhang mit der Bereicherung*

Der Zweck des § 818 Abs. 3 besteht darin, den redlichen Bereicherungsschuldner davor zu schützen, dass ihm bei der Vornahme des Bereicherungsausgleichs Vermögensnachteile verbleiben. Daher müssen auch gewisse Vermögensnachteile, die ihm im Zusammenhang mit dem ungerechtfertigten Erwerb entstanden sind, bei der Rückabwicklung berücksichtigt werden.

Auch Vermögensnachteile können Entreicherung sein

Dabei handelt es sich um die folgenden Fallgruppen:

▶ Aufwendungen und sonstige Vermögenseinbußen

Beispiel: Hobbyreiter K hat von Pferdehändler R den Araberhengst Satan erworben. Über den Kaufpreis hat K einen Verrechnungsscheck ausgestellt, den R aus Zeitmangel noch nicht bei seiner Bank eingereicht hat. Kurz nach dem Kauf hat K bereits erheblichen Ärger mit dem Pferd. Als erstes zerschlägt Satan ihm die Stalltüre (Schaden 100 €). Da der Hengst kurz darauf erkrankt, entstehen dem K noch Tierarztkosten in Höhe von 300 €. Nunmehr stellt sich der Kaufvertrag als nichtig heraus. Daraufhin verlangt R von K Herausgabe des Pferdes. K, der den Verrechnungsscheck inzwischen sperren lassen hat, ist dazu nur gegen Erstattung der Futterkosten, der Kosten der tierärztlichen Untersuchung und seines Schadens bereit.

Kann R von K die uneingeschränkte Herausgabe des Pferdes verlangen?

Lösung:

Die Nichtigkeit des Kaufvertrags lässt das Übereignungsgeschäft unberührt (Abstraktionsprinzip!). Ein Anspruch auf Herausgabe des Hengstes aus **§ 985** steht dem R daher **nicht** zu.

Jedoch Hat K Eigentum und Besitz am Hengst ohne Rechtsgrund erworben. R könnte daher einen Herausgabeanspruch nach **§ 812 Abs. 1 S. 1, 1. Alt.** haben.

Fraglich ist allerdings, ob K die Herausgabe von der Erstattung seiner Schäden und Aufwendungen abhängig machen kann. Der Herausgabeanspruch des R könnte nach **§ 818 Abs. 3** inhaltlich eingeschränkt sein. Es ist anerkannt, dass **gewisse Vermögensnachteile** des Kondiktionsschuldners bei der Rückabwicklung zu berücksichtigen sind.

Streit besteht aber darüber, in welchem Umfang dies möglich ist.

– Nach der vor allem von der **Rechtsprechung** vertretenen „**Kausalitätstheorie**" (z.B. BGH NJW 1981, 277, 278 m.w.N.) müssen alle Nachteile berücksichtigt werden, die durch die ungerechtfertigte Bereicherung adäquat verursacht worden sind. Danach wären alle Nachteile, die dem K entstanden sind, bei der Rückabwicklung zu berücksichtigen.

Kausalitätstheorie

Dies bedeutet, dass mangels einer Verrechnungsmöglichkeit das Pferd Zug um Zug gegen Erstattung der Kosten des K herauszugeben ist. Die Geltendmachung ist dazu nicht erforderlich, da § 818 Abs. 3 eine **Einwendung** ist, die **von Amts wegen** im Prozess zu berücksichtigen ist.

– Die **überwiegende Literatur** vertritt demgegenüber die „**Vertrauenstheorie**" (z.B. Erman/Westermann/Buck § 818 Rdnr. 32). Danach können bei der bereicherungsrechtlichen Rückabwicklung nicht alle Vermögensnachteile berücksichtigt werden, sondern **nur solche, die dem Erwerber entstanden sind, weil er auf die Rechtsbeständigkeit des Erwerbs vertraut hat.**

Vertrauenstheorie

Dabei ist ggf. auch zu berücksichtigen, wer das sog. **Entreicherungsrisiko** nach den Vorschriften über das fehlgeschlagene Geschäft oder nach der (nichtigen) Vereinbarung der Parteien tragen soll.

Entreicherungsrisiko

Nach dieser Ansicht kann K die Herausgabe lediglich von der Erstattung der Tierarzt- und Fütterungskosten, nicht aber der Schäden an der Stalltür abhängig machen, da diese Schäden nicht deswegen entstanden sind, weil K auf die Rechtsbeständigkeit des Erwerbs vertraut hat.

– Der **letztgenannten Ansicht** ist zu folgen, weil § 818 Abs. 3 den Bereicherungsschuldner deswegen schützen will, weil er im Vertrauen auf die Rechtsbeständigkeit des Erwerbes gewisse Vermögensdispositionen getroffen hat. Die Kausalitätstheorie führt ferner zu einer unbilligen Verschiebung des allgemeinen Lebensrisikos.

Leistungen an Dritte

▶ **Vermögensmindernde Leistungen an Dritte**

↪ Aufgabe 68: „Jungbullenfall"

D stiehlt dem Bauern E zehn Jungbullen und veräußert sie für 7.000 € an den Viehhändler H. H seinerseits verkauft die Tiere für 10.000 € an verschiedene Metzgereien. E genehmigt die Veräußerungen und verlangt von H Herausgabe des Veräußerungserlöses in Höhe von 10.000 €. H ist der Ansicht, die an D gezahlten 7.000 € müssten mindestens von dem Anspruch abgezogen werden.

Lösung:

Als Anspruchsgrundlage kommt für E § 816 Abs. 1 S. 1 infrage. H hat, als er die Jungbullen an die Metzger veräußerte (wegen § 935) als Nichtberechtigter verfügt. Infolge der Genehmigung des E sind die Verfügungen des H gem. § 185 Abs. 2 wirksam geworden. Nach h.M. ist H grundsätzlich zur Herausgabe des erzielten Erlöses in Höhe von 10.000 € verpflichtet (s.o.).

Hinsichtlich des **Anspruchsumfangs** ist zu prüfen, ob die an D gezahlten 7.000 € als Entreicherung gem. **§ 818 Abs. 3** abzugsfähig sind. Dies wird von der h.M. (z.B. BGHZ 47, 128, 130) mit folgender Begründung abgelehnt: **Vor der Veräußerung** an die Metzger wäre H dem E nach § 985 zur uneingeschränkten Herausgabe der Jungbullen verpflichtet gewesen. Ein Zurückbehaltungsrecht nach § 1000 (bitte lesen) hätte ihm nicht zugestanden, da der an D gezahlte Kaufpreis keine „Verwendung" auf die Tiere ist. Verwendungen i.S. der §§ 994 ff. sind nämlich nur solche Aufwendungen, die zumindest auch **der Sache** zugute kommen, indem sie diese wieder herstellen, erhalten oder verbessern sollen. Die Eingriffskondiktion nach § 816 Abs. 1 S. 1 dient dem Rechtsgüterschutz. Der Anspruch tritt an die Stelle des untergegangenen Anspruchs aus § 985 (sog. „**Rechtsfortsetzungsgedanke**"). Für den Herausgabeanspruch aus § 985 irrelevante Zahlungen an Dritte können somit nach Veräußerung der Sachen keine Entreicherungsposten i.S.d. § 818 Abs. 3 sein.

Rechtsfortsetzungsgedanke

– – –

158

2.5 Die Rechtsfolgen

2.5.1 Die normale bereicherungsrechtliche Haftung

2.5.1.1 Naturalherausgabe

Aufgrund der oben erörterten Anspruchsgrundlagen kann der Anspruchsteller – soweit möglich – zunächst Herausgabe des Erlangten in Natur verlangen. Wie das zu geschehen hat, hängt von der Art des Erlangten ab.

Grundsatz: Herausgabe in Natur

Besteht das Erlangte z.B. nur im Besitz einer Sache, so hat der Anspruchsgegner diesen zurückzuübertragen.

Hat er dagegen das Eigentum erworben, so ist er zur Rückübereignung (§§ 873, 925, 929 ff.) verpflichtet.

Im Falle einer rechtsgrundlos erlangten Grundbuchposition richtet sich der Anspruch auf Zustimmung zur Grundbuchberichtigung (etc.).

2.5.1.2 Ergänzung durch § 818 Abs. 1

Nach § 818 Abs. 1 erstreckt sich die Herausgabepflicht auch auf die **gezogenen Nutzungen** und auf dasjenige, **was der Empfänger aufgrund eines erlangten Rechts** oder als **Ersatz** für die **Beschädigung, Zerstörung** oder **Entziehung** des erlangten Gegenstands erwirbt.

Nutzungen und Surrogate

(**Kurzformel:** Haftungserstreckung auf **Nutzungen** und **Surrogate**).

A) Nutzungen (Legaldefinition: § 100)

Nutzungen sind nach § 100 die **Früchte** (§ 99) und die **Gebrauchsvorteile**. Danach ergibt sich folgendes Grundschema für den Nutzungsersatz:

Übersicht: Die herauszugebenden Nutzungen, § 100

Früchte i.S.d. § 99		Gebrauchsvorteile
Sachfrüchte	**unmittelbar, § 99 Abs. 1:** ▸ Erzeugnisse, z.B. geerntetes Obst ▸ Bestimmungsgemäße Ausbeute, z.B. Kiesgewinnung	**Beispiel:** K benutzt das rechtsgrundlos erworbene Fahrzeug
	mittelbar, § 99 Abs. 3, 1. Alt.: z.B. die Miete	
Rechtsfrüchte	**unmittelbar, § 99 Abs. 2:** z.B. Dividende an rechtsgrundlos erworbenen Aktien	
	mittelbar, § 99 Abs. 3, 2. Alt.	

B) Surrogate

Kann das Erlangte nicht mehr oder nicht mehr so, wie ursprünglich erlangt, herausgegeben werden, z.B. weil es gestohlen, zerstört oder beschädigt wurde, erstreckt **§ 818 Abs. 1** die Herausgabepflicht auch auf die Surrogate.

159

Keine Haftungserstreckung bei § 818 Abs. 1 auf den Veräußerungserlös

Die ganz h.M. (z.B. BGHZ 75, 203, 206 m.w.N.) geht davon aus, dass das „commodum ex negotiatione", also das, was der Bereicherungsschuldner **durch Rechtsgeschäft** über den Bereicherungsgegenstand erwirbt, kein Surrogat i.S.d. § 818 Abs. 1 darstellt.

Hierfür spricht insbesondere der Gesetzeswortlaut. Das commodum ex negotiatione wird nämlich nicht „aufgrund des erlangten Rechts" oder „als Ersatz für die Zerstörung, Beschädigung oder Entziehung des erlangten Gegenstands" erworben, sondern durch Vertrag. Zudem stellt § 818 Abs. 2 insoweit eine Sonderregelung dar, sodass in dem Fall, in dem durch Rechtsgeschäft die Herausgabe des ursprünglich erlangten Gegenstands unmöglich geworden ist, nicht das rechtsgeschäftlich Erlangte herauszugeben, sondern Wertersatz nach § 818 Abs. 2 zu leisten ist. Dieses Ergebnis bestätigt schließlich auch der Vergleich mit bzw. der Rückschluss aus den §§ 1418 Abs. 2 Nr. 3, 1473 Abs. 1, 1638 Abs. 2 und 2374. Der Wortlaut dieser Vorschriften verdeutlicht, wie der Gesetzgeber formuliert, wenn das rechtsgeschäftliche Surrogat erfasst werden soll.

2.5.1.3 Die Wertersatzpflicht nach § 818 Abs. 2

Wertersatz, soweit Herausgabe unmöglich

Nach § 818 Abs. 2 schuldet der Bereicherungsschuldner Wertersatz in Höhe des objektiven Werts, wenn die Herausgabe des Erlangten, der Nutzungen und Surrogate wegen deren Beschaffenheit (**Beispiel:** rechtsgrundlos in Anspruch genommene Dienstleistungen) oder aus sonstigen Gründen (**Beispiel:** die rechtsgrundlos erworbene Sache wird zerstört) unmöglich ist. Der maßgebliche **Zeitpunkt** für die Wertermittlung wird nach h.M. (z.B. BGHZ 82, 322 m.w.N.) durch die **Entstehung des Kondiktionsanspruchs** bestimmt (nachträgliche – negative – Wertveränderungen sind „Entreicherung" i.S.d. § 818 Abs. 3).

2.5.2 Die verschärfte Haftung, §§ 818 Abs. 4, 819, 820

Keine Privilegierung, wenn Bereicherungsschuldner mit Herausgabe rechnen muss

Das Gesetz will den redlichen Bereicherungsschuldner privilegieren und gestattet ihm daher, sich selbst dann auf Wegfall der Bereicherung zu berufen, wenn er sich vorsätzlich oder fahrlässig entreichert hat. Diese Besserstellung gegenüber anderen Schuldnern ist aber dann nicht mehr berechtigt, wenn der Bereicherungsschuldner mit seiner Inanspruchnahme rechnen musste. Für diesen Fall sieht das Gesetz in den §§ 818 Abs. 4, 819, 820 eine Haftungsverschärfung vor. Diese ist so ausgestaltet, dass der Bereicherungsschuldner die speziellen bereicherungsrechtlichen Privilegierungen verliert und einem normalen Schuldner gleichgestellt wird.

160

2.5.2.1 § 818 Abs. 4

Gemäß § 818 Abs. 4 haftet der Bereicherungsschuldner **„ab Eintritt der Rechtshängigkeit"** des Bereicherungsanspruchs nach den **„allgemeinen Vorschriften"**. Besondere Bedeutung erlangt diese Vorschrift vor allem in Verbindung mit § 819 Abs. 1.

Die Rechtshängigkeit des Anspruchs aus ungerechtfertigter Bereicherung tritt mit **Zustellung** der **Klage** oder eines **Mahnbescheids** ein (§§ 253 Abs. 1, 261 Abs. 1, 693 ZPO). Ab diesem Zeitpunkt muss der Bereicherungsschuldner mit einer eventuellen Verurteilung zur Herausgabe rechnen, woraus sich die Haftungsverschärfung rechtfertigt.

Verschärfte Haftung, wenn Bereicherungsschuldner auf Herausgabe verklagt

Fraglich ist, was mit den „allgemeinen Vorschriften" in diesem Sinne gemeint ist und welche Auswirkungen die Haftungsverschärfung auf § 818 Abs. 3 hat.

Mit den „allgemeinen Vorschriften" sind zunächst **die Vorschriften des allgemeinen Schuldrechts gemeint, welche, wie § 818 Abs. 4, die Rechtshängigkeit voraussetzen** (insbesondere die §§ 291, 292).

Daneben sollen nach Ansicht des BGH (BGHZ 83, 293) **auch diejenigen Vorschriften des allgemeinen Schuldrechts anwendbar sein, die im konkreten Fall einschlägig sind.** Dies hat der BGH insbesondere für die Anwendung der §§ 276 Abs. 1, 285 entschieden. Die Anwendung des § 285 führt dazu, dass der verschärft Haftende nunmehr (entgegen § 818 Abs. 1, s.o.) auch das „commodum ex negotiatione", also den konkreten Erlös, den er bei einer Weiterveräußerung erzielt hat, herauszugeben hat.

Problem: Auf welche Vorschriften verweist § 818 Abs. 4?

2.5.2.2 § 819 Abs. 1

Die in der Praxis wichtigste Haftungsverschärfung ergibt sich aus § 819 Abs. 1, der auf § 818 Abs. 4 zurückverweist. Danach verschärft sich die Haftung des Bereicherungsschuldners, sobald er **positive Kenntnis** vom Mangel des Rechtsgrundes erhält. Bösgläubigkeit in diesem Sinne bedeutet **Tatsachenkenntnis und** Kenntnis **der Rechtsfolgen.** Kennenmüssen reicht nicht aus. Allerdings gilt die Rechtsgrundlosigkeit des Erwerbs auch demjenigen als bekannt, der sich böswillig der Kenntnis der Rechtsgrundlosigkeit verschließt (BGH NJW 1996, 2652).

Allgemein ist zu beachten, dass die **Bösgläubigkeit eines Vertreters nach § 166 Abs. 1** dem Vertretenen zugerechnet wird.

Zurechnung von Bösgläubigkeit eines Vertreters

Besonderheiten bestehen (ähnlich wie bei § 990) bei der Bösgläubigkeit Minderjähriger oder sonst nicht voll Geschäftsfähiger. Die h.M. trennt hier zwischen **Leistungs-** und **Nichtleistungs**kondiktion. Bei der Nichtleistungskondiktion beurteilt sich die Bösgläubigkeit des Minderjährigen analog

Bösgläubigkeit bei Minderjährigen

§§ 827–829, d.h. bei gegebener Einsichtsfähigkeit ist allein auf die Bösgläubigkeit des Minderjährigen abzustellen. Bei der Leistungskondiktion kommt es analog § 166 Abs. 1 auf die Bösgläubigkeit des gesetzlichen Vertreters an. Hat der Minderjährige eine Leistung durch Betrug „erschlichen", sind wieder die §§ 827–829 einschlägig.

Sonstige Fälle verschärfter Haftung

2.5.2.3 § 819 Abs. 2

Nach § 819 Abs. 2 greift die Haftungsverschärfung auch dann ein, wenn der Empfänger durch die Annahme der Leistung gegen ein gesetzliches Verbot oder gegen die guten Sitten verstößt. In subjektiver Hinsicht ist positive Kenntnis des Empfängers **im Zeitpunkt der Empfangnahme** erforderlich.

2.5.2.4 § 820 Abs. 1 S. 1

Nach § 820 Abs. 1 S. 1 tritt die Haftungsverschärfung auch dann ein, wenn mit der Leistung ein nach dem Inhalt des Rechtsgeschäfts ungewisser Erfolg erreicht werden sollte und dieser Erfolg später nicht eintritt.

Zu beachten ist allgemein, dass § 820 **nicht** anzuwenden ist, wenn die Parteien den Erfolgseintritt **als sicher** angesehen haben.

2.5.2.5 § 820 Abs. 1 S. 2

Gem. § 820 Abs. 1 S. 2 tritt eine Haftungsverschärfung auch dann ein, wenn die Parteien einen späteren Wegfall des Rechtsgrundes nach dem Inhalt des von ihnen abgeschlossenen Rechtsgeschäfts als möglich angesehen haben und der Rechtsgrund später wegfällt.

2.6 Berücksichtigung der erbrachten Gegenleistung – „Saldotheorie"

Besonderes Problem: Rückabwicklung nichtiger gegenseitiger Verträge

Die §§ 812 ff. werfen besondere Probleme auf, wenn ein nichtiger gegenseitiger Vertrag rückabgewickelt werden soll und ein Vertragspartner entreichert ist, wie die nachfolgende Aufgabe zeigt.

⮑ Aufgabe 69: „Kurze Freude"

Autohändler V verkauft und übereignet an K ein gebrauchtes Fahrzeug für 20.000 €. K zahlt den Kaufpreis in bar und nimmt den Wagen, nachdem die Zulassungsformalitäten erledigt sind, gleich mit. Noch auf dem Heimweg wird der Wagen bei einem Unfall (K war wegen Glatteises von der Straße abgekommen) völlig zerstört. Zur Freude des K stellt sich aber heraus, dass der Kaufvertrag nichtig ist. K möchte daher von V den Kaufpreis zurückerhalten. V meint, dazu sei er nicht verpflichtet, da K seinerseits „mit leeren Händen" dastehe.

Kann K von V Rückzahlung des Kaufpreises verlangen, wenn der Wert des Fahrzeugs dem Preis entsprach?

Lösung:

(I) K könnte gegen V einen Anspruch auf Rückzahlung des Kaufpreises von 20.000 € aus § 812 Abs. 1 S. 1, 1. Alt. haben. Die Anspruchsvoraussetzungen sind erfüllt, weil V Eigentum und Besitz am Geld durch Leistung des K ohne Rechtsgrund erworben hat.

(II) Möglicherweise kann V aber mit einem **Gegenanspruch auf Wertersatz** für den zerstörten Pkw aus **§§ 812 Abs. 1 S. 1, 1. Alt, 818 Abs. 2** aufrechnen.

Auch K hatte zunächst etwas, nämlich Eigentum und Besitz am Pkw durch Leistung des V erlangt. Da der Wagen zerstört ist, kann K das Erlangte aber nicht mehr herausgeben, sodass er dem V an sich nach § 818 Abs. 2 Wertersatz in Höhe von 20.000 € schuldet.

Jedoch ist K durch den Unfall **ersatzlos entreichert**, sodass er gem. § 818 Abs. 3 dem V an sich keinen Wertersatz schuldet. Zu diesem Ergebnis gelangt die nur noch in Ausnahmefällen anwendbare **Zweikondiktionentheorie**.

Zweikondiktionentheorie

(III) Heute besteht weitgehend Einigkeit darüber, dass dieses Ergebnis unbillig ist. Danach würde nämlich der Vertragspartner, der die Sache nicht mehr im Besitz und somit keinen Einfluss auf ihre Erhaltung hat, das wirtschaftliche Risiko der Beschädigung und Zerstörung tragen. Dies widerspricht dem Rechtsgedanken des § 446, wonach die Gefahr mit Übergabe der Sache auf den Käufer übergeht.

(1) Die h.M. (insbes. auch die Rspr.) folgt der „**Saldotheorie**" (BGHZ 53, 147). Die Saldotheorie beinhaltet folgende Aussagen:

Saldotheorie

▶ Existieren Leistung und Gegenleistung noch, kann jede Partei ihre Leistung nur zurückfordern, wenn sie im Gegenzug die erhaltene Gegenleistung zurückgewährt.

Rückabwicklung Zug um Zug

▶ Ist bei einer Vertragspartei die erhaltene Leistung ganz oder teilweise nicht mehr vorhanden, so muss sie sich den Verlust von ihrem eigenen Anspruch abziehen lassen. Jede Partei kann danach nur so viel zurückfordern, wie sie ihrerseits zurückzugewähren in der Lage ist.

Eigener Verlust ist Abzugsposten vom eigenen Anspruch

Beispiel: Die verkaufte Sache – Preis und Wert 10.000 € – wird beim Käufer beschädigt. Wertverlust: 7.000 €. Der Kaufvertrag ist nichtig. Der Käufer kann vom Verkäufer nur 3.000 € zurückfordern.

▶ Im Übrigen sind die im Zusammenhang mit dem Bereicherungsvorgang entstandenen wechselseitigen Vor- und Nachteile miteinander zu verrechnen.

Verrechnung von Vor- und Nachteilen

Die dogmatische Begründung ist uneinheitlich.

– Die Rechtsprechung betont, dass es sich um eine aus **„Billigkeitsgründen vorgenommene Gesetzeskorrektur"** handelt. Das „genetische Synallagma" bei der „Hinabwicklung" des gegenseitigen Vertrags (§§ 320 ff.) müsse sich bei seiner bereicherungsrechtlichen „Rückabwicklung" als **„faktisches Synallagma" (§§ 320 ff. analog)** fortsetzen.

– Daneben wird, und das erscheint einleuchtender, **§ 818 Abs. 3** zur Begründung herangezogen. Wie bereits dargestellt, sind als Entreicherung auch solche Vermögensnachteile zu verstehen, die der Bereicherte (hier V) im Vertrauen auf die Wirksamkeit des Kausalverhältnisses erlitten hat. Konsequent zu Ende gedacht bedeutet dies beim gegenseitigen Vertrag, dass auch die vom Bereicherten erbrachte Gegenleistung als ein solcher Vermögensnachteil anzusehen ist.

(2) V ist zwar um den Kaufpreis von 20.000 € ungerechtfertigt bereichert, jedoch gleichzeitig um den Pkw, den er an K übereignet hat, entreichert. Hätte K den Pkw noch, so würde dies dazu führen, dass V wegen § 818 Abs. 3 die Rückzahlung von der Rückgabe und Rückübereignung des Pkw abhängig machen könnte. Hierauf braucht sich V (anders als bei Anwendung des Zweikondiktionentheorie, die mit einem Gegenanspruch des V aus § 812, 818 Abs. 2 operiert) nicht zu berufen (§ 273), da § 818 Abs. 3 eine von Amts wegen zu berücksichtigende Einwendung ist. Da der Wagen aber nicht mehr zurückgegeben werden kann, ist V um dessen Wert von 20.000 € entreichert, mit der Folge, dass auch nach der Saldotheorie dem K kein Rückzahlungsanspruch zusteht.

In folgenden Fällen findet die Saldotheorie jedoch keine Anwendung:

▶ bei Vorleistung

▶ zugunsten eines nach §§ 818 Abs. 4–820 verschärft Haftenden

▶ zugunsten eines arglistig Täuschenden

▶ zum Nachteil Geschäftsunfähiger oder Minderjähriger

▶ Untergangsgrund = Mangel

In diesen Fällen gilt die strenge Zweikondiktionentheorie.

➲ Wenn Sie mehr wissen wollen:
AS-Skript SchuldR BT 3, 14. Aufl. 2005, S. 81 ff.

– – –

2.7 Bereicherungsausgleich im Mehrpersonenverhältnis

Über das nachfolgende Thema sind schon ganze Habilitationsschriften erstellt worden. Wir wollen mit diesem Grundlagenskript dem nicht noch eine Weitere hinzufügen, sondern das Grundprinzip und die maßgeblichen Wer-

Ausnahmen von der Saldotheorie

Mehrpersonenverhältnisse

tungskriterien herausarbeiten. Dadurch sollen Sie in die Lage versetzt werden, in Klausuren und Hausarbeiten das Problem zunächst einmal zu erkennen und eine vertretbare Lösung zu entwickeln.

2.7.1 Die Problemstellung

Die grundsätzliche Problemstellung soll der folgende alltägliche Vorgang verdeutlichen.

> ⊃ **Aufgabe 70: „Kontoüberweisung"**

S möchte eine Rechnung des G begleichen. Er reicht bei der B-Bank, bei der er ein Konto unterhält, einen Überweisungsauftrag ein, der von der Bank ausgeführt wird. Nunmehr stellt S fest, dass die Rechnung des G unberechtigt war und teilt das der B-Bank mit. Kann **die B-Bank** von G verlangen, dass dieser das Geld wieder zurücküberweist?

Vorbemerkung zur Fallfrage: Die Fallfrage ist insoweit ungewöhnlich, als nicht S, sondern seine Bank von G die Rückerstattung verlangt. Abgesehen davon, dass ungewöhnliche Fragestellungen geradezu normal für den „pathologischen" universitären Übungsfall sind, kann S auch in der Praxis durchaus seine Gründe haben, warum er nicht selbst gegen G vorgehen will; z.B. wenn er meint, die Bank sei verantwortlich und solle sich daher selbst um die Angelegenheit kümmern.

Lösung:

Da vertragliche Beziehungen zwischen der B-Bank und G nicht bestehen, kommt nur ein Anspruch aus einem gesetzlichen Schuldverhältnis – hier §§ 812 ff. – in Betracht.

(I) Ein Anspruch der B-Bank aus § 812 Abs. 1 S. 1, **1. Alt.** würde voraussetzen, dass G die Gutschrift auf seinem Konto durch **Leistung der B-Bank** erlangt hat. Nach heute h.M. setzt eine Leistung eine **bewusste** und **zweckgerichtete** Mehrung fremden Vermögens voraus.

> ⊃ **Also bitte unbedingt beachten:** Allein die Tatsache, dass jemand einem anderen etwas **zuwendet**, macht ihn – möglicherweise entgegen dem alltäglichen Sprachgebrauch – nicht zum „**Leistenden**"! Vielmehr müssen aus juristischer Sicht zwei Dinge zusammenkommen:
>
> ▸ Der Zuwendende muss die Zuwendung tatsächlich wollen (Willenselement) und
>
> ▸ er muss damit erkennbar einen eigenen Zweck gegenüber dem Empfänger verfolgen. Im Falle des § 812 Abs. 1 S. 1, 1. Alt. muss er die Erfüllung einer – vermeintlichen – Verpflichtung bezwecken.
>
> ▸ Wer an wen zu welchem Zweck leistet, beurteilt sich aus der Sicht eines sorgfältigen Empfängers.

Danach liegt **keine Leistung der B-Bank an G** vor, weil diese gegenüber dem G erkennbar keinen eigenen Zweck verfolgte. Vielmehr woll-

Problem: Wer ist bei Kontoüberweisung der „Leistende"?

Keine Leistung der Bank an den Empfänger

165

te sie nur ihren Verpflichtungen **gegenüber S** aus dem Girovertrag nachkommen. Eine Leistungskondiktion der B-Bank gegen G scheidet daher aus.

(II) Eine Nichtleistungskondiktion der B-Bank gegen G nach § 812 Abs. 1 S. 1, **2. Alt.** setzt voraus, dass G den Geldbetrag **„in sonstiger Weise"** auf Kosten der B-Bank erlangt hat. In sonstiger Weise bedeutet – negativ definiert – „anders als durch Leistung". Dies wiederum besagt, dass die Nichtleistungskondiktion grundsätzlich nicht zur Anwendung kommt, wenn ein Dritter an den Anspruchsgegner (das Erlangte) geleistet hat.

Vorrang der Leistungsbeziehung

Im vorliegenden Fall hat **S** dem G das Geld geleistet, da er – unter Einschaltung der Bank – eine vermeintliche Verpflichtung gegenüber G erfüllen wollte.

Bank ist „Leistungsmittlerin"

In diesen Fällen ist die Bank nur **„Leistungsmittlerin"** des S, d.h. sie handelt bei der Leistung des S nur als dessen Werkzeug.

Ein direkter Anspruch der B-Bank gegen G besteht daher nicht. Vielmehr steht der Rückforderungsanspruch nur dem S zu.

– – –

Grundsatz: Die Rückabwicklung folgt den Kausalbeziehungen

Sie haben hiermit das für bereicherungsrechtliche Mehrpersonenverhältnisse wichtige Grundprinzip kennen gelernt: das Prinzip vom Vorrang der Leistungsbeziehung. Man sagt auch: Die Rückabwicklung folgt den fehlerhaften Kausalbeziehungen. Die Vertragsbeziehung ist nur zwischen S und G fehlerhaft. Daher kann auch nur S von G Rückzahlung verlangen.

➲ Warum ist das so?

Grundsätzlich soll sich jeder nur mit dem auseinander setzen, der an ihn geleistet hat. Ließe man eine Direktkondiktion eines Dritten zu, so würden dem Empfänger damit alle Einwendungen abgeschnitten, die er gegenüber dem Leistenden hätte.

➲ **Merken Sie sich vorerst folgendes Prinzip:** Die Rückabwicklung erfolgt grundsätzlich „über das Dreieck", und zwar zwischen den Parteien des fehlerhaften Kausalverhältnisses. Ausnahmen bedürfen einer besonderen Begründung.

2.7.2 Ausnahmen von der Rückabwicklung über das Dreieck

Gesetzliche Ausnahmen

2.7.2.1 Ausnahmen kraft gesetzlicher Anordnung

Sie haben gesehen: „Geleistetes" kann grundsätzlich nicht im Wege der Nichtleistungskondiktion herausverlangt werden (Grundsatz vom Vorrang der Leistungsbeziehung). Gesetzliche Ausnahmen sind die **§§ 816 Abs. 1 S. 2, 822**, die Sie bereits kennen gelernt haben. Grund: Der unentgeltliche

Empfänger einer Leistung ist weniger schutzbedürftig als derjenige, der dafür etwas bezahlt hat.

2.7.2.2 Nicht geregelte Ausnahmen

A) Ausnahmen aufgrund des Leistungsbegriffs

▶ *Es liegt schon begrifflich keine (zurechenbare) Leistung vor*

Der o.g. Grundsatz kann einer direkten Inanspruchnahme des Empfängers nicht entgegenstehen, wenn ihm das Erhaltene von niemandem geleistet wurde.

Beispiel: Angenommen, S hat in unserem Beispielsfall seiner Bank keinen Überweisungsauftrag erteilt.

Da eine – die Direktkondiktion sperrende – **Leistung des S an G** voraussetzt, dass S dem G den Geldbetrag **bewusst** zugewendet hat, liegt diesmal keine Leistung des S an G vor. Die B-Bank hat gegen G einen unmittelbaren Rückzahlungsanspruch aus § 812 Abs. 1 S. 1, **2. Alt.**

Weitere Fälle dieser Art: Gefälschte Weisung, Überweisungsauftrag durch Vertreter ohne Vertretungsmacht, versehentliche Doppelzahlung, fehlende Geschäftsfähigkeit des scheinbar Leistenden.

▶ *Ein Dritter hat geleistet*

Nach § 362 Abs. 1 erlischt das Schuldverhältnis, wenn die geschuldete Leistung an den Gläubiger „bewirkt wird". Dies macht zwar gewöhnlicherweise der Schuldner, doch kann nach § 267 im Zweifel **auch ein Dritter** an seiner Stelle die Leistung bewirken. In diesem Falle ist **nicht** der Schuldner „Leistender" i.S.d. § 812 Abs. 1 S. 1, 1. Alt., sondern der Dritte. Besteht die Verpflichtung, auf die der Dritte geleistet hat, nicht, so steht nicht dem Schuldner, sondern dem Dritten die Leistungskondiktion gegenüber dem Empfänger zu.

B) Ausnahmen aufgrund einer besonderen Wertung

▶ *Fehlende Schutzbedürftigkeit des Empfängers der Leistung*

Ist in den Weisungsfällen (s.o.) der Leistungsempfänger bösgläubig, d.h. weiß er – oder weiß er infolge grober Fahrlässigkeit nicht –, dass die Weisung fehlerhaft ist, so kann der nur scheinbar Angewiesene direkt von ihm kondizieren.

Beispiel: S hat dem G einen Scheck ausgestellt. Später lässt S den Scheck sperren und teilt dies dem G mit. G löst gleichwohl den Scheck bei der bezogenen Bank ein.

▶ *Leistung „in erster Linie" auf ein Schuldverhältnis*

Es gibt Fälle, in denen vom Leistungsbegriff her gesehen eine Leistung gegenüber verschiedenen Personen in Betracht kommt. In diesen Fällen wird durch Wertung festgelegt, auf welche Rechtsbeziehung der Leistende „primär" geleistet hat.

Marginalien:
Nicht geregelte Ausnahmen

Keine zurechenbare Leistung

Drittleistung i.S.v. § 267

Empfänger nicht schutzbedürftig

Simultanleistung (Wertungsfrage)

Beispiel: Der Drittschuldner einer gepfändeten Forderung leistet in 1. Linie nicht an den Schuldner (seinen Gläubiger), sondern an den pfändenden Gläubiger.

➲ Wenn Sie mehr wissen wollen:
Umfangreiche Darstellung des Problemkreises mit weiterführenden Hinweisen auf Rechtsprechung und Literatur: AS-Skript SchuldR BT 3, 14. Aufl. 2005, S. 198 ff.; Lorenz JuS 2003, 729 ff., 839 ff.

3. Deliktsrecht, §§ 823 ff.

3.1 Einführung: Bedeutung und Funktion des Deliktsrechts

Die §§ 823–853 bezwecken den Schutz des Einzelnen gegen widerrechtliche Eingriffe in seinen Rechtskreis.

Das Deliktsrecht wird oft auch als das **Spiegelbild** zum Bereicherungsrecht bezeichnet: Während es bei den §§ 812 ff. um die Abschöpfung von ungerechtfertigten Bereicherungen geht, ist die zentrale Frage des Deliktsrechts der Ausgleich von Schäden.

Vereinfacht gesagt lauten die Fragestellungen

Unterschied Bereicherungsrecht/Deliktsrecht

▶ im Bereicherungsrecht: Was hat der Anspruchsgegner (ungerechtfertigt) zu viel?

▶ im Deliktsrecht: Um was hat der Anspruchsgegner die geschützten Rechtspositionen des Anspruchstellers (rechtswidrig) vermindert?

Für den nicht seltenen Fall, dass der Anspruchsgegner den Anspruchsteller geschädigt und sich gleichzeitig dadurch bereichert hat, kommen sowohl Ansprüche aus unerlaubter Handlung als auch aus ungerechtfertigter Bereicherung in Betracht.

Beispiel: A entwendet dem B einen Schönfelder.

B hat sowohl Ansprüche aus § 823 Abs. 1 als auch aus § 812 Abs. 1 S. 1, 2. Alt. gegen A, denn B hat einen Schaden erlitten (ihm fehlt der Schönfelder). Im Übrigen ist A um den Schönfelder ungerechtfertigt bereichert. Das Beispiel macht deutlich, dass das Deliktsrecht dem A das „**geben**" will, was er aufgrund der Handlung des B „**zu wenig**" hat, d.h. hier geht es um seinen Schaden. Das Bereicherungsrecht hingegen hat die Aufgabe, „**zu nehmen**", was B „**zu viel**" in seinem Vermögen hat.

Verschuldensprinzip des Deliktsrechts

Das BGB geht bei der deliktischen Haftung grundsätzlich vom Verschuldensprinzip aus. Eine Ausnahme bildet der Gefährdungshaftungstatbestand des § 833 S. 1 (Tierhalterhaftung für Luxustiere). Außerhalb des BGB gibt es eine ganze Reihe von verschuldensunabhängigen Haftungstatbeständen, z.B.

▶ die Haftung des Herstellers nach § 1 ProdHaftG

▶ die Haftung des Kfz-Halters nach § 7 StVG.

Im Deliktsrecht besteht also eine **Zweispurigkeit**: Verschuldenshaftung zum einen, Gefährungshaftung zum anderen.

Die §§ 823 ff. regeln nur das „ethische Minimum", das von **jedermann** im Rechtsverkehr beachtet werden muss. Weitergehende Verpflichtungen können sich aus einer schuldrechtlichen Sonderverbindung, insbesondere einem Vertrag zwischen dem Schädiger und dem Geschädigten ergeben. In diesem Fall können Ansprüche aus unerlaubter Handlung und aus **Vertragspflichtverletzung** nebeneinander zum Zuge kommen.

Verhältnis Vertragsrecht/ Deliktsrecht

Beispiel: Ein Handwerker, der in der Wohnung des A die Wände streichen soll, besudelt dabei die Möbel des A mit Farbe.

Im Falle einer **Sachbeschädigung** ist die Anwendung der §§ 823 ff. unproblematisch, wenn die Einwirkung auf die Sache von einem **Nichtbesitzer** oder einem **rechtmäßigen Besitzer** vorgenommen wird. Nimmt dagegen ein **unrechtmäßiger Besitzer** die Einwirkung vor, so ist zu beachten, dass die §§ 989 ff. regelmäßig als Spezialregeln vorgehen.

Beachte den Vorrang der Regeln des E-B-V

3.2 Die Systematik der §§ 823-853

Die in den §§ 823 ff. geregelten Anspruchsgrundlagen lassen sich in 5 Gruppen einteilen:

Einteilung der §§ 823 ff.

▶ **Haftung für nachgewiesenes Verschulden:**
§ 823 Abs. 1, § 823 Abs. 2 i.V.m. Schutzgesetz, § 824, § 825, § 826, § 839, § 839 a

▶ **Haftung für vermutetes Verschulden:**
§ 831, § 832, § 833 S. 2, § 834, §§ 836–838

▶ **Gefährdungshaftung:**
§ 833 S. 1

▶ **Billigkeitshaftung:**
§ 829

▶ **Zufallshaftung:**
§ 848

Wir wollen uns im Folgenden die **zentralen Normen** der §§ 823 Abs. 1, 823 Abs. 2, 826, 831 genauer ansehen.

3.2.1 Der Anspruch aus § 823 Abs. 1

Aufbauschema : § 823 Abs. 1 (vereinfachtes Schema)

> **(I) Haftungsbegründender Tatbestand**
> **(1)** Verletzung eines absoluten Rechts oder Rechtsguts
> **(2)** durch ein Verhalten des Anspruchsgegners
> **(3)** rechtswidrig
> **(4)** schuldhaft
>
> **(II) Haftungsausfüllender Tatbestand**
> ▶ daraus entstandener Schaden, vgl. § 249 ff.

➲ Wenn Sie mehr wissen wollen:
Ausführliches Prüfschema im AS-Skript SchuldR BT (Unerl. Handlungen /
Allg. SchadensR, 16. Aufl. 2007, S. 4.

Grundtatbestand des § 823 Abs. 1

§ 823 Abs. 1 setzt voraus, dass der Anspruchsgegner rechtswidrig und schuldhaft ein **absolut geschütztes Recht** (z.B. Eigentum, Urheberrecht etc.) oder **Rechtsgut** (z.B. Leben, Körper, Gesundheit) des Anspruchstellers verletzt hat und dass diesem daraus ein Schaden entstanden ist.

Kein Schutz vor reinen Vermögensverletzungen

Wichtig: Reine **Vermögensverletzungen** werden durch § 823 Abs. 1 nicht geschützt. Vielfach wird auch missverständlich formuliert, § 823 Abs. 1 ersetze „keine Vermögensschäden". Das ist natürlich unrichtig. Richtig ist, dass § 823 Abs. 1 nur solche Vermögensschäden ersetzt, die auf einer Verletzung der in dieser Vorschrift genannten absolut geschützten Rechte oder Rechtsgüter beruhen (vgl. auch das obige Schema).

Beispiel: Kaufmann K wirbt dem Mitbewerber M einen Kunden ab, wodurch M einen Schaden erleidet.

Dem M steht kein Ersatzanspruch aus § 823 **Abs. 1** zu, weil K kein absolut geschütztes Recht oder Rechtsgut des M verletzt hat (eventuell kommt, je nach den Umständen der Abwerbung, § 823 **Abs. 2** i.V.m. dem UWG zum Zuge).

Trennung zwischen dem haftungsbegründenden und haftungsausfüllenden Tatbestand

§ 823 Abs. 1 ist in Tatbestand („Wer vorsätzlich ... verletzt") und Rechtsfolge („ist ... verpflichtet.") aufgebaut. Daraus ergibt sich eine Trennung zwischen haftungs**begründendem** und haftungs**ausfüllendem** Tatbestand.

3.2.1.1 Die einzelnen Rechts(gut)verletzungen

§ 823 Abs. 1 folgt dem sog. Tatbestandsprinzip. Die einzelnen geschützten Rechte bzw. Rechtsgüter werden enumerativ aufgelistet (Enumerationsprinzip). Mit dem Passus „oder ein sonstiges Recht" hat der Gesetzgeber zumindest eine „kleine" Generalklausel geschaffen. Betrachten wir die einzelnen geschützten Rechte bzw. Rechtsgüter genauer:

Enumerationsprinzip

Eigentumsverletzung

A) Eigentum

Erforderlich ist eine Einwirkung auf die Sache selbst. Hierbei kommen **fünf Fallgruppen** in Betracht:

▶ Substanzverletzung

170

▶ Sachentzug

▶ Gebrauchsbeeinträchtigung

▶ Rechtliche Beeinträchtigung

▶ Immissionen

Fallgruppe 1: Substanzverletzung

⊃ Aufgabe 71: „Stromkabelfall"

Bauunternehmer B führt in der Nähe der Hühnerfarm des G Tiefbauarbeiten durch. Da der Baggerführer erkrankt ist, bedient B ausnahmsweise den Bagger selbst. B ist allerdings etwas aus der Übung, weshalb er auch ein dem G gehörendes, im Boden verlegtes Stromkabel fahrlässig beschädigt. Dummerweise dient dieses der Stromversorgung des Betriebs des G. Infolge des Stromausfalls verderben 10.000 Bruteier. Die Arbeiter des G haben 4 Stunden bezahlte Freizeit. Kann G von B Ersatz verlangen?

Lösung:

Bezüglich des **Stromkabels** und der verdorbenen **Bruteier** liegt ein Eingriff in die Sachsubstanz, also eine Eigentumsverletzung vor.

Der **Arbeitsausfall der Arbeiter** ist nur eine reine Vermögensverletzung, die vom Begriff der **Eigentums**verletzung **nicht** erfasst wird.

Problematisch ist das Vorliegen einer Eigentumsverletzung, wenn z.B. der Käufer einer Sache infolge eines **Mangels** der Sache einen Nachteil erleidet. Hierbei ist nach h.M. wie folgt zu unterscheiden:

Eigentumsverletzung durch Mängel einer Kaufsache

▶ *ursprünglicher Mangel*

Soweit es nur um den **bei Eigentumserwerb schon vorhandenen** Mangel geht, scheidet § 823 Abs. 1 schon begrifflich aus, da der Käufer zu keinem Zeitpunkt mangelfreies, also unbeschädigtes Eigentum hatte.

Beispiel: K erwirbt eine Vase, die einen Sprung hat.

K kann **keinen** Schadensersatz nach § 823 Abs. 1 verlangen, da der von vornherein vorhandene Sprung in der Vase **keine Eigentumsverletzung** ist. Die Rechte des K beurteilen sich ausschließlich nach den §§ 434 ff.

▸ *weiterfressender Mangel*

> ⟳ **Aufgabe 72: „Schwimmschalterfall"**

▸ Werkstattbesitzer P bestellt bei der Fa. SF eine Ölreinigungsanlage. Ein mangelhafter Schwimmschalter, der für die automatische Abschaltung des Stroms bei Überhitzung sorgen soll, versagt. Infolgedessen kommt es zu einem Brand, bei dem die gesamte Anlage zerstört wird. Hat P gegen die Fa. SF einen Ersatzanspruch aus § 823 Abs. 1?

Lösung:

Problem des sog. „Weiterfressermangels"

Begrifflich handelt es sich um einen **bei Eigentumserwerb noch nicht vorhandenen Schaden an der Anlage**, sodass eine Eigentumsverletzung in Betracht kommt. Der **BGH** (BGHZ 67, 359) hat hier eine Eigentumsverletzung **bejaht**.

Der ursprüngliche Mangel haftete zunächst nur einem **funktionell begrenzten** Teil der Kaufsache, nämlich dem Schwimmschalter an. Bei rechtzeitiger Entdeckung wäre eine Beschädigung der Anlage vermeidbar gewesen. Die Kosten hierfür hätten sich auch noch im vernünftigen Rahmen bewegt. Der später an der Anlage eingetretene Schaden war somit mit dem ursprünglichen Mangelunwert **nicht stoffgleich**.

▸ *überspringender Mangel*

Verursacht dagegen der Mangel der Kaufsache **Schäden an sonstigen absoluten Rechten oder Rechtsgütern** des Käufers, so liegt eine Eigentumsverletzung unproblematisch vor.

Beispiel: Durch einen Bremsdefekt am Fahrzeug, das K von V erworben hat, kommt es zu einem Unfall, bei dem ein von K im Wagen transportiertes Fernsehgerät beschädigt wird.

Sachentzug/Verhältnis zum E-B-V beachten

Fallgruppe 2: Sachentzug

Wird dem Eigentümer die Sache entzogen, so liegt darin begrifflich eine Eigentumsverletzung. Zu beachten ist aber, dass die Regeln des Eigentümer-Besitzer-Verhältnisses die §§ 823 ff. verdrängen können.

Fallgruppe 3: Gebrauchsbeeinträchtigung

Auch in einer Gebrauchsbeeinträchtigung kann eine Eigentumsverletzung liegen. Zu beachten ist aber, dass dies nur dann der Fall ist, wenn die Gebrauchsbeeinträchtigung so intensiv ist, dass sie einem Sachentzug gleichkommt.

Gebrauchsbeeinträchtigung muss einem Sachentzug vergleichbar sein

➲ Aufgabe 73: „Fleet-Fall"

Infolge des Bruchs einer Ufermauer wird ein Kanal, der die einzige Zufahrt zur Mühle des M darstellt, für längere Zeit gesperrt. Verantwortlich ist hierfür die Bundesrepublik als Unterhaltspflichtige für die Wasserstraße. Ein Motorschiff des Reeders R bleibt monatelang eingeschlossen. Drei weitere Schiffe des R können ihre Ladung an der Mühle nicht abladen. Kann R von der Bundesrepublik Schadensersatz verlangen?

Lösung:

Der BGH (BGHZ 55, 153) bejaht eine Eigentumsverletzung an dem **eingesperrten** Schiff, lehnt eine solche aber im Hinblick auf die **ausgesperrten** Schiffe ab:

▶ Hinsichtlich des **eingesperrten** Schiffs waren die Verwendungsmöglichkeiten des Eigentümers für längere Zeit praktisch bis auf Null reduziert.

▶ Bei den **ausgesperrten** Schiffen war nur die Absicht der Eigentümer, diese in den Fleet hineinfahren zu lassen, vereitelt, alle übrigen Eigentümerbefugnisse dagegen nicht.

Fallgruppe 4: Rechtliche Beeinträchtigung des Eigentums

Rechtliche Einwirkungen auf eine Sache

Bei dieser Fallgruppe ist zwischen **zulässigen** und **unzulässigen** Beeinträchtigungen zu unterscheiden:

▶ **Unzulässige** Beeinträchtigungen stellen eine **Eigentumsverletzung** dar. Wer ohne Einwilligung des Eigentümers z.B. dessen Sache veräußert oder verpfändet, begeht eine Eigentumsverletzung.

▶ **Zulässige** Beeinträchtigungen sind **keine** Eigentumsverletzung. So ist z.B. der gutgläubige Erwerb des Eigentums vom Nichtberechtigten (z.B. nach §§ 932 ff.) keine Eigentumsverletzung des Erwerbers, weil das Gesetz den gutgläubigen Erwerb zulässt.

Fallgruppe 5: Immissionen

Immissionen, die der Eigentümer nach § 906 **nicht** dulden muss, stellen eine Eigentumsverletzung dar. Dies gilt zunächst für sog. „**Grobimmissionen**", da diese nicht unter die Duldungspflicht nach § 906 fallen.

Beispiel: Durch Sprengarbeiten im Steinbruch des A fallen Steine auf das Grundstück des B.

Bei „**Feinimmissionen**" ist dagegen die Einschränkung des § 906 zu beachten.

Beispiel: Buchhalter P ist in ein Kuhdorf gezogen. Sein Nachbar, der Bauer G, verursacht – wie alle anderen Bauern in dem Dorf – durch seinen Betrieb äußerst rustikale Gerüche, die den P beim Grillen in seinem Garten beeinträchtigen. Auch ärgert sich P über das stündliche Läuten der Kirchenglocke.

P ist in allen Fällen nach § 906 zur Duldung verpflichtet, da die Immissionen ortsüblich sind. Eine Eigentumsverletzung liegt ihm gegenüber **nicht** vor.

➲ Wenn Sie mehr wissen wollen:
AS-Skript SchuldR BT (Unerl. Handlungen / Allg. SchadensR) 16. Aufl. 2007, S. 31.

B) Leben

Eine Verletzung des **Lebens** liegt im Falle der Tötung eines anderen Menschen vor. Hier gewinnt § 823 Abs. 1 vor allem Bedeutung in Verbindung mit §§ 844, 845.

C) Körper und Gesundheit

Körperverletzung ist jeder **äußere** Eingriff in die körperliche Unversehrtheit. Eine **Gesundheits**verletzung liegt vor, wenn die **inneren** Lebensvorgänge gestört sind. Die Übergänge zwischen beiden Fallgruppen sind fließend, was aber für die rechtliche Behandlung nach § 823 Abs. 1 von geringer praktischer Bedeutung ist.

➲ Wenn Sie mehr wissen wollen:
AS-Skript SchuldR BT (Unerl. Handlungen / Allg. SchadensR) 16. Aufl. 2007, S. 4 ff.

D) Freiheit

Mit **Freiheits**verletzung ist **nicht jede** die freie Willensbetätigung ausschließende Einwirkung gemeint. Erforderlich ist vielmehr die Entziehung der **körperlichen Bewegungsfreiheit** oder die **Nötigung zu einer Handlung durch Drohung, Zwang oder Täuschung**.

Hauptanwendungsfall dieser Fallgruppe ist die Veranlassung behördlicher Freiheitsentziehung.

E) „Sonstige" geschützte Rechte

Im Hinblick auf die Nennung des Begriffs „sonstige Rechte" unmittelbar hinter dem Eigentum sind nach § 823 Abs. 1 nur **eigentumsähnliche** sonstige Rechte geschützt, also absolute (von **jedermann** zu beachtende) Rechte. Ein Deliktsschutz wird hingegen **nicht** gewährt, wenn lediglich **relative** (nur von **den daran beteiligten Personen** zu beachtende) Rechte betroffen sind.

Beispiel: Eingriff in fremde Forderungen: A zieht beim Schuldner S eine dem G zustehende Forderung ein. Hiergegen wird G nicht deliktsrechtlich geschützt (wohl aber bereicherungsrechtlich, vgl. § 816 Abs. 2).

▶ *Allgemeines Persönlichkeitsrecht*

Als sog. „Rahmenrecht" ist beim allgemeinen Persönlichkeitsrecht eine nähere Konkretisierung erforderlich. Nicht jede Beeinträchtigung der Person stellt einen Eingriff in das allgemeine Persönlichkeitsrecht dar. Tatbestandlich ist vielmehr **nur der rechtswidrige** Eingriff in die persönliche Sphäre. Rechtmäßige Beeinträchtigungen stellen bereits tatbestandlich **keine** Verletzung des allgemeinen Persönlichkeitsrechts dar.

Beispiel: A spannt dem B die Freundin aus. Hier genießt B keinen Deliktsschutz, da das Verhalten des A nicht rechtswidrig ist.

Die Feststellung der **Rechtswidrigkeit** erfolgt durch eine **umfassende Güter- und Pflichtenabwägung.**

Kriterien für die Abwägung sind die **Sphäre** des Eingriffs (Intimsphäre – Individualsphäre – öffentliche Sphäre einer Person), die **Schwere** des Eingriffs, z.B. Formalbeleidigungen, Schmähkritik, **Wahrnehmung von Grundrechten** durch den Anspruchsgegner (Pressefreiheit, allg. Meinungsfreiheit etc.) und **besondere Rechtfertigungsgründe** (z.B. § 193 StGB analog).

▶ *Eingerichteter und ausgeübter Gewerbebetrieb*

Das Recht am eingerichteten und ausgeübten Gewerbebetrieb wird ebenfalls durch § 823 Abs. 1 als „sonstiges Recht" geschützt. Es soll aber nur Lücken des Haftungsrechts schließen und ist daher gegenüber den ausdrücklich in § 823 Abs. 1 genannten Fällen **subsidiär.**

Wird z.B. bei einem Unfall der Geschäftswagen des Kaufmanns K beschädigt, greift § 823 Abs. 1 bereits unter dem Gesichtspunkt der Eigentumsverletzung ein. Die h.M. verlangt einen **„betriebsbezogenen"** Eingriff, also einen Eingriff, der sich **unmittelbar gegen den Betrieb als solchen** richtet.

Fälle dieser Art sind z.B. rechtswidrige Streiks oder Boykottaufrufe gegenüber den Produkten eines Betriebs.

➲ Wenn Sie mehr wissen wollen:
AS-Skript SchuldR BT (Unerl. Handlungen / Allg. SchadensR) 16. Aufl. 2007, S. 55–61.

▶ *Deliktischer Schutz des Besitzes*

Nach h.M. (z.B. BGH NJW 1981, 750) genießt auch der unmittelbare und mittelbare Besitz (§§ 854, 868) Deliktsschutz.

Allgemeines Persönlichkeitsrecht

Güter- und Pflichtenabwägung beachten

Besitz als „sonstiges Recht"?

Grund: Zwar ist der Besitz kein „Recht" (sonst ginge er bereits nach § 1922 und nicht nach § 857 auf den Erben über), jedoch schützt das Gesetz über die §§ 861, 1007 auch die **vermögenswerte** Nutzung des Besitzes ähnlich einem absoluten Recht gegenüber jedermann.

Der deliktische Besitzschutz ist aber dahingehend einzuschränken, dass nur der **berechtigte** Besitz erfasst ist. Nur in einem solchen Fall ist der Besitz nämlich dem Eigentum vergleichbar; ansonsten könnte auch der Dieb Schadensersatz nach § 823 Abs. 1 verlangen.

➲ Wenn Sie mehr wissen wollen:
AS-Skript SchuldR BT (Unerl. Handlungen / Allg. SchadensR) 16. Aufl. 2007, S. 34–37.

▶ *Deliktischer Schutz der Familienrechte*

Räumlich-gegenständlicher Ehebereich

Deliktischen und damit absoluten Schutz nach § 823 Abs. 1 genießen das **elterliche Sorgerecht** und der „**räumlich-gegenständliche Bereich**" der **Ehe**.

Beispiel: A lässt seine Geliebte in die Ehewohnung mit einziehen. Seiner Frau F erklärt er, eine Ehe zu dritt sei doch viel anregender und im Übrigen im Orient auch üblich.

Hier ist der räumlich-gegenständliche Ehebereich verletzt, sodass F sich auf den Schutz des § 823 Abs. 1 berufen kann.

Zu beachten ist aber, dass nicht jeder Eingriff Dritter in die Ehe den Schutz des § 823 Abs. 1 für sich beanspruchen kann.

Beispiel: Ehemann A hat eine Geliebte. Ehefrau F verlangt Ersatz des ihr dadurch entstandenen Schadens (z.B. Detektivkosten).

Hier ist der räumlich-gegenständliche Ehebereich **nicht** betroffen. Die Detektivkosten muss F selbst bezahlen.

3.2.1.2 Das haftungsauslösende Verhalten

Die Haftung nach § 823 Abs. 1 kann sowohl durch ein **aktives Tun** als auch durch ein **pflichtwidriges Unterlassen** ausgelöst werden. Ein Unterlassen ist aber nur dann tatbestandsmäßig, wenn eine Rechtspflicht zum Handeln bestand.

Zurechnungszusammenhang

3.2.1.3 Der Zurechnungszusammenhang zwischen der Tathandlung (bzw. dem Unterlassen) und der Rechts(gut)verletzung

Eine Rechts(gut)verletzung löst nur dann die Haftung aus § 823 Abs. 1 aus, wenn zwischen dem Verhalten des Anspruchsgegners und der Rechts(gut)verletzung ein Zurechnungszusammenhang besteht (vgl. den Wortlaut in § 823 Abs. 1: „Wer ... verletzt").

176

A) Haftungsbegründende Kausalität

Erforderlich ist zunächst, dass das Verhalten des Anspruchsgegners im naturwissenschaftlichen Sinne ursächlich für die Rechts(gut)verletzung war. Hierfür gelten folgende Regeln:

▶ **Verursachung durch aktives Tun**

    – Ein aktives Tun ist ursächlich, wenn es nicht hinweggedacht werden kann, ohne dass der konkrete Erfolg entfiele (conditio sine qua non).

    – Bei einer Mehrheit von ineinander greifenden Ursachen, die **nur durch ihr Zusammenwirken** den Erfolg herbeiführen, ist **jeder Beteiligte** für den Enderfolg Verursacher (**kumulative** Kausalität).

    – Von mehreren Bedingungen, die zwar jede für sich, **nicht aber insgesamt** hinweggedacht werden können, ohne dass der Erfolg entfiele, ist jede für den Erfolg ursächlich (**alternative** Kausalität).

      Beispiel: A und B verabreichen dem C unabhängig voneinander Gift. Dadurch erkrankt C. Jede Dosis hätte dafür auch allein ausgereicht.

▶ **Verursachung durch pflichtwidriges Unterlassen**

    Hier gelten die gleichen Kausalitätserwägungen wie beim aktiven Tun. Jedoch ist die Besonderheit zu beachten, dass nur **pflichtwidriges** Unterlassen als Ursache relevant werden kann.

Kausalitätskriterien

B) Adäquanz

Die Zurechnung i.S. der Äquivalenztheorie wird begrenzt durch die **Adäquanztheorie**.

Steht danach die Verursachung als solche fest, sind nach h.M. die Ursachen auszusondern, welche für den eingetretenen Erfolg nicht mehr adäquat sind.

Adäquat kausal ist jeder Umstand, der vom Standpunkt eines optimalen Beobachters sowie den Umständen, die dem Verursacher bekannt sind, generell geeignet ist, einen solchen Erfolg allein oder im Zusammenwirken mit anderen Umständen herbeizuführen.

Adäquanzformel

Beispiel: Wer seine Schwiegermutter bittet, für ihn einen Einkauf zu erledigen, hat den Tatbestand des § 823 Abs. 1 nicht erfüllt, wenn diese auf dem Weg zum Einkauf durch einen Urineisbrocken, der von einem Flugzeug herabgefallen ist, verletzt wird, obwohl die Bitte um Erledigung des Einkaufs im naturwissenschaftlichen Sinne mitursächlich für deren Körperverletzung ist.

C) Schutzzweck der Norm

Ferner ist bei der Zurechnungsprüfung im Rahmen mittelbarer Verursachung die Lehre vom Schutzzweck der Norm zu beachten (Abgrenzung zum allgemeinen Lebensrisiko). Hierbei gelten im Rahmen des haftungs**begründenden** Tatbestands des § 823 Abs. 1 folgende Grundsätze:

Abgrenzung zum allgemeinen Lebensrisiko

177

▶ Der Schädiger muss durch sein Verhalten gegen eine „Norm" verstoßen haben. Dies kann eine spezielle Schutznorm sein.

Beispiel: Rechtsvorschriften zum Schutz der Arbeitnehmer bei Bedienung gefährlicher Maschinen.

In Betracht kommt auch ein Verstoß gegen die allgemeine Verkehrssicherungspflicht.

Verkehrssicherungs-pflicht (margin)

Beispiel: Ein Bauherr versäumt es, die Baugrube abzusichern.

▶ Entscheidend ist, **ob die vom Schädiger verletzte Norm gerade den Eintritt des Verletzungserfolgs verhindern soll** (Schutzzweck). Dazu ist eine **Wertung** erforderlich. Diese kann entweder **verhaltensbezogen** oder **erfolgsbezogen** sein.

– **verhaltensbezogene Wertungen**

Beispiel: Verfolgerfälle

Der den Einbrecher verfolgende Polizist rutscht bei der Verfolgung aus und verletzt sich.

In diesen **Verfolgerfällen** müssen für die Zurechnung folgende **Voraussetzungen** gegeben sein:

Der Verfolgte muss den Verfolgenden zum Eingreifen herausgefordert haben.

Zwischen Verfolgungszweck und -risiko muss ein **angemessenes Verhältnis** bestehen.

Die Rechts(gut)verletzung muss durch die mit der Verfolgung verbundenen **„gesteigerten Risiken"** eingetreten sein (Abgrenzung zum „allgemeinen Lebensrisiko").

– **erfolgsbezogene Wertungen**

Dem Schädiger ist grds. auch ein **anlagebedingter Verletzungserfolg** objektiv zuzurechnen: Der Schädiger muss den Geschädigten so nehmen, wie er ist (Ausnahmen nur in Extremfällen).

Bei **Schockschäden** wird die Zurechnung auf die Verletzung naher Angehöriger (auch Verlobte und Lebensgefährten) beschränkt.

➲ Wenn Sie mehr wissen wollen:
AS-Skript SchuldR BT (Unerl. Handlungen / Allg. SchadensR) 16. Aufl. 2007, S. 11–13, 61–73.

3.2.1.4 Die Rechtswidrigkeit

Nach der herrschenden **Lehre vom Erfolgsunrecht** gelten für die Prüfung der Rechtswidrigkeit folgende Grundsätze:

Lehre vom Erfolgsunrecht

▸ Durch die Rechts(gut)verletzung wird die Rechtswidrigkeit sowohl bei vorsätzlichen als auch bei fahrlässigen Verletzungshandlungen indiziert. Die Rechtswidrigkeit kann aber bei Eingreifen eines Rechtfertigungsgrundes entfallen. Die wichtigsten Rechtfertigungsgründe sind:

Die wichtigsten Rechtfertigungsgründe

  – Notwehr gegenüber einem rechtswidrigen Angriff, § 227
  – **Verteidigungs**notstand, § 228
  – Selbsthilferecht, § 229
  – **Angriffs**notstand, § 904
  – übergesetzlicher Notstand
  – Wahrnehmung berechtigter Interessen (Grundgedanke des **§ 193 StGB**)
  – gesetzliche oder gewohnheitsrechtliche Eingriffsermächtigungen, z.B. **§ 127 StPO**
  – Duldungspflicht nach **§§ 906 ff.** bei Immissionen

➲ Wenn Sie mehr wissen wollen:
Schreiber, Jura 1997, 29 (Die Rechtfertigungsgründe des BGB).

▸ Teilweise wird zwischen **unmittelbarer** und **mittelbarer** Verursachung unterschieden. Bei unmittelbarer Verursachung soll danach der typische Unrechtstatbestand gegeben und damit die Rechtswidrigkeit indiziert sein. Bei nur mittelbarer Verursachung soll die Rechtswidrigkeit dagegen positiv zu prüfen sein.

➲ Wenn Sie mehr wissen wollen:
AS-Skript SchuldR BT (Unerl. Handlungen / Allg. SchadensR) 16. Aufl. 2007, S. 73–76

3.2.1.5 Die Schuld

Der Tatbestand des § 823 Abs. 1 kann nur vorsätzlich oder fahrlässig verwirklicht werden. Fahrlässigkeit bedeutet Verstoß gegen die im Verkehr objektiv erforderliche Sorgfalt. Hinsichtlich der **Verschuldens- bzw. Deliktsfähigkeit** sind die **§§ 827, 828** zu beachten (wichtig bei Minderjährigen).

Verschuldensfähigkeit

Grundsätzlich ist das Verschulden im Bestreitensfalle vom Anspruchsteller nachzuweisen. Bei der Produzentenhaftung nach § 823 Abs. 1 kehrt die Rechtsprechung die Beweislast aus Billigkeitserwägungen um, d.h. der Produzent muss sein fehlendes Verschulden beweisen.

➲ Wenn Sie mehr wissen wollen:
AS-Skript SchuldR BT (Unerl. Handlungen / Allg. SchadensR) 16. Aufl. 2007, S. 81–87; S. 138 ff.

3.2.2 Die Haftung nach § 823 Abs. 2 i.V.m. Schutzgesetz

Aufbauschema : § 823 Abs. 2 (vereinfachtes Schema)

(I) Voraussetzungen

(1) Tatbestand
(a) Schutzgesetz
(b) Verletzung nach den dafür geltenden Regeln

(2) Rechtswidrigkeit

(3) Verschulden nach Maßgabe des SchutzG (beachte § 823 Abs. 2)

(II) Rechtsfolge: Ersatz des daraus entstandenen Schadens

Nach § 823 Abs. 2 haftet derjenige auf Schadensersatz, der gegen ein Gesetz, welches den Anspruchsteller vor Vermögensnachteilen schützen will, verstößt (sog. „Schutzgesetz").

Gesetz = jede Rechtsnorm

▶ **Gesetz** in diesem Sinne kann nach **Art. 2 EGBGB** *jede Rechtsnorm* sein, also nicht nur Gesetze im formellen Sinne, sondern auch z.B. Satzungen, Rechtsverordnungen (Gesetze im materiellen Sinne), u.U. sogar Gewohnheitsrecht.

Wann liegt ein „Schutzgesetz" vor?

▶ Ein **Schutzgesetz** liegt dann vor, wenn das Gesetz den Schutz des Einzelnen oder eines bestimmten Personenkreises (zumindest auch) bezweckt.

Beispiel: E parkte seinen Lieferwagen auf einem Gehweg an unübersichtlicher Stelle im absoluten Parkverbot. Fußgänger T, der infolgedessen den Verkehr nicht übersehen konnte, wurde dadurch von einem anderen Kraftfahrer angefahren und verletzt. T verlangt auch von E Ersatz seines Schadens. Zu Recht? Lesen Sie zunächst § 12 Abs. 3 Nr. 8 c) StVO (Schönfelder Nr. 35 a).

Eingrenzung des geschützten Personenkreises

Das OLG Karlsruhe (OLG Karlsruhe NJW-RR 1987, 479) hat den E nach § 823 Abs. 2 zum Schadensersatz verurteilt. **Grund:** Das Verbot des Falschparkens auf Gehwegen bezweckt auch, die Fußgänger davor zu schützen, dass sie durch falsch parkende Fahrzeuge zu Schaden kommen.

▶ Ob der Anspruchsteller gegen das Schutzgesetz **verstoßen** hat, richtet sich nach den für das jeweilige Schutzgesetz geltenden Maßstäben (**„Schuldform"**). Zu beachten ist dabei, dass immer dann, wenn ein Verstoß gegen das Schutzgesetz (ausnahmsweise) auch ohne Verschulden möglich ist, die **zivilrechtliche Ersatzpflicht** jedenfalls Verschulden voraussetzt (vgl. § 823 Abs. 2 S. 2).

Zu beachten ist aber, dass sich die **Verschuldensfähigkeit** nach § 827 f. richtet und nicht etwa nach § 19 StGB, § 3 JGG.

➲ Wenn Sie mehr wissen wollen:
AS-Skript SchuldR BT (Unerl. Handlungen / Allg. SchadensR) 16. Aufl. 2007, S. 88 ff.

180

3.2.3 Die Haftung nach § 826

Aufbauschema: § 826 (vereinfachtes Schema)

(I)   Voraussetzungen

(1) Tatbestand

    (a) Schaden

    (b) durch ein dem Anstragsgegner zurechenbares sittenwidriges Handeln

(2) Rechtswidrigkeit

    Sittenwidrigkeit impliziert die Rechtswidrigkeit

(3) Verschulden: Nur Vorsatz

(II)   Rechtsfolge: Ersatz des daraus entstandenen Schadens

▶ § 826 greift bei vorsätzlicher sittenwidriger Schädigung ein. Die Vorschrift setzt – anders als § 823 Abs. 1 – **keine** Verletzung eines absolut geschützten Rechts oder Rechtsguts und – anders als § 823 Abs. 2 – **keine** Schutzgesetzverletzung voraus.

▶ Der Vorsatz muss sich auch auf den Schaden erstrecken. Bedingter Vorsatz reicht aus.

Bezugspunkt des Vorsatzes

> **Beispiel:** Makler M behauptet gegenüber dem gewerblichen Mietinteressenten „ins Blaue hinein", die Behörde werde die beabsichtigte Nutzung nicht beanstanden.

➲ Wenn Sie mehr wissen wollen:
AS-Skript SchuldR BT (Unerl. Handlungen / Allg. SchadensR) 16. Aufl. 2007, S. 95 ff.

3.2.4 Die Haftung für vermutetes Verschulden nach § 831

Aufbauschema: § 831 (vereinfachtes Schema)

(I)   Voraussetzungen

(1) Tatbestand

    (a) Verrichtungsgehilfe (VG)

    (b) Unerlaubte Handlung des VG, tatbestandsmäßig u. rechtswidrig

    (c) In Ausführung der übertragenen Verrichtung

(2) Rechtswidrigkeit

(3) Verschulden

    des Geschäftsherrn wird vermutet, wenn kein Exkulpationsbeweis

(II)   Rechtsfolge: Ersatz des daraus entstandenen Schadens

Wichtigster Fall „der Haftung für vermutetes Verschulden" ist die Haftung des Geschäftsherrn für den Verrichtungsgehilfen nach § 831.

Haftung des Geschäftsherrn bei Einschaltung von Verrichtungsgehilfen

▶ Der Grundstruktur nach handelt es sich um einen **gemischten Tatbestand**, bei dessen Erfüllung nach Personen zu trennen ist:

– Der **objektive Tatbestand** muss von einem **Verrichtungsgehilfen erfüllt worden sein, d.h. dieser muss tatbestandsmäßig und rechts-**

widrig (nicht aber unbedingt schuldhaft!) irgendeine unerlaubte Handlung begangen haben.

Exkulpationsbeweis

– Der **subjektive Tatbestand** muss dagegen in der Person **des Geschäftsherrn** erfüllt sein. Dieser haftet für **vermutetes** Auswahl- bzw. **Überwachungsverschulden.** Gemäß **§ 831 Abs. 1 S. 2** ist es Sache des Geschäftsherrn, den sog. **„Exkulpationsbeweis"** zu erbringen: Er muss beweisen, dass ihn kein Auswahl- und Überwachungsverschulden trifft. Die Haftung kann auch durch den Nachweis, dass der Schaden auch bei Beachtung der Sorgfalt durch den Geschäftsherrn eingetreten wäre, ausgeschlossen werden.

Der Verrichtungsgehilfe muss weisungsgebunden sein

▸ **Verrichtungsgehilfe** ist, wer mit Wissen und Wollen des Geschäftsherrn tätig wird **und von dessen Weisungen abhängig** ist. Erforderlich und ausreichend ist, dass der Geschäftsherr die Tätigkeit des Handelnden jederzeit **beschränken** oder **entziehen** oder **nach Zeit und Umfang bestimmen** kann.

Abgrenzung zum Handeln „bei Gelegenheit"

▸ Der Geschäftsherr haftet aber nur dann nach § 831, wenn der Verrichtungsgehilfe **„in Ausführung der übertragenen Verrichtung"** und nicht nur **„bei Gelegenheit"** der Verrichtung die schädigende Handlung begeht. Ausreichend dafür ist ein äußerer und **innerer Zusammenhang** mit der übertragenen Verrichtung. Die Abgrenzung erfolgt nach folgendem Muster: Gehört die Tätigkeit – für sich betrachtet, also wenn man von der Fehlleistung absieht – noch zum übertragenen Aufgabenbereich oder nicht?

Beispiel: Der angestellte Kraftfahrer K überfährt auf einer Dienstfahrt den Fußgänger F.

Der Geschäftsherr haftet nach § 831.

Gegenbeispiel: K ist mit F verfeindet. K benutzt die Gelegenheit, als er den F die Straße überqueren sieht, um ihn zu überfahren.

Hierfür haftet der Geschäftsherr **nicht,** da K nur „bei Gelegenheit" der ihm übertragenen Pflichten gehandelt hat.

3.2.5 Verjährung

Regelverjährung

Die **Verjährung** der Ansprüche aus §§ 823 ff. richtet sich nach der **regelmäßigen Verjährungsfrist des § 195** (drei Jahre), der **Beginn** ist in **§ 199 Abs. 1** geregelt, wobei ggf. die **absoluten Höchstfristen des § 199 Abs. 2, Abs. 3** zu beachten sind (vgl. hierzu nochmals 2. Teil, 1. Abschnitt, 3.3.5.3 A)).

Verdrängt wird § 195 allerdings durch § 548, wenn ein Mieter die gemietete Wohnung beschädigt. Der Sinn der kurzen Verjährungsfrist des § 548 würde nämlich unterlaufen, wenn Deliktsansprüche des Vermieters, welche mit Ansprüchen aus dem Mietvertrag konkurrieren, erst in drei Jahren verjähren würden.

Wichtig: Die Einrede der Verjährung ergibt sich aus § 214 Abs. 1 und ist unter „Anspruch durchsetzbar" zu prüfen.

3.3 Grundzüge des allgemeinen Schadensrechts

Im Folgenden sollen die Grundzüge der **§§ 249 ff.** dargestellt werden. Es handelt sich bei diesen Vorschriften **nicht** um selbstständige Anspruchsgrundlagen, sondern um Normen, welche die in den jeweiligen Anspruchsgrundlagen (z.B. § 823 Abs. 1) enthaltene allgemeine Verpflichtung zum Schadensersatz näher konkretisieren (haftungsausfüllende Normen).

Rechtsnatur der §§ 249 ff.

Die Prüfung der §§ 249 ff. setzt daher erst ein, wenn der haftungsbegründende Tatbestand der geprüften Anspruchsgrundlage bejaht wurde.

3.3.1 Arten des Schadensersatzes

Die §§ 249 ff. unterscheiden **zwei Arten** des Schadensersatzes, nämlich die **Naturalrestitution** (§ 249) und die **Schadenskompensation** (§ 251).

Naturalrestitution und Schadenskompensation

➲ Definition: Schaden ist jede Einbuße an Lebensgütern.

3.3.1.1 Naturalrestitution

A) Das Gesetz geht in § 249 vom **Grundsatz der Naturalrestitution** aus. Geschützt werden soll auf diese Weise das **Integritätsinteresse**. So kann z.B. der Eigentümer eines beschädigten Pkw grundsätzlich dessen Wiederherstellung verlangen; derjenige, über den ehrverletzende Behauptungen in der Öffentlichkeit aufgestellt wurden, kann deren Widerruf verlangen.

Für den Fall der Personen- oder Sachbeschädigung kann der Gläubiger nach **§ 249 Abs. 2 S. 1** den für die Herstellung erforderlichen Geldbetrag fordern (Ersetzungsbefugnis *des Geschädigten!*). Der Geschädigte braucht also sein Fahrzeug nicht (ausgerechnet) von dem Schädiger reparieren zu lassen, sondern kann Zahlung der zur Reparatur erforderlichen Kosten verlangen.

Ersetzungsbefugnis des Geschädigten

B) Bei dem Vorgehen nach **§ 249 Abs. 2** – Geld für (Wieder-)Herstellung – stehen dem Geschädigten **zwei Wege** zur Verfügung: Er kann auf der Basis der Reparaturkosten abrechnen und den **Reparaturaufwand** (= Reparaturkosten zzgl. Minderwert) verlangen oder sich eine **gleichwertige Sache anschaffen** und den **Wiederbeschaffungsaufwand** (= Wiederbeschaffungswert abzgl. Restwert der geschädigten Sache) verlangen.

Auch die letzte Art der Schadensbeseitigung ist **nach ständiger Rspr. des BGH eine Form der Naturalrestitution**. Zur Begründung wird angeführt, dass das Ziel der Restitution sich nicht auf eine (Wieder-)Herstellung der beschädigten Sache beschränkt, sondern vielmehr in umfassender Weise gem. § 249 Abs. 2 darin besteht, den Zustand herzustellen, der **wirtschaftlich** gesehen der ohne das Schadensereignis bestehenden Lage entspricht. Der Gesetzgeber hat sich im Zusammenhang mit dem 2. SchadÄndG vom 19.07.2002 der Rechtsprechung des BGH angeschlossen. Dies bedeutet, dass die **Umsatzsteuerregelung des § 249 Abs. 2 S. 2** für sämtliche Fälle gilt, die die Rechtsprechung unter § 249 subsumiert, also **für Reparatur und Ersatzbeschaffung gleichermaßen.** Die Erstattungsfähigkeit konkret gezahlter Umsatzsteuer hängt zukünftig allein davon ab, ob sie tatsächlich angefallen ist. Dies kann die **Reparatur genauso wie die Ersatzbeschaffung** betreffen (vgl. auch BGH NJW 2004, 1943, 1944).

3.3.1.2 Schadenskompensation

Die **Schadenskompensation** ist in § 251 vorgesehen (Schutz des **Wertinteresses**), und zwar zwingend in § 251 Abs. 1 sowie fakultativ (Ersetzungsbefugnis *des Schädigers*) in § 251 Abs. 2 S. 1.

A) Naturalrestitution nicht möglich oder nicht genügend

Eine **zwingende** Schadenskompensation schreibt **§ 251 Abs. 1** in zwei Fällen vor, nämlich soweit die Naturalrestitution **nicht möglich** oder zur Entschädigung **nicht genügend** ist.

I) § 251 Abs. 1, 1. Alt.:
Die Naturalrestitution ist z.B. im Falle eines „**echter Totalschadens**" unmöglich, also etwa wenn eine Sache so weit zerstört ist, dass ihre Wiederherstellung aus technischen Gründen nicht möglich ist.

Echter Totalschaden

Bei einem echten Totalschaden (technischen Totalschaden) kann der Geschädigte nicht auf Reparaturkostenbasis gem. § 249 Abs. 2 abrechnen, aber gem. § 251 Abs. 1, 1. Alt. das Wertinteresse verlangen.
Zu beachten ist allerdings, dass **nach der st.Rspr. des BGH** (vgl. BGH NJW 2004, 1943, 1944) insbesondere bei vertretbaren Sachen **auch bei einem Totalschaden Naturalrestitution nach § 249 in Form der Ersatzbeschaffung möglich** ist. Daher kommt diese Fallgruppe des technischen Totalschadens nach § 251 Abs. 1, 1. Alt. **praktisch wohl nur bei nicht vertretbaren Sachen** in Betracht.

II) § 251 Abs. 1, 2. Alt.:
Nicht genügend ist eine Wiederherstellung dann, wenn ein nicht in Natur behebbarer Schadensrest verbleibt. Kann z.B. ein bei einem Unfall schwer beschädigter Wagen repariert werden, so verbleibt dennoch i.d.R. ein Schadensrest in Form des „**merkantilen Minderwerts**", der dann nach § 251 Abs. 1, 2. Alt. zu ersetzen ist.

Merkantiler Minderwert

B) Naturalrestitution unverhältnismäßig

Ersetzungsbefugnis des Schädigers

Nach **§ 251 Abs. 2** kann der Schädiger den Geschädigten in Geld entschädigen, wenn die Herstellung nur mit **unverhältnismäßigen Aufwendungen** möglich ist.

Umstritten war, ob unter diese Fallgruppe auch der **„wirtschaftliche Total-schaden"** fällt. Ein solcher liegt z.B. bei einem beschädigten Kfz dann vor, wenn die Wiederherstellungskosten zuzüglich des merkantilen Minderwerts den Wert des Fahrzeugs vor dem Schadensfall (Wiederbeschaffungs-wert) um mehr als 30% überschreiten (sog. Integritätszuschlag).

Wirtschaftlicher Total-schaden

Beachte: Nach der Rspr. des BGH bleibt bei der Berechnung des Zuschlags von 30% der Restwert des Kfz unberücksichtigt, ist also der volle Wiederbeschaffungswert zugrunde zu legen.

Zu klären war, ob **bei einem wirtschaftlichen Totalschaden die Regelung des § 249 einschlägig ist** (und damit auch die Regelung des § 249 Abs. 2 S. 2 Anwendung findet) **oder** insoweit die Regelung des § 251 Abs. 2 S. 1 eingreift. Von den Instanzgerichten und dem Schrifttum wurde überwiegend die Einordnung des wirtschaftlichen Totalschadens unter § 249 bejaht, teilweise aber auch abgelehnt. Der **BGH** (vgl. BGH NJW 2004, 1943) hat sich nunmehr der h.M. angeschlossen und **auf den wirtschaftlichen Total-schaden die Regelung des § 249 – insbesondere dessen Abs. 2 S. 2 – an-gewandt.** Zur Begründung führt er an, dass keine § 251 unterfallende Zer-störung der Sache vorliege, da der Geschädigte Restitution seines Schadens nach § 249 Abs. 2 S. 1 durch den Erwerb eines (gleichwertigen) Ersatzfahr-zeugs erlangen könne.

Somit findet auf den Fall eines wirtschaftlichen Totalschadens nicht die Re-gelung des § 251 Abs. 2 S. 1, sondern die des § 249 Abs. 2 Anwendung.

3.3.2 Abgrenzung Vermögensschaden / Nichtvermögensschaden

Abgrenzung Vermögens-schaden / Nichtvermö-gensschaden

Kommt im zu entscheidenden Fall eine **Schadenskompensation (§ 251)** in Betracht, so ist im Hinblick auf **§ 253** die Unterscheidung zwischen Vermö-gens- und Nichtvermögensschäden zu beachten.

Nach § 253 Abs. 1 werden grundsätzlich nur Vermögensschäden ersetzt. Nichtvermögensschäden (immaterielle Schäden) werden ausnahmsweise nur dann ersetzt, wenn dies gesetzlich bestimmt ist.

Falls keine gesetzliche Ausnahme (z.B. § 253 Abs. 2) eingreift, empfiehlt sich in der Klausur ein Vorgehen nach folgendem **Grundschema:**

> **(1)** Liegt überhaupt ein **Schaden** i.S. der **Differenztheorie** vor?
>
> **(2)** Hat das beeinträchtigte Gut einen **Vermögenswert**, sodass die Be-einträchtigung als Vermögensschaden zu qualifizieren ist?
>
> **(3)** Welche rechnerische **Differenz** ergibt sich? (Differenzmethode)
>
> **(4)** Sind **normative Ergebniskorrekturen** angebracht?

Differenztheorie

Zu (1): Differenztheorie

Der Schaden wird von der h.M. mithilfe der Differenztheorie bestimmt. Danach sind im Rahmen der Schadenskompensation nach § 251, die das Wertinteresse schützt, zwei Vermögenslagen miteinander zu vergleichen, nämlich die Vermögenslage des Geschädigten ohne die schädigende Handlung (hypothetische Vermögenslage) und die tatsächliche Vermögenslage. Ergibt sich rechnerisch eine Vermögenseinbuße, so ist diese grundsätzlich ersatzfähig.

Zu (2): Vermögenswert

Problematisch ist, ob ein Vermögensschaden vorliegt, wenn ein Wirtschaftsgut (Auto, Haus etc.) zeitweilig nicht genutzt werden kann.

Hierbei gelten nach Rspr. und h.M. folgende Grundsätze:

Kommerzialisierungsgedanke

▶ **Kommerzialisierungsgedanke**

Es muss sich zunächst um eine **kommerzialisierte** Annehmlichkeit handeln. Dies ist dann der Fall, wenn man dafür üblicherweise etwas bezahlt, sodass eine objektive Bewertbarkeit möglich ist.

▶ **Von zentraler Bedeutung für die Lebensführung**

Abgrenzung zum Luxus

Die Annehmlichkeit muss von „zentraler Bedeutung für die Lebensführung" sein. Dies ist dann der Fall, wenn man darauf für die eigenwirtschaftliche Lebensführung typischerweise angewiesen ist (Abgrenzung zum „Luxus").

- Als **ersatzfähig** wird danach z.B. der Ausfall eines Kfz, eines Motorrads, eines Fahrrads, eines Rollstuhls, eines Blindenhundes, einer Kücheneinrichtung oder einer Waschmaschine anerkannt.

- Als **Luxus** und somit **nicht** ersatzfähig werden z.B. folgende Annehmlichkeiten angesehen: die Ausübung einer Jagd, die Benutzung eines Pelzmantels, der Ausfall der Nutzung eines Reitpferds etc.

Spürbarkeit des Nutzungsausfalls

▶ **Spürbarkeit des Nutzungsausfalls**

Der Ausfall der Nutzungsmöglichkeit muss für die Betroffenen spürbar sein. Dies setzt die hypothetische Nutzungsmöglichkeit (fehlt z.B., wenn die Sache ohnehin nicht genutzt werden konnte) und den hypothetischen Nutzungswillen voraus.

Zu (3): Differenz: Diese ist der grundsätzlich ersatzfähige Schaden.

Vorteilsausgleich

Zu (4): Problem: Vorteilsausgleich

Das **rechnerische Ergebnis** kann u.U. von anderen Umständen beeinflusst werden. Die Problematik betrifft vor allem den sog. „**Vorteilsausgleich**". Ein Schadensereignis kann u.U. auch Vorteile verursachen, sodass sich die Frage stellt, ob diese zu berücksichtigen sind.

Diese Frage kann nur durch wertende Überlegungen beantwortet werden **(dann ggf. Ergebniskorrektur)**. Danach wird ein Vorteil auf den Schaden nur dann verrechnet, wenn dies dem Sinn und Zweck der Schadensersatznorm nicht widerspricht und der Schädiger hierdurch nicht unbillig entlas-

186

tet wird. Danach werden z.B. ersparte Eigenaufwendungen als Vorteil angerechnet.

Wird z.B. der beschädigte PKW repariert, so nutzt er sich während der Dauer seines Ausfalls nicht ab. Die ersparte Abnutzung wirkt sich anspruchskürzend aus.

➲ Wenn Sie mehr wissen wollen:
AS-Skript SchuldR BT (Unerl. Handlungen / Allg. SchadensR) 16. Aufl. 2007, S. 157 ff.

3.3.3 Anspruchskürzung wegen Mitverschuldens

Nach **§ 254** ist der Anspruch zu kürzen, wenn ein Mitverschulden des Anspruchstellers den Schaden mitverursacht hat.

Problematik des § 254

Dabei ist zu beachten, dass das Mitverschulden von Erfüllungsgehilfen und gesetzlichen Vertretern nach §§ 254 Abs. 2 S. 2, 278 zugerechnet wird. Zu § 254 Abs. 2 S. 2 müssen Sie sich 3 wichtige Punkte merken:

▶ § 254 Abs. 2 S. 2 ist wie ein gesonderter Absatz 3 zu lesen. Er bezieht sich also nicht nur auf die Fälle des § 254 Abs. 2 S. 1, sondern auch auf Abs. 1.

▶ Nach h.M. handelt es sich um einen Rechts**grund**verweis auf § 278. Dies bedeutet, dass die Zurechnung voraussetzt, dass zwischen dem Anspruchsteller und dem Geschädigten im Zeitpunkt des Mitverschuldens des Dritten und im Zeitpunkt des schädigenden Ereignisses eine **schuldrechtliche Sonderverbindung** bestanden haben muss.

▶ Das Verschulden **sonstiger Hilfspersonen** des Geschädigten wird nur **analog § 831** (mit Exkulpationsmöglichkeit!) zugerechnet.

➲ Wenn Sie mehr wissen wollen:
AS-Skript SchuldR BT (Unerl. Handlungen / Allg. SchadensR) 16. Aufl. 2007, S. 221–232.

Zum Abschluss

Wenn Sie dieses Skript aufmerksam durchgearbeitet haben, dann haben Sie ein solides Grundwissen in zentralen Bereichen des Schuldrechts erworben und können insoweit Ihre Klausuren erfolgreich meistern.

Wir hoffen, dass Ihnen das Konzept gefallen hat, und werden Sie auch gerne weiter mit unseren anderen Grundlagenskripten bei dem Erwerb Ihrer Scheine unterstützen.

Für die danach anschließende „heiße Phase" der Examensvorbereitung haben wir für Sie speziell unsere „große Skriptenreihe" konzipiert, die auf unseren „Grundlagen"-Skripten aufbaut und die Sie sicher zum Examenserfolg führt.

Wir freuen uns auf Ihre weitere Mitarbeit!

Zusammenstellung wichtiger Entscheidungen zu den in diesem Skript behandelten Themenkreisen

Zum 3. Teil, 1. Abschnitt, 1. (Rechtgeschäftliche Schuldverhältnisse, Unmöglichkeit):

▶ Zur Unmöglichkeit, wenn der geschuldete Leistungsgegenstand einem Dritten gehört: BGH NJW 1999, 2034

▶ Zum relativen Fixgeschäft: BGHZ 110, 88, 96

▶ Zu § 275 Abs. 2: BGH Urt. v. 22.06.2005 – VIII ZR 281/04, BGHZ 163, 234; www.bundesgerichtshof.de

▶ Zu § 326 Abs. 2 S. 1, 1.Alt: BGH NJW 1993, 1972

▶ Zur Berechnung des Schadensersatzes „statt der Leistung": BGH ZIP 1995, 220

Zum 3. Teil, 1. Abschnitt, 2. (Rechtsgeschäftliche Schuldverhältnisse, Verzögerung):

▶ Zur ernsthaften und endgültigen Erfüllungsverweigerung, § 281 Abs. 2, 1. Alt: BGH 1991, 1822; 1996, 1814; 1997, 51

▶ Zum Merkmal „Interessewegfall" i.S.d. § 281 Abs. 2, 2. Alt: BGH NJW-RR 1997, 622; 1998, 1489 (jeweils noch zum Interessewegfall i.S.d. § 326 Abs. 2 BGB a.F.)

▶ Zum Ausschluss des Anspruchs aus §§ 280 Abs. 1 u.3, 281 gem. § 242 bei eigener Vertragsuntreue: BGH NJW 1994, 2481; 1999, 352

▶ Zur Frage der Auswirkung eines Erfüllungsverlangens des Gläubigers nach Fristablauf i.S.d. §§ 281, 323: BGH, Urt. v. 20.01.2006 – V ZR 124/06

▶ Zum Ersatz vergeblicher Aufwendungen: BGH, Urt. v. 15.03.2000 – XII ZR 81/97, NJW 2000, 2342; www.bundesgerichtshof.de (zur sog. Rentabilitätsvermutung); BGH, Urt. v. 20.07.2005 – VIII ZR 275/04, BGHZ 163, 181; www.bundesgerichtshof.de (zu § 284)

▶ Zum Merkmal „durchsetzbarer" Anspruch als Voraussetzung für den Schuldnerverzug gem. § 286: BGHZ 116, 244; BGH NJW 1993, 2674; BGH NJW-RR 1998, 123

▶ Zum Merkmal „Mahnung" als Voraussetzung für den Schuldnerverzug gem. § 286: BGH NJW 1998, 2132; BGH NJW-RR 1997, 622

▶ Zur Entbehrlichkeit der Mahnung für den Schuldnerverzug gem. § 286 Abs. 2 Nr. 4: BGH NJW-RR 1997, 622

▶ Zum Merkmal „Vertretenmüssen" als Voraussetzung für den Schuldnerverzug gem. § 286 Abs. 4: BGH NJW 1996, 1745; 1998, 2132; BAG MDR 1993, 629

▶ Zur Rechtsfolge des Anspruchs aus §§ 280 Abs. 1, Abs. 2, 286, Ersatz des „Verzögerungsschadens": OLG München BB 1995, 328

Zum 3. Teil, 1. Abschnitt, 3. (Rechtsgeschäftliche Schuldverhältnisse, Schlechtleistung):

▶ Zum Begriff des Mangels i.S.d. §§ 434, 435: BGH NJW 1989, 218 (zum Sachmangel i.S.d. § 434 Abs. 1); BGH WM 1985, 230; WM 1984, 214; NJW 1983, 275; OLG Hamm 1994 NJW-RR 1991, 953 (zum Rechtsmangel, § 435)

▶ Zur Nacherfüllung, §§ 437 Nr. 1, 439: BGH, Urt. v. 07.06.2006 – VIII ZR 209/05; NJW 2006, 2839; www.bundesgerichtshof.de (Nachlieferung beim Stückkauf); BGH, Beschl. V. 16.08.2006 – VIII ZR 100/05; NJW 2006, 3200; www.bundesgerichtshof.de (Nutzungsersatz bei Nachlieferung); BGH, Urt. v. 23.02.2005 – VIII ZR 100/04; BGHZ 162, 219 = NJW 2005, 1348 (Grundsatzentscheidung zur „Selbstvornahme der Nacherfüllung"); www.bundesgerichtshof.de

▶ Zum Anspruch des Käufers auf Schadens- bzw- Aufwendungsersatz, § 437 Nr. 3: BGHZ 117, 183; 146, 144 (Schadensersatz, sog. „weiterfressender Mangel"); BGH, Urt. v. 20.07.2005 – VIII ZR 275/04, BGHZ 163, 181; www.bundesgerichtshof.de (Aufwendungsersatz; sog. „Rentabilitätsvermutung und § 284)

▶ Zum Beginn der Verjährung der Gewährleistungsansprüche, § 438 Abs. 2: BGHZ 77, 215

▶ Zur Beweislastumkehr gem. § 476: BGH, Urt. v. 02.06.2004 – VIII ZR 329/03; NJW 2004, 2299; www.bundesgerichtshof.de (Grundsatzentscheidung zur Reichweite der Vermutung des § 476)

Zum 3. Teil, 2. Abschnitt (Rechtsgeschäftsähnliche Schuldverhältnisse):

▶ Zu den Pflichten gem. § 241 Abs. 2 in vorvertraglichen Schuldverhältnissen (§ 311 Abs. 2): BGH NJW 1996, 1884 (grundloser Abbruch von Vertragsverhandlungen); BGHZ 108, 200; BGH NJW 1998, 2900 (vom Vertragspartner verschuldete Unwirksamkeit eines Vertrages)

▶ Zu Konkurrenzen des Anspruchs aus §§ 280 Abs. 1, 311 Abs. 2, 241 Abs. 2 (c.i.c.): Verhältnis zum Anfechtungsrecht, §§ 119 ff.: BGH NJW 1998, 302; Verhältnis zum Gewährleistungsrecht: BGHZ 114, 263; BGH NJW 1992, 2564 (für das Kaufrecht); BGHZ 136, 102 (für das Mietrecht)

▶ Zum Inhalt des Ersatzanspruchs gem. §§ 280 Abs. 1, 311 Abs. 2, 241 Abs. 2 bei Verletzung einer Aufklärungspflicht: BGH WM 1990, 479

▶ Zum Anspruch aus § 280 Abs. 1 wegen Verletzung einer Aufklärungspflicht gem. § 241 Abs. 2 nach Vertragsschluss (p.V.V.): BGH NJW 1996, 1537

▶ Zum Ersatzanspruch wegen Verletzung einer Schutzpflicht gem. § 241 Abs. 2: OLG Köln OLG Report 1999, 68

Zum 3. Teil, 3. Abschnitt, 1. (Gesetzliche Schuldverhältnisse, GoA):

▶ BGHZ 98, 235 (zum Ausgleichsanspruch im Fall der Selbstschädigung)

▶ BGH, Urt. v. 23.09.1999 – III ZR 322/98; NJW 2000, 72; www.bundesgerichtshof.de (sog. „Erbensucher-Fall")

▶ BGH Urt. v. 21.10.2003 – X ZR 66/01; NJW-RR 2004, 81; www.bundesgerichtshof.de (sog. „Auch-fremdes-Geschäft")

Zum 3. Teil, 3. Abschnitt, 2. (Gesetzliche Schuldverhältnisse, Bereicherungsrecht):

▶ BGHZ 131, 297 (zum Bereicherungsanspruch bei unberechtigter Untervermietung)

▶ BGHZ 55, 20 (sog. „Flugreise-Fall"; Bereicherungsausgleich bei Beteiligung Minderjähriger); www.bundesgerichtshof.de

▶ BGHZ 55, 176 (sog. „Jungbullen-Fall"; Bereicherungsausgleich gem. §§ 951, 812); www.bundesgerichtshof.de

▶ BGH, Urt. v. 05.11.2002 – XI ZR 381/01, NJW 2003, 582; www.bundesgerichtshof.de (Bereicherungsausgleich bei Mehrpersonenverhältnissen; sog. „Anweisungsfälle")

▶ BGH WM 1996, 1504 (verschärfte Haftung des Empfängers)

Zum 3. Teil, 3. Abschnitt, 3. (Gesetzliche Schuldverhältnisse, Deliktsrecht):

▶ Zum Merkmal „Körper- bzw. Gesundheitsverletzung" i.S.d. § 823 Abs. 1: BGHZ 132, 341 (psychische Folgeschäden); BGHZ 56, 163 (Schockschäden)

▶ Zum Merkmal „Eigentumsverletzung" i.S.d. § 823 Abs. 1: BGHZ 41, 123 (sog. „Stromkabel-Fall"); BGHZ 55, 153 (sog. „Fleet-Fall"); BGHZ 86, 152 (sog. „Kanallagerhaus-Fall"; zum Problemkreis „weiterfressender Mangel": BGHZ 67, 359; 86, 256; 138, 230 (sog. „Transistor-Entscheidung")

▶ Zum Merkmal „haftungsbegründende Kausalität" i.S.d. § 823 Abs. 1: BGHZ 132, 164 (sog. „Herausforderungsformel")

▶ Zur Naturalrestitution, § 249: BGHZ 115, 364

▶ Zur Schadenskompensation, § 251: BGH GSZ BGHZ 98, 212 (entgangene Nutzungen einer Sache); BGHZ 86, 212 (vertaner Urlaub); BGHZ 124, 128; BGH NJW 1997, 1638; 1995, 2407; s.a. BGHZ 129, 178 (Unterhaltsaufwand für ein Kind)

STICHWORTVERZEICHNIS

Die Zahlen verweisen auf die Seiten.

– – –

Unser Skriptenangebot 11/2007

Grundlagen Wissen

	€
Grundlagen Zivilrecht 1	2008 12,50
Grundlagen Zivilrecht 2	2008 12,50
Grundlagen Strafrecht	2007 12,50
Grundl. Öff. Recht	2007 12,50

Grundlagen Fälle

	€
BGB AT	2007 9,80
Schuldrecht AT	2007 9,80
Schuldrecht BT Kaufrecht	2007 9,80
Schuldrecht BT Unerl. Hdlg./ Allgemeines Schadensrecht	2007 9,80
Sachenrecht 1	2007 9,80
Sachenrecht 2	in Vorbereitung
Familienrecht	2007 9,80
Erbrecht	2007 9,80
Strafrecht AT	2007 9,80
Strafrecht BT Nichtvermögensdelikte	2007 9,80
Strafrecht BT Vermögensdelikte	2007 9,80
Strafverfahrensrecht	2007 9,80
Grundrechte/Staatsorganisationsrecht	2007 9,80
Europarecht	in Vorbereitung
Allg. VerwR/VerwProzR	2007 9,80
Gesellschaftsrecht	2007 9,80
Arbeitsrecht	2007 9,80

Aufbauschemata

	€
Zivilrecht	2007 16,90
Strafrecht	2007 14,90
Öffentliches Recht	2007 14,90

Zivilrecht

	€
BGB AT 1	2007 16,90
BGB AT 2	2007 16,90
Schuldrecht AT 1	2006 19,90
Schuldrecht AT 2	2007 19,90
Schuldrecht BT KaufR	2006 19,90
Schuldrecht BT WerkvertragsR/MietR	2007 13,90
Schuldrecht BT 2	2005 19,90
Schuldrecht BT 3	2005 16,90
Schuldrecht BT Unerl. Hdlg./Allg. SchadenR	2007 19,90
Sachenrecht 1	2006 14,50
Sachenrecht 2	2008 13,90
Sachenrecht 3	2006 14,50
Familienrecht	2007 17,90
Erbrecht	2008 19,90

Strafrecht

	€
Strafrecht AT 1 ca. Mitte Dez.	in Überarbeitung
Strafrecht AT 2	2006 24,90
Strafrecht BT Vermögensdel.	in Überarbeitung
Strafrecht BT Höchstpers. Rechtsgüter	2006 19,90
Strafrecht BT Kollektive Rechtsgüter	2007 22,90

Öffentliches Recht

	€
StaatsorganisationsR (VerfR)	2007 23,90
Grundrechte	2006 19,90
Europarecht	2008 19,90
Verwaltungsrecht AT 1	2007 19,90
Verwaltungsrecht AT 2 ca. Mitte Dez.	in Überarbeitung
VwGO	2006 24,90
Besonderes Ordnungsrecht (VerwR BT 1)	2007 19,90
Öffentliches Baurecht (VerwR BT 2)	2007 19,90
Polizei- und Allgemeines Ordnungsrecht	2005 23,90
NRW Polizei- und Ordnungsrecht	2006 22,90
Kommunalrecht NRW	in Überarbeitung
Kommunalrecht BaWü	2006 19,90

Allgemeines

	€
Leichter Lernen	2007 9,80
Klausur und Hausarbeit	2003 19,90
Prüfungsrecht	2003 15,90
LL.M.-Programme weltweit	2007 9,80

Definitionen

	€
Zivilrecht	2007 10,90
Strafrecht	2007 9,90
Öffentliches Recht	2007 9,90

Besondere Rechtsgebiete

	€
Handelsrecht	2005 16,90
Gesellschaftsrecht	2007 19,90
Arbeitsrecht	2007 24,90
Kollektives Arbeitsrecht	in Überarbeitung
Wertpapierrecht	2003 16,90
Das Internationale Privatrecht	2006 19,90
ZPO	2006 23,50
StPO	2007 20,90
Kriminologie, Jugendstrafrecht, Strafvollzug	2005 20,50
Beamtenrecht	2005 10,90
Kartell- und Wettbewerbsrecht	in Überarbeitung
Sozialrecht 1	2005 22,90
Sozialrecht 2	2005 22,90
Mediation, Schlichtung, Verhandlungsmanagement	2005 22,90
Rechtsgeschichte	2006 23,50
Rechtsphilosophie	2006 16,90

Fremdsprachenkompetenz

	€
Introduction to English Civil Law 1	2007 20,20
English Civil Law 2	2005 18,40
Introduction to the US-American Legal System 1	2005 22,90
US-American Legal System 2	2005 22,90
Introduction au droit français t. 1	2006 15,90
Experience Common Law	2003 9,90

Assessorexamen

	€
Vollstreckungsrecht 1	in Überarbeitung
Vollstreckungsrecht 2	in Überarbeitung
Insolvenzrecht	2006 16,90
Zivilprozess – Stagen und Examen	2006 24,90
Die zivilrechtliche Anwaltsklausur im Assessorexamen	2007 24,90
Die zivilgerichtliche Assessorklausur	2006 24,90
Die strafrechtl. Assessorklausur 1	2007 21,90
Die strafrechtl. Assessorklausur 2	2008 15,90
Die strafrechtl. Assessorklausur 3	2006 22,50
Die öffentlich-rechtl. Assessorklausur 1	2006 17,90
Die öffentlich-rechtl. Assessorklausur 2	2006 21,90
Die öffentlich-rechtl. Assessorklausur 3	in Überarbeitung

Der Rechtsanwalt — Grundlagen des Anwaltsberufs

2005 15,90 €

Steuerrecht

	€
Umsatzsteuerrecht	2005 24,90
Einkommensteuerrecht	2003 24,90
Erbschaftsteuerrecht	2004 20,50
Bilanzsteuerrecht	2004 25,50
Internationales Steuerrecht	2004 14,90
Grunderwerbsteuerrecht	2005 20,50

Fachlexika

	€
Alpmann Brockhaus	2005 39,95
Alpmann Brockhaus mit CD	2005 49,95
Langenscheidt Alpmann Engl./D – D/Engl.	2006 29,90
Langenscheidt Alpm. mit CD Engl./D – D/Engl.	2006 44,90

KLAUSUREN

Alpmann Schmidt

Prüfungssicherheit mit den AS-Klausuren:

▶ Lösen Sie die Klausur zu Hause und senden Sie Ihre Ausarbeitung ein.

▶ Ihre Arbeit wird **ausführlich korrigiert** und **individuell benotet**.

▶ Auch wenn Sie die Klausuren ohne Korrektur bestellen, erhalten Sie ausführliche Musterlösungen nach dem aktuellen Stand von Rechtsprechung und Literatur und mit zahlreichen Aufbauhinweisen.

SIE KÖNNEN WÄHLEN:

 Ab Herbst 2007 Fernklausurenkurs für Anfangssemester/Zwischenprüfung *mit* oder *ohne* **Korrektur**

▶ **Klausuren zur Vorbereitung auf das 1. Juristische Examen *mit* oder *ohne* Korrektur mit staatlicher Anerkennung als Fernlehrmittel**

Sie erhalten wöchentlich zwei Sachverhalte mit Musterlösungen: je einen Sachverhalt aus dem BGB oder den Nebengebieten sowie abwechselnd einen Sachverhalt aus dem Strafrecht und Öffentlichen Recht (nach Bundesrecht, zusätzlich alle 8 Wochen eine Klausur mit dem von Ihnen gewählten Landesrecht, die als PDF-Datei zum Download auf unserer Homepage [www.alpmann-schmidt.de] zur Verfügung steht).

▶ **Klausuren zur Vorbereitung auf das 2. Juristische Examen *mit* oder *ohne* Korrektur mit staatlicher Anerkennung als Fernlehrmittel**

Sie erhalten wöchentlich einen Aktenauszug (Standardklausur); abwechselnd aus dem Zivilrecht, dem Strafrecht, den Nebengebieten und dem Öffentlichen Recht. Zusätzlich erscheinen in unregelmäßigen Abständen Spezialklausuren, insbesondere aus den Gebieten Relationstechnik, Arbeitsrecht, gerichtliche Entscheidungen im Strafverfahren, FGG-Klausuren und Klausuren mit alternativen Entscheidungsformen gegenüber den Standardklausuren.

Vertragsformulare stehen zum Download auf unserer Homepage im Formular-Center bereit oder können per Telefon, Telefax oder E-Mail angefordert werden.

Alpmann Schmidt • Annette-Allee 35 • 48149 Münster • Tel. 0251–98109-38 • www.alpmann-schmidt.de